CONDICIONAMENTO DO EQUILÍBRIO EMOCIONAL

CONDICIONAMENTO DO EQUILÍBRIO EMOCIONAL

O primeiro plano de ação para você ter uma saúde emocional definitiva

Ronald L. Bergman
com Anita Weil Bell

Tradução
MILTON CHAVES DE ALMEIDA

EDITORA CULTRIX
São Paulo

Título do original: *Emotional Fitness Conditioning*.

Copyright © 1998 Ronald Bergman, Ph.D., e Anita Weil Bell.

Todos os direitos reservados. Nenhuma parte deste livro pode ser reproduzida ou usada de qualquer forma ou por qualquer meio, eletrônico ou mecânico, inclusive fotocópias, gravações ou sistema de armazenamento em banco de dados, sem permissão por escrito, exceto nos casos de trechos curtos citados em resenhas críticas ou artigos de revistas.

Este livro não poderá ser exportado para outros países de Língua Portuguesa.

Se você sofre de algum distúrbio mental ou clínico grave, é imprescindível consultar o médico ou terapeuta especializado antes de iniciar o programa. Você também deve consultar periodicamente o seu médico durante o decurso do seu Programa de Condicionamento do Equilíbrio Emocional (CEE). O programa CEE nunca deverá ser considerado um substituto para a medicação apropriada nos casos de doença física ou mental, nem um substituto para terapia continuada, quando necessária. O editor e os autores não assumem nenhuma responsabilidade por qualquer problema de saúde, bem-estar, ou subseqüente dano que possam ocorrer com o uso destes materiais.

NOTA DO DR. RONALD BERGMAN

Todos os nomes que identificam características e outros detalhes importantes dos casos clínicos e/ou diários de pacientes mencionados em CEE foram modificados com o propósito explícito de preservar o anonimato e as confidências dos pacientes.

Todo material clínico mencionado anteriormente é fundamentalmente baseado em pessoas reais que atendi em minha prática. No entanto, detalhes demográficos foram mudados e os exemplos foram expostos com múltiplos disfarces, de modo que qualquer pessoa que acredite reconhecer-se, ou reconhecer qualquer outra pessoa neste livro, estará incorrendo num erro. Alguns casos que serviram de exemplo são compostos, portanto foram alterados para proteger a privacidade.

É importante manter em mente que os temas e assuntos básicos existem para todos nós como seres humanos. Portanto, semelhanças com pessoas reais são inevitáveis e, neste sentido, coincidências totais. O fato de os assuntos existirem para todos nós torna meu livro "funcional". O fato de esses temas se manifestarem formando uma tapeçaria infinitamente interessante, torna o trabalho valioso.

O primeiro número à esquerda indica a edição, ou reedição, desta obra. A primeira dezena
à direita indica o ano em que esta edição, ou reedição, foi publicada.

Edição	Ano
1-2-3-4-5-6-7-8-9-10	01-02-03-04-05-06

Direitos de tradução para o Brasil
adquiridos com exclusividade pela
EDITORA PENSAMENTO-CULTRIX LTDA.
Rua Dr. Mário Vicente, 368 — 04270-000 — São Paulo, SP
Fone: 272-1399 — Fax: 272-4770
E-mail: pensamento@cultrix.com.br
http://www.pensamento-cultrix.com.br
que se reserva a propriedade literária desta tradução.

Impresso em nossas oficinas gráficas.

Para minha esposa, Robbi, minha alma gêmea na vida e a pessoa mais emocionalmente equilibrada que conheço, e para meus filhos, Brandon, Blake e seu marido, Mitch. Eles me inspiram e protegem em minha luta pessoal para tornar-me hoje melhor do que era ontem, e melhor amanhã do que sou hoje, a essência do Condicionamento do Equilíbrio Emocional. E para A.T.S., que me deu mais do que eu poderia dizer com palavras.

Sumário

AGRADECIMENTOS • 9

INTRODUÇÃO • 11

1
O Equilíbrio da Saúde Emocional —
A Nova Revolução do Crescimento Pessoal • 19

2
Os Elementos Essenciais do Condicionamento
do Equilíbrio Emocional • 34

3
A Capacidade de Identificar e Suportar
Sentimentos (CISS) • 53

4
A Empatia • 72

5
A Introspecção • 92

6
A Afirmação • 111

7
Como Iniciar seu Programa do Condicionamento do Equilíbrio Emocional • 130

8
Equilíbrio Emocional pela Meditação • 157

9
Visualização do Equilíbrio Emocional • 175

10
O Diário do Equilíbrio Emocional • 199

11
Exercício do Condicionamento do Equilíbrio Emocional • 217

12
Os Benefícios do Condicionamento do Equilíbrio Emocional • 240

APÊNDICE
As Auto-Avaliações e os Exercícios Comportamentais
do CEE e o Controle de Progresso do Condicionamento
do Equilíbrio Emocional • 251

Esquema de Desenvolvimento do
Condicionamento do Equilíbrio Emocional • 262

Referências Bibliográficas • 263

Agradecimentos

Este livro não teria se tornado realidade sem a visão, a sensibilidade e a dedicação de minha agente literária, Faith Hamlin. Ela acreditou nele e isso me ajudou a nele acreditar também. Por isso e muito mais, sou-lhe grato.

Eu gostaria de expressar profunda gratidão à minha colaboradora, e agora minha amiga, Anita Bell. Sua sintonia com as minhas idéias foi extraordinária. Seu profissionalismo é perfeito; os dons que possui, o vigor e a dedicação com que trabalha são admiráveis. Ela lançou luz especial às minhas idéias e a palavras que, às vezes, eu não conseguia ver por mim mesmo. Aguardo ansioso o momento em que possamos tornar a realizar esforços conjuntamente.

Quero agradecer à Penguin Putnam, a gigante editorial, por sua coragem em arriscar-se com um autor estreante. E, especialmente, à minha editora, Sheila Curry, por sua confiança no processo de criação desta obra e por proporcionar a mim e a Anita o ambiente emocional para a realização do nosso trabalho.

Por fim, assim como fiz na seção de agradecimentos de minha tese de doutorado muitos anos atrás, eu gostaria de dar a mim mesmo um tapinha nas costas: daquela vez, por ter conseguido terminar a dissertação que resultou na obtenção do meu diploma e no trabalho gratificante de ser um terapeuta; desta vez, por ter alcançado o objetivo, pendente de longa data, de escrever e publicar um livro.

Anita Bell aproveita o ensejo para agradecer a seus pais, Shirley e Gilbert Weil, que sempre lhe deram muito amor e apoio emocional. E ao seu marido, Jonathan Bell, por sua incrível jovialidade e seu amor.

Esperamos que as pessoas que venham a ler este livro gostem dele e encontrem nele tanta significação, fatores de crescimento pessoal e Equilíbrio Emocional quanto encontramos no processo de sua criação.

Introdução

Você gostaria de usufruir muitos dos benefícios da psicoterapia sem ter que arcar com os custos? Ou melhorar consideravelmente o seu progresso se estiver sendo submetido a um processo terapêutico? Talvez você julgue desnecessária a orientação de especialistas e esteja interessado em desenvolver o autoconhecimento e o equilíbrio emocional.

O Condicionamento do Equilíbrio Emocional (CEE), a nova revolução do crescimento pessoal, pode ajudá-lo a alcançar os seus objetivos. Aliás, com o CEE, você mesmo pode adestrar-se para tornar-se emocionalmente equilibrado, do mesmo modo pelo qual pode exercitar-se para adquirir boa forma física. O Programa CEE oferece um plano prático para o uso de quatro Técnicas de Treinamento simples visando ao fortalecimento dos Componentes Fundamentais do Equilíbrio Emocional.

Os Componentes Fundamentais do Equilíbrio Emocional desenvolverão sua cognição, seu amor-próprio e sua resistência psicofísica. Eles lhe facultarão a capacidade de estabelecer e manter relacionamentos saudáveis e obter o máximo de satisfação com o seu trabalho. Você descobrirá como desenvolver a sua criatividade, intuição e espiritualidade.

Uma vez familiarizado com os Componentes Fundamentais, você estará pronto para avaliar o grau do seu Equilíbrio Emocional e identificar-lhe os pontos fracos e os fortes. Em seguida, você poderá começar a agir com o intuito de dominar habilidades emocionais e aumentar o grau do seu Equilíbrio Emocional.

A compreensão do modo pelo qual os Componentes Fundamentais afetam sua vida emocional é a base do Equilíbrio Emocional, mas a iniciativa também é necessária. A harmonia pessoal é algo que se adquire por meio do conhecimento somado à ação no universo emocional e no corpo físico.

Embora o autoconhecimento e a auto-aceitação sejam objetivos valiosos em si, o CEE elevará o seu crescimento pessoal a outro nível. Na verdade, as Técnicas de Treinamento podem ajudá-lo a livrar-se da autodestruição e do autoderrotismo. Você descobrirá, à medida que progredir no Programa, que terá mais energia e força moral para persistir no desenvolvimento de sua cognição e mover-se em novas direções. O Programa funciona tanto de dentro para fora (pensamentos e sentimentos), quanto de fora para dentro (comportamento), para gerar transformações positivas.

O Condicionamento do Equilíbrio Emocional vai além de meras discussões intelectuais e oferece um plano de execução passo a passo para o domínio de habilidades emotivas e a solução de questões pessoais. Este é o seu plano de exercícios pessoais para a aquisição da saúde psíquica e da liberdade.

A SAÚDE EMOCIONAL

Há ocasiões em que você se sente dominado pelas suas emoções? Às vezes, você se sente impotente diante de súbitas mudanças de humor, de crises de ansiedade, de acessos de raiva, ressentimento? O fardo do passado e o receio do futuro o impedem de desfrutar o presente?

O Programa de Condicionamento do Equilíbrio Emocional oferece um plano de controle de suas emoções e de aprendizado de uma técnica para transformá-las em suas aliadas. Isso não quer dizer que cumpre sufocar emoções válidas, mesmo quando elas são desagradáveis ou penosas. Na verdade, isso significa a necessidade de aceitação, reconhecimento e enfrentamento das emoções acerbas, para que você possa aprimorar a qualidade de seus relacionamentos e ser mais bem-sucedido no amor, no trabalho, no lazer e em todo empreendimento de sua vida que realmente importe.

No passado, geralmente eram necessários muitos anos para que a psicoterapia pudesse avançar pelos problemas íntimos, absorver informações, tirar ilações e colher os frutos desse processo. Com o CEE, ilações e frutos podem começar a ser colhidos em poucos meses. As técnicas do CEE atuam nos domínios do inconsciente, do consciente e das relações interpessoais para a obtenção de resultados significativos. Seu método de treinamento produz transformações fisiológicas que promovem o bem-estar físico e mental.

Com o Programa CEE, você certamente passará por transformações radicais em muitos aspectos de sua vida íntima, inclusive no nível do seu amor-próprio, da sua capacidade para enfrentar a tensão e dos seus processos cognitivos. Grande será a possibilidade de você testemunhar mudanças de comportamento concretas em sua vida exterior, inclusive em todos os

Introdução 13

âmbitos do seu relacionamento interpessoal, do seu trabalho e, quiçá, até mesmo em todos os aspectos da sua saúde física.

O Programa o ajudará a aliviar a ansiedade, curar as dores antigas causadas pela emoção, melhorar sua comunicação e fomentar relacionamentos mais satisfatórios. Você adquirirá mais capacidade para enfrentar dificuldades emotivas e recuperar-se de situações estafantes do dia-a-dia. Maior cota de energia pessoal e saúde física aprimorada são outros benefícios que você pode esperar. O Programa CEE é, de fato, uma "receita" de feição emocional, uma psicoterapia de efeitos colaterais unicamente benéficos.

Este é um programa bem-fundamentado, porque baseado em conceitos que incorporam as mais respeitadas teorias da psicologia e da experiência clínica. Suas técnicas são adaptações de métodos já testados e aprovados. Este flexível programa de auto-ajuda pode ser implementado independentemente ou como recurso auxiliar de determinada terapia. Ele pode ser adaptado para o tratamento de seus problemas pessoais e também ao seu estilo de vida.

O CONDICIONAMENTO DO EQUILÍBRIO EMOCIONAL NA PRÁTICA

Este livro foi feito para ajudá-lo a instruir-se, fácil e sistematicamente, nas técnicas do Condicionamento do Equilíbrio Emocional e, também, na sua utilização, a fim de que você possa realizar transformações positivas na sua vida.

A primeira metade do livro esmiúça os Componentes Fundamentais do Equilíbrio Emocional – os pilares de sua vida emotiva. Você será submetido a testes simples denominados **Auto-Avaliações**, para que identifique, com base nos Componentes Fundamentais, suas deficiências e suas forças pessoais. Assim que iniciar o Programa CEE, você poderá usar as Auto-Avaliações para personalizar seu treinamento.

Além do mais, você aprenderá uma nova e concisa linguagem, feita para a análise e a compreensão de suas emoções: um vocabulário que você poderá compartilhar com seus entes queridos, amigos e colegas. Essa linguagem lançará luz sobre os mistérios de sua mente, alumiará seus recessos sombrios e permitirá que você faça um levantamento dos aspectos de sua vida emotiva. Os **Exercícios Comportamentais do CEE** o ajudarão a entender os seus problemas e focar os seus objetivos à medida que se aclararem as relações que porventura tenham com os Componentes Fundamentais.

As histórias de algumas das pessoas que mudaram sua vida por meio do Programa CEE farão brilhar a relevância dos Componentes Fundamentais. Embora essas histórias sejam, de fato, baseadas na vida das pessoas com que me relacionei no exercício do meu mister, todos os nomes, as características de identidade e outros detalhes relevantes foram modificados para preservar o anonimato do paciente e a confidencialidade da relação profissional. Em alguns casos, os exemplos são, na verdade, histórias compostas pelos elementos verídicos de outras, feitas para proteger identidades mais eficazmente, mas como mensagens de temas emotivos relevantes.

Em seguida, você aprenderá a usar as quatro **Técnicas de Treinamento** básicas e iniciará o **Programa CEE**. Dar-lhe-emos um plano de orientação, de fácil compreensão, a ser cumprido em quatro meses, o qual, contudo, pode ser ampliado e adaptado para adequar-se às suas necessidades.

O Programa CEE é realista e de fácil assimilação, concebido para conjugar-se aos imperativos de um estilo de vida ativo. Exige dedicação e constância do paciente, mas não grandes cotas de tempo. Com um investimento mínimo de tempo – somente de três a quatro horas por semana, incluído o exercício – você pode obter retornos grandiosos.

O CEE não é uma panacéia – nem jamais se arrogará possuidor dessa propriedade – para tudo e para todos. Mas é um programa muito eficaz e abrangente para os que buscam a transformação pessoal. Depois de testemunhar, durante anos, a melhoria produzida pelo CEE na vida de pessoas de todas as idades e com os mais variados tipos de experiência, sinto-me grandemente confiante em que este programa o ajudará a criar uma vida mais satisfatória e significativa. Portanto, dou-lhe as boas-vindas a esta oportunidade de descobrimento de si mesmo, fortalecimento e crescimento pessoal.

EVOLUÇÃO DO CONDICIONAMENTO DO EQUILÍBRIO EMOCIONAL

O trabalho de desenvolver os conceitos e o lado prático do Condicionamento do Equilíbrio Emocional tem sido uma experiência fascinante para mim, como profissional da saúde mental e como pessoa.

Vinte anos atrás, recebi treinamento longo e de orientação introspectiva como terapeuta e como pesquisador da área da psicologia. Minha formação abrangeu a pesquisa e a terapia psicodinâmica, comportamental e cognitiva.

Em razão de meus antecedentes e treinamento, ainda acredito que a longa terapia da persuasão pode ser um expediente altamente eficaz para aqueles que têm tempo, dinheiro e interesse nesse tipo de tratamento. Mas, dado que alguns fatores limitam a disponibilidade de tempo e de recursos financeiros, um longo processo psicoterapêutico é inexeqüível ou impossível para muitas pessoas.

Introdução   15

À medida que os anos da década de 90 foram passando, comecei a ouvir este tipo de pergunta com freqüência cada vez maior: "Dr. Bergman, existe outra coisa que eu possa fazer para tratar os meus problemas? Sinto que a terapia está me ajudando, mas eu gostaria de prosseguir com o tratamento um pouco por conta própria."

Muitos pacientes consideravam valiosa a terapia da persuasão, mas também queriam saber como trabalhar independentemente para avançar em direção aos objetivos de sua terapia. A sessão de 50 minutos – uma, duas ou até mesmo três vezes por semana – era útil, mas, às vezes, insuficiente. E, em muitos casos, até mesmo uma sessão por semana estava tornando-se-lhes um fardo financeiro muito pesado.

A QUESTÃO DOS SISTEMAS DE SAÚDE PRIVADA

No que concerne aos americanos, a questão do seguro saúde e dos sistemas de medicina privada é algo extremamente complexo, e eu, com respeito a isso, não tenho a pretensão de saber todas as respostas. Sem dúvida, há princípios econômicos válidos por trás do advento dos HMOs*. No que se refere a alguns casos, estou convicto de que a saúde privada é a melhor alternativa em termos econômicos. Mas, em matéria de saúde mental, os sistemas de saúde privada deixam muito a desejar.

Em 1997, ressaltou-se em *Behavioral Health Management* que "o percentual destinado ao pagamento do prêmio de seguro para tratamentos psíquicos continua a cair. Poucos anos atrás, ele era de 6% a 8%. Agora, é de apenas 2%".

Para os clientes de processos psicoterapêuticos, isso significa reembolsos menores e menos liberdade de escolha. Geralmente, mesmo nos casos de sérias doenças mentais, muitas companhias de seguro limitam rigidamente o número de sessões psicoterapêuticas das quais o paciente pode receber reembolso. Alguns planos oferecem reembolsos parciais nos casos de opção por 30 sessões ao ano, enquanto outros estabelecem um limite de 10 ou até mesmo 4 sessões. Mas o fato é que muitos pacientes simplesmente não podem pagar tratamentos do próprio bolso.

Isso gera um sério dilema para o profissional da psicologia clínica. Normalmente, a psicoterapia requer a criação preliminar da confiança e do bom relacionamento entre o profissional e o paciente, seguidos pela revelação gradual de questões emocionais complexas e de antecedentes pessoais por parte do paciente, ao que se sucede o trabalho clínico de seus problemas. Cada paciente se caracteriza por um ritmo diferente no desvelamento de

---

* De Health Maintenance Organization(s). São sistemas de saúde privada. (N. do T.)

seus problemas, no desenvolvimento da introspecção e na superação da resistência a mudanças. Com os métodos psicoterapêuticos tradicionais, é extremamente difícil e, em muitos casos, impossível mesmo, lograr progressos significativos sem um número substancial de sessões consecutivas.

Muitas pessoas acham que os médicos se queixam dos HMOs porque são movidos pela ganância. Permitam-me admitir, pois, que, de fato, quero poder ter bons rendimentos e preciso muito deles, assim como qualquer pessoa. Mas posso dizer honestamente que o dinheiro não foi a motivação que me fez tornar-me psicólogo. Minha motivação foi o fato de que eu queria produzir efeitos positivos na vida das pessoas. Talvez isso pareça demagógico, mas é verdade. Beneficiei-me grandemente da minha experiência com a terapia e senti-me motivado a ajudar os outros tornando-me terapeuta.

O modelo tradicional de terapia funcionou bem nas duas primeiras décadas do exercício da minha profissão. Mas, à medida que as pessoas foram abandonando a cobertura do seguro e passaram a aderir aos sistemas de saúde privada, descobri que, geralmente, minha capacidade para ajudar pacientes ficara limitada. As restrições de reembolso do seguro e a realidade econômica forçaram muitas pessoas a interromper seus tratamentos, e muito antes que qualquer progresso significativo pudesse ser alcançado. O ritmo e o fluxo dos processos terapêuticos foram bruscamente interrompidos. Os métodos consagrados de tratamento dos pacientes tornaram-se insuficientes, dado o esquema de redução das sessões.

Ficou claro para mim que eu precisava desenvolver novos métodos de trabalho. Antes, quando um paciente se me apresentava com um problema singularmente difícil, eu sempre podia dizer: "Conversaremos mais a respeito disso na próxima sessão." Agora, pode não haver a próxima sessão.

As pessoas precisavam de soluções concretas para continuar a buscar os objetivos da terapia por si sós. Mas elas careciam de bases estruturais para prosseguir com seu processo de crescimento pessoal quando a terapia era interrompida ou limitada.

TRATAMENTO PSICOLÓGICO COMPLEMENTAR

Além das preocupações financeiras e das mudanças que daí resultaram, houve outras mudanças significativas, que me levaram a desenvolver o Condicionamento do Equilíbrio Emocional. Mas, ainda, outra influência importante foi o fenômeno da medicina alternativa.

Na última década, houve uma mudança notável na preferência das pessoas para a automedicação, medidas preventivas e uma atitude de independência em relação aos tratamentos médicos tradicionais. A medicina alternativa transformou-se numa indústria que fatura 27 bilhões de dólares ao

Introdução

17

ano. Uma pesquisa de 1995 da Time/CNN revelou que 47% dos entrevistados tinham procurado ajuda de um profissional da medicina alternativa e que 84% dessas pessoas voltariam a recorrer a eles para submeter-se a tratamentos alternativos.

Milhões de pessoas não dependem mais totalmente de seus médicos para curar o que os aflige. Versam literatura sobre saúde, acorrem às lojas à procura de alimentação macrobiótica e vitaminas e de produtos fitoterápicos e escolhem a dedo os práticos da medicina holística. Muitos indivíduos consideram seus médicos parceiros nesse mosaico de tratamentos medicinais, em vez de "remediadores" oniscientes e onipotentes.

O mesmo princípio se aplica à questão da saúde mental. Muitas pessoas começaram a perceber que nem sempre é factível ou inteligente contar com o terapeuta como o único condutor do progresso de sua saúde emocional. Elas estão buscando formas de desenvolver o bem-estar emocional independentemente. Assim, uma das razões pelas quais desenvolvi o Programa de Condicionamento do Equilíbrio Emocional foi para oferecer um tipo de "medicina complementar".

É CHEGADA A HORA DA NOVA REVOLUÇÃO DA EVOLUÇÃO PESSOAL

Se você é um *baby boomer** na idade ou na alma, faz parte da geração que sempre relutou em dar ouvidos a autoridades e se opôs à manutenção do *status quo*. Nossa geração tem se inclinado constantemente para atitudes de contestação, de busca de ideais e de tomadas de decisão, para gerar transformações. Na década de 60 e no início da de 70, sua energia concentrou-se intensamente na transformação política e social. Durante os últimos 20 anos, a ênfase dessa canalização de forças tem recaído sobre a transformação pessoal.

A manifestação mais óbvia dessa crença no potencial da reforma pessoal tem sido o fenômeno da revolução da boa forma física. Estimulados por campeões da estética corporal, muitos de nós nos exercitamos em aparelhos sofisticados, saltamos e precipitamos os passos na direção de um frenesi de culto a formas esculturais nestas duas últimas décadas. Aqui, a ênfase tem sido posta sobre o elemento corpóreo do dualismo mente-corpo.

Muitos americanos podem estar sendo motivados a exercitar-se pelo desejo inconsciente de fortalecer uma noção enfraquecida do eu resultante do após-guerra do Vietnã e da frustração originada pelas promessas não

---

* Pessoa nascida em período de explosão demográfica e, especialmente, no que, nos Estados Unidos, se sucedeu à Segunda Guerra Mundial.

cumpridas da década de 60. Outros podem estar sendo movidos pelo interesse em manter-se em forma para saborear a liberdade sexual dos anos 70, ou simplesmente para ostentarem boa aparência. Mas, sem dúvida, o desejo insaciável da geração dos *baby boomers* de se manter jovem tem sido também um dos fatores do surto do interesse pelo exercício físico.

Qualquer que seja a motivação, a revolução da boa forma física tem produzido influência positiva na vida de muitas pessoas: mas jamais o suficiente para lograr verdadeira auto-realização e satisfação duradoura. Não importa quão rapidamente sejamos capazes de correr ou quanto peso consigamos levantar, os efeitos são finitos. Em última análise, o corpo acaba envelhecendo e, na verdade, ninguém vence a corrida contra a idade. Mesmo quando parecemos e nos sentimos ótimos, isso pode não passar de vão triunfo, de êxito sem substância.

A boa forma física é apenas a metade de um todo capaz de criar uma pessoa com uma vida completamente realizada. A outra metade desse todo é o Equilíbrio Emocional: o elemento psíquico da sinergia mente-corpo.

O Equilíbrio Emocional é essencial para se desfrutar os prazeres do corpo físico e de muitas outras coisas. É fundamental para a geração de relacionamentos sadios e trabalho produtivo. Aliás, ele pode desenvolver-se e aumentar à medida que envelhecemos. E pode ser transmitido como significativo legado à posteridade.

Como pais, tias, tios, professores, vizinhos ou empregadores, podemos fornecer aos mais jovens uma linguagem de compreensão das emoções e instrumentos para a plasmagem de aptidões emocionais. Podemos viver nossa vida como exemplos de empatia, cognição e maturidade emocional. O CEE tem implicações não apenas para nós, como indivíduos, mas também para o tecido social e a coletividade educacional.

um

O Equilíbrio da Saúde Emocional – A Nova Revolução do Crescimento Pessoal

No início da década de 90, tornou-se perfeitamente claro para mim que havia chegado o momento do próximo passo na direção da evolução pessoal – a **Revolução do Equilíbrio Emocional**. Percebi que uma das razões pelas quais a maioria das pessoas dava mais valor ao desenvolvimento físico que ao desenvolvimento emocional era o fato de que o corpo é algo mais fácil de definir e de medir. Para despertar o interesse pelo Equilíbrio Emocional em grande parte da população, eu precisava fazer dele algo palpável.

A busca da boa forma física forneceu-me um modelo. Os princípios da boa forma física têm três componentes básicos: a capacidade cardiovascular, a força física e a flexibilidade. Para alcançar a estabilidade da boa forma física, é preciso desenvolver esses três componentes por meio de três tipos básicos de atividade: o exercício aeróbico, afeto ao vigor do sistema cardiovascular; o desenvolvimento da força muscular ou exercícios com pesos ou halteres; o alongamento, em benefício do aumento da flexibilidade.

Logicamente, muitas opções de exercícios podem gerar benefícios em mais de um fator da sinergia corporal. Por exemplo, a ioga pode aumentar a força muscular e a flexibilidade. A corrida, além de melhorar a capacidade cardiorrespiratória, fortalece certos grupos musculares. Aulas de dança aeróbica e exercícios aeróbicos em degraus podem fomentar todos os três fatores.

Assim, decidi usar o modelo de desenvolvimento da boa forma física para criar um modelo de promoção do Equilíbrio Emocional. Sua criação se deu em duas etapas. Na primeira, foi necessário definir a essência do Equilíbrio Emocional e determinar as qualidades inerentes à saúde emocional. Na segunda, vislumbrei a necessidade de estabelecer Técnicas de Treinamento específicas para o fortalecimento dessas qualidades.

O QUE É O EQUILÍBRIO EMOCIONAL?

Às vezes, você se pergunta por que algumas pessoas conseguem lidar melhor que outras com situações de tensão e com desafios? Por que certas pessoas atraem mais amor, admiração, respeito e amizade? Por que alguns indivíduos têm maior capacidade de apreciar a vida e desfrutam de maior cabedal de amor-próprio e auto-aceitação?

Todos esses atributos são os brasões do Equilíbrio Emocional. E embora a herança genética, a experiência, o destino, a sorte e outras variáveis desempenhem o seu papel, as qualidades do Equilíbrio Emocional podem ser cultivadas pelo treinamento.

No meu empenho para identificar as qualidades intrínsecas ao Equilíbrio Emocional, penetrei fundo na vastidão universal dos pensadores brilhantes, da pesquisa e do senso comum de que dispõe a humanidade. Compulsei alguns dos clássicos da religião e da filosofia oriental e ocidental que devassam o mundo íntimo do pensamento e do sentimento. Ademais, procurei respostas nos escritos de luminares do pensamento psicológico do século XX, figuras de alta estatura intelectual, tais como Sigmund Freud, B. F. Skinner, Albert Ellis, Carl Rogers, Fritz Perls, Alexander Low e Heinz Kohut.

Em seguida, comecei a rever as histórias de meus pacientes, 20 anos de anotações sobre pessoas de todas as idades e antecedentes que a mim haviam confiado os seus mais íntimos pensamentos, preocupações e esperanças. Alguns temas começaram a despontar no horizonte de meu intelecto, e os pilares do Equilíbrio Emocional foram assentados.

Depois de destilar as qualidades universais do homem no alambique de minhas cerebrações, eis que obtive quatro Componentes Fundamentais do Equilíbrio Emocional: a **Capacidade de Identificar e Suportar Sentimentos (CISS)**, a **Empatia**, a **Introspecção** e a **Afirmação**.

Não inventei esses Componentes. Eles são o produto de anos de lucubrações das mentes da ciência psicológica e da sabedoria multimilenar colhida no solo fértil das culturas do mundo. É por isso que os Componentes Fundamentais são universais. Você pode percebê-los nas outras pessoas, e pode identificá-los e fomentá-los em si mesmo. Praticamente, todos os problemas emocionais podem estar associados a certa deficiência em um ou mais dos seguintes Componentes Fundamentais.

A **Capacidade de Identificar e Suportar Sentimentos (CISS)** relaciona-se com a capacidade de assinalar ou identificar os seus sentimentos específica e precisamente. Além disso, envolve a capacidade para suportar emoções e orientá-las ou expressá-las positivamente. A CISS está afeta ao abandono das satisfações imediatistas, ao culto da paciência, ao autocontrole, à tolerância a frustrações, ao controle dos impulsos e à capacidade de suportar situações de tensão – aptidões nas lides com as emoções fundamentais para uma vida produtiva.

A **Empatia** é a capacidade de identificar precisamente o estado emocional de outrem e lidar com ele de modo tolerante e compreensivo. A Empatia envolve esforço emocional positivo e o uso da boa vontade para nos identificar com toda a variedade dos sentimentos humanos, inclusive a alegria, a satisfação, o pesar, a tristeza e a insegurança.

A **Introspecção** funda-se na compreensão das forças psicológicas e emocionais que geram os seus pensamentos, sentimentos e comportamentos. Concerne ao aprendizado que lhe cumpre realizar para saber ligar o seu passado ao presente e à compreensão da influência e da herança multifária legada a você por sua família de origem. Ainda, a Introspecção engloba a capacidade de enxergar debaixo do véu que encobre as razões latentes, as motivações ocultas de seu comportamento e emoções.

A **Afirmação** define-se por uma visão clara dos direitos razoáveis e legítimos que nos assistem – de uma noção equilibrada e sensata da habilitação pessoal para o usufruto das coisas da vida. A Afirmação saudável carece da caracterização bem definida de nossa atitude, comunicação e comportamento diante da vida, sempre com base em direitos e necessidades lídimos.

COMO DESCOBRIR AS TÉCNICAS DE TREINAMENTO QUE FUNCIONAM

Com os quatro Componentes Fundamentais estabelecidos, o passo seguinte na criação do Condicionamento do Equilíbrio Emocional foi o de descobrir como desenvolver essas qualidades. Conquanto tenhamos todos nascidos com certos pendores, os quais são moldados pela vida e experiência individual, creio firmemente sejamos senhores de imensa capacidade de evolução pessoal. Se eu não acreditasse no potencial da transformação humana, não poderia ser terapeuta! Aliás, é por meio de minhas experiências como terapeuta que tomo conhecimento direto da enorme capacidade que nós humanos temos para promover o crescimento e a transformação da personalidade.

Depois de muita reflexão, exame de pesquisas e análise de casos de estudo, quatro Técnicas de Treinamento vieram à luz. Eu as denominei **Condicionamento do Equilíbrio Emocional pela Meditação**, **Visualização do Equilíbrio Emocional**, **Diário do Equilíbrio Emocional** e **Exercício do Equilíbrio Emocional**.

Já que elas são baseadas em quatro técnicas que pratiquei durante muitos anos, sei que, por experiência própria e clinicamente, elas produzem resultados eficazes. Eu não só acredito no que preconizo, mas, freqüentemente, uso a mim mesmo como objeto de experiências.

MEDITAÇÃO: O PODER DO SILÊNCIO

Na década de 60, iniciei-me, como aluno de curso de pós-graduação, nas técnicas da dessensibilização sistemática (DS), usada principalmente no tratamento de fobias e da ansiedade. Um dos fundamentos da DS era o uso de técnicas de relaxamento para anular os efeitos fisiológicos da ansiedade.

As técnicas da DS faziam-me lembrar vivamente as práticas de meditação que eu havia aprendido quando estava estudando religiões orientais como aluno da faculdade de filosofia. Ocorreu-me, assim, que talvez a meditação pudesse ser um importante instrumento terapêutico.

Comecei, então, a praticar a meditação e descobri que ela era muito útil como fator de diminuição da ansiedade e de aumento da capacidade de concentração e do grau de autoconsciência. Essa decisão – a de experimentar o poder do silêncio e da quietude – foi uma verdadeira revelação para alguém como eu, conhecido como pessoa ocasionalmente hiperativa.

Quando, na década de 70, comecei a "prescrever" a meditação aos meus pacientes, todos os que permaneceram fiéis à sua prática obtiveram benefícios com essa decisão. Mais tarde, os benefícios que dela se podem obter foram confirmados por uma quantidade enorme de pesquisas sobre os efeitos físicos e psicológicos da meditação, os quais examinaremos detalhadamente no capítulo 8.

VISUALIZAÇÃO: DO PENSAMENTO À REALIDADE

Minha experiência com a visualização começou com minhas práticas de meditação e de relaxamento. Descobri que as visualizações melhoravam e desenvolviam a meditação e a tornavam, pessoalmente, mais significativa. Minha instrução universitária nas técnicas da hipnose, que conjuga a visualização ao relaxamento para aumentar a sugestionabilidade, confirmou ainda mais a eficácia do recurso a imagens mentais. Antes de criar o Programa CEE, ensinei técnicas de visualização em sessões clínicas, seminários e palestras durante anos, de cujos partícipes recebi muitos relatos de resultados positivos.

No que diz respeito à minha própria vida, tenho usado freqüentemente a visualização consciente como uma ferramenta para plasmar imagens de resultados almejados, e essa prática tem me ajudado a tornar reais meus sonhos e objetivos. Aliás, o próprio Programa CEE e este livro são produtos de uma longa e bem-sucedida série de visualizações.

A ESCRITA: COMUNICAÇÃO COM O MUNDO ÍNTIMO

Desde os tempos em que eu escrevia para expressar minhas angústias de adolescente, a palavra escrita como forma de expressão dos fenômenos do mundo íntimo sempre fluiu de mim naturalmente. Depois que eu mesmo comecei a ser submetido à psicoterapia, descobri que o uso de um diário especial era um excelente meio de desenvolvimento da introspecção, bem como o fato de que servia como via de escape emocional. Isso me ajudou a tratar muitos problemas, a corroborar o acerto dos caminhos que deveriam ser trilhados e a descobrir novas saídas para os impasses de muitas pessoas.

Em minha clínica particular, recomendo, desde longa data, o uso do diário como instrumento terapêutico e vejo que ele é fator de grande enriquecimento pessoal para todo tipo de pessoa. As pessoas que costumam dar bastante ênfase à expressão dos fenômenos íntimos beneficiam-se muito com esse tipo de reflexão. E aquelas que têm dificuldade para expressar oralmente suas emoções descobrem na escrita um fator de alívio especial.

Para as pessoas que se sentem muito embaraçadas para desafogar-se com o terapeuta, a escrita é um meio de "ativar o êmbolo da bomba", o que, eventualmente, prepara o caminho para melhorar a comunicação oral. Além disso, meus pacientes têm reportado freqüentemente benefícios obtidos com o ato de escrever ou de manter um diário: o acometimento de uma idéia, o discernimento de uma realidade íntima ou a espontaneidade com que uma solução criativa aparece.

EXERCÍCIO: A LIGAÇÃO CORPO E MENTE

A meditação, a visualização, o diário, todos esses recursos satisfizeram os critérios que estabeleci para a criação das Técnicas de Treinamento do Condicionamento do Equilíbrio Emocional. Eu mesmo havia experimentado os seus benefícios em primeira mão. E meus pacientes tinham confirmado sua eficácia. Eles eram instrumentos consagrados do patrimônio da terapia moderna, cuja utilidade se apóia em respeitável número de pesquisas e estudos. E sua aplicação vai muito além do cenário terapêutico.

Durante milhares de anos, o uso desses recursos fora adotado por pessoas de diferentes culturas para a obtenção de benefícios de ampla variedade no que afeta à qualidade da emoção, do estado de espírito e do grau de intelecto em que estagiavam. Óbvio me pareceu que essas técnicas de trato da individualidade humana eram um tesouro de potencialidades para a promoção do Condicionamento do Equilíbrio Emocional.

Contudo, achei que faltava algo... Um componente necessário para balancear a fórmula do CEE. Finalmente, percebi que o componente que faltava era o trabalho sobre a parte física do binômio mente-corpo: o Exercício do Equilíbrio Emocional.

Quando, em 1981, meu filho nasceu, eu tinha quase 36 anos. Dado que minha filha nascera dez anos antes, eu estava consciente de que era preciso muito vigor para lidar com crianças. E, embora, até certo ponto, eu sempre tivesse sido uma pessoa atlética, senti que precisava de maior cota de atividade física sistemática para preservar a robustez do corpo, em benefício do exercício da paternidade.

Vários de meus amigos começaram a praticar *jogging*, e achei que talvez essa fosse a solução lógica para preparar-me e tornar-me apto a correr atrás de um pequerrucho. A prática do *jogging* levou-me à da corrida, o que acabou resultando em minha participação nas corridas realizadas no Orange Bowl e nas maratonas de Nova York. Sou um entusiasta da corrida, e isso me tem ajudado a ser uma pessoa, um pai, um marido e um terapeuta melhor em muitos aspectos.

À medida que me conscientizei dos enormes benefícios emocionais da prática regular de exercícios físicos, comecei a recomendá-los aos meus pacientes. No início, isso provocou surpresa – por que um profissional da saúde mental estaria se preocupando com a boa forma física? Mas aqueles que se mostraram acessíveis à prática do exercício notaram melhoria considerável na qualidade de seu bem-estar mental.

COMO LEVAR O CEE AOS MEUS PACIENTES

Com os Quatro Componentes Fundamentais perfeitamente delineados e as Técnicas de Treinamento estabelecidas, chegara o momento de apresentar o Programa CEE aos meus pacientes. Eu vinha recomendando as Técnicas de Treinamento há muitos anos, mas agora estava determinado a apresentar o programa mais sistematicamente para ver se ele funcionava bem.

Os resultados foram impressionantes e encorajadores. Não quero dizer com isso que o Programa CEE operou milagres em todos – havia ainda muitas pessoas que relutavam em adotar as Técnicas de Treinamento. Mas, para aquelas que decidiram participar ativamente e usaram as Técnicas de Treinamento regularmente, o progresso foi extraordinário. O grau de seu Equilíbrio Emocional aumentou exponencialmente. E o que adquiriram foi mais do que simples autoconhecimento.

Muitas das pessoas que participaram integralmente do Programa CEE transformaram, literalmente, a sua vida – e de dentro para fora. O conhecimento dos Componentes Fundamentais de sua natureza emotiva, conjugado aos efeitos condicionadores das Técnicas de Treinamento, mostrou-se um extraordinário catalisador do quimismo do crescimento íntimo.

A HISTÓRIA DE CAROL

Carol, casada, mãe de dois adolescentes às portas da idade adulta, e professora de uma escola para alunos especiais, estava sempre sobrecarregada. Beirando os 50 anos de idade, Carol era uma pessoa de pequena compleição, sorriso encantador e olhos castanhos que brilhavam inteligentemente atrás de um par de óculos.

Nos primeiros oito anos do seu casamento, Carol fora dona de casa em tempo integral e estabelecera um determinado padrão para os cuidados de todas as tarefas domésticas. Ao iniciar o trabalho caseiro, fazia-o em ritmo acelerado e jamais pedia ajuda. Sua maior dificuldade relacionava-se com o Componente Fundamental da Afirmação.

O marido de Carol, Larry, que levava a vida absorto na administração de sua gráfica, parecia não ter tempo para notar-lhe os esforços ou dar-lhe atenção. Eles se haviam acomodado a uma rotina que ele, aparentemente, achava adequada, mas que ela considerava frustrante e desgastante. Contudo, ela não conseguia achar um meio de transformar seu relacionamento sem que, ao tentar fazê-lo, desse início a discussões fúteis. Carol tinha perfeita consciência de que suas dores de cabeça crônicas eram sintoma de seu estado psicológico, mas isso apenas lhe aumentava o ódio recalcado.

Carol começou a trabalhar no desenvolvimento da Afirmação usando o recurso do Diário do Equilíbrio Emocional para identificar o que ela precisava de sua família e como se sentia com relação ao papel que desempenhava então. Ela empregou a técnica da Visualização do Equilíbrio Emocional para imaginar cenas com seu marido e seus filhos nas quais ela lhes pedia ajuda para realizar tarefas específicas. Outra faceta importante para ela do Programa CEE foi o Exercício do Equilíbrio Emocional. Assim, ela decidiu freqüentar aulas de Condicionamento Corporal na filial local da Associação Cristã de Moços e descobriu que o exercício com pesos lhe proporcionava uma sensação de força e fortalecimento íntimo.

Depois de três meses de prática das técnicas de treinamento do CEE, as dores de cabeça de Carol diminuíram a ponto de permitir-lhe parar de tomar medicamentos. Nos meses seguintes, ela aprendeu a comunicar-se com mais Empatia e progrediu em suas conversas conjugais com Larry. Ela desenvolveu sua Afirmação de tal modo, que conseguiu passar a delegar responsabilidades domésticas apropriadas a seus filhos e parou de tentar fazer tudo para todos. Realizadas essas mudanças, Carol passou a dispor de mais tempo e energia para estudar espanhol, um passo na direção da ampliação de suas oportunidades como professora.

A HISTÓRIA DE BRIAN

Brian era alto e esguio, um pessoa atraente, embora carregado de ansiedade. Era desenhista nato e talentoso e gostava de ler, principalmente livros de filosofia e psicologia. Mas não tinha sido capaz ainda de pôr nenhum de seus interesses no caminho de uma carreira profissional.

Suas dificuldades remontavam à escola primária, na qual, durante anos, sua dislexia ficara sem diagnóstico. Tudo indicava que, pela luta que travara com o mal que o afligiu durante seus primeiros anos escolares, juntamente com a atitude crítica do pai, Brian estava destinado ao fracasso. Aos 24 anos de idade, estava desempregado, morava com os pais e sentia-se algo deprimido.

Quando o jovem fez os testes de Auto-Avaliação para identificar os pontos fortes e as dificuldades que porventura teria relativamente aos vários Componentes Fundamentais, descobriu que sua maior deficiência era a Capacidade de Identificar e Suportar Sentimentos (CISS). Ele trabalhou nesse Componente Fundamental procurando imaginar a si mesmo em várias situações que provocassem ansiedade, tais como numa entrevista de emprego ou quando convidasse uma mulher para um encontro. Por meio da Escrita, ele explorou a fonte dos sentimentos embaraçosos que essas situações provocavam nele e descobriu como suas emoções influenciavam suas atitudes.

O Condicionamento do Equilíbrio Emocional pela Meditação ajudou Brian a aprender a suportar mais esses sentimentos embaraçosos e a reduzir seu grau de ansiedade. Sua opção com relação ao Exercício do Equilíbrio Emocional foi iniciar-se na prática da corrida até poder cobrir 10 quilômetros por dia todas as manhãs, logo depois de uma sessão de meditação. E descobriu que a corrida lhe aliviava a depressão e servia para aumentar-lhe o amor-próprio.

Certa manhã, enquanto seguia por seu caminho favorito da sessão de corrida, Brian notou a presença de uma jovem, acompanhada de seu cão labrador de pelugem dourada, que estava sendo levado a passear. Depois de passar por ela "acidentalmente" mais algumas vezes, ele conseguiu puxar conversa com a jovem, o que resultou num convite para tomar café. Dali em diante, eles começaram a encontrar-se freqüentemente e desenvolveram uma calorosa amizade. Ela disse a Brian que lhe admirava a capacidade de falar sobre os próprios sentimentos abertamente, outra aptidão que ele desenvolvera por meio do Programa CEE.

Depois de seis meses de atividade com o CEE, Brian reingressou na universidade para terminar o curso de arte publicitária. Além disso, conseguiu arranjar um emprego de meio expediente e estabeleceu a meta de fazer economia para montar seu próprio apartamento. Com o Programa CEE, Brian desenvolvera Equilíbrio Emocional suficiente para iniciar a conquista do seu lugar ao sol.

A HISTÓRIA DE MÔNICA

Mônica, 37 anos de idade, olhos verdes, mulher encantadora, bem-sucedida, ostentava elegantes cabelos negros cortados acima do ombro. Depois de trabalhar dez anos numa grande agência de publicidade, abrira a sua própria empresa e trabalhara duro para estabelecer sólida base de clientes. Seu negócio prosperava, mas ela atingira um ponto em sua vida em que o trabalho não bastava para fazê-la sentir-se realizada. Mônica queria constituir família e sentia-se frustrada com a condição de solteira. A imagem de si mesma como mulher brilhante e segura era minada por sua incapacidade de sustentar um relacionamento com o homem certo.

Por meio do Diário do Equilíbrio Emocional e das Auto-Avaliações dos Componentes Fundamentais, Mônica conseguiu identificar a falta de Empatia como um dos maiores problemas em seus relacionamentos passados. Ela viu-se diante da revelação de que o estilo de vida competitivo, corrido, intolerante e utilitarista, que funcionava tão bem em sua carreira, era um empeço em sua vida romântica.

A meditação ajudou Mônica a ficar mais calma, sossegada, e a ter mais Empatia em suas relações com os que a rodeavam. Ela usou a visualização como meio de desenvolver a sensibilidade para com os sentimentos das outras pessoas. Seu Diário do Equilíbrio Emocional era algo em que podia explorar seguramente esses temas.

Passados cerca de três meses de treinamento com o CEE, Mônica começou a encontrar-se com Gregory, um redator autônomo que ela conhecera vários anos antes em situações de negócio. Ela jamais considerara a possibilidade de ter um relacionamento com ele antes, já que sua aparência e seus rendimentos estavam aquém do que ela estabelecera como padrão para si mesma. Mas, agora que Mônica estava mais madura emocionalmente, foi capaz de reconhecer e apreciar a inteligência, a docilidade e a lealdade de Gregory.

Em menos de um ano, Mônica e Gregory se haviam apaixonado um pelo outro e selaram o noivado. Ela fez com que Gregory conhecesse o Programa CEE, convencida de que ele ajudaria ambos a orientarem-se em meio aos desafios do casamento e, eventualmente, da paternidade.

A HISTÓRIA DE ROBERT

Robert, um jovem de 22 anos, estava arrasado com o divórcio recente. Depois de anos de tolerância às mudanças de humor da esposa e às suas bebedeiras, não conseguia compreender por que ela o deixara por outro homem.

A tensão afetou outros aspectos da saúde de Robert e agravou-lhe o sofrimento causado por problemas gastrointestinais. Seu trabalho como engenheiro de sistemas de aquecimento e refrigeração era estável, mas insatisfatório e desinteressante. Ele se sentia como se nada mais tivesse importância, exceto seus dois filhos. Robert adorava suas crianças, mas, na maioria das vezes, estava deprimido demais e fisicamente indisposto para relacionar-se com eles integralmente durante suas visitas nos fins de semana.

Robert usou as técnicas de Condicionamento do Equilíbrio Emocional como um recurso complementar à psicoterapia. Embora precisasse trabalhar em todos os Componentes Fundamentais, deu especial atenção à Introspecção. Era imperativo que adquirisse consciência de como a função que exercera em sua infância de cuidar da mãe mentalmente perturbada influenciara seus relacionamentos na vida adulta.

Ao expressar seus fenômenos íntimos no Diário do Equilíbrio Emocional, Robert aprendeu a ligar seu passado à sua vida presente. E usou a visualização para praticar a Afirmação de seus direitos legítimos e parar de sentir-se vítima. Entregue à prática de caminhadas como forma de exercício para conquistar boa forma física, obteve também com isso o aumento de sua capacidade de resistência e a redução da tensão.

Depois de praticar o Condicionamento do Equilíbrio Emocional pela Meditação durante vários meses, Robert passou a interessar-se por tratamentos naturais e começou a ler livros sobre o assunto. Ele adotou um tipo de alimentação e pontos de vista mais saudáveis, o que lhe desagravou os problemas gastrointestinais. Robert começou também a tomar providências para resolver as últimas pendências com a ex-esposa. Os fins de semana com os filhos tornaram-se menos cansativos e mais prazerosos, já que seu equilíbrio físico e emocional se desenvolvera.

O CEE É PARA TODOS

Carol, Brian, Mônica e Robert são apenas quatro exemplos das muitas pessoas cuja vida foi enriquecida pelo CEE. Quanto à idade, essas pessoas vão do adolescente ao idoso. Elas pertencem às mais variadas raças, religiões e meios socioeconômicos. O CEE ajusta-se harmoniosamente a pessoas tradicionais, progressistas, artísticas, práticas, joviais, pessimistas, deprimidas e até mesmo às que se sentem sadias – é um programa para uma grande variedade de temperamentos, predisposições e circunstâncias de vida. A flexibilidade do Programa CEE o torna útil a uma gama inestimável de casos.

USANDO O CEE COM A TERAPIA TRADICIONAL

Para muitas pessoas, o Programa CEE pode ser usado independentemente, como um programa de auto-ajuda.

Porém, se você tiver quaisquer dos distúrbios, problemas ou vícios discriminados abaixo, é altamente recomendável que só procure adotar o Condicionamento do Equilíbrio Emocional sob a supervisão de um profissional da saúde mental ou de um médico. Eles são, embora não se limitem apenas a estes:

- *Depressão profunda; idéias de suicídio*
- *Doença física grave ou crônica*
- *Ingestão de medicamentos por problemas emocionais*
- *Distúrbios de comportamento relacionados com abuso sexual ou maus-tratos, físicos ou psicológicos*
- *Qualquer diagnóstico de distúrbio obsessivo-compulsivo*
- *Ansiedade intensa / síndrome do pânico*
- *Qualquer diagnóstico de doença mental grave, tal como esquizofrenia ou psicose maníaco-depressiva*
- *Toxicomania ou alcoolismo ou obsessão comportamental, tal como tara sexual*
- *Distúrbio alimentar, como bulimia ou anorexia*
- *Distúrbio de tensão pós-traumática*

Lembre-se: certamente esses fatores não impossibilitam a sua participação no Programa CEE e você não deve desencorajar-se. Muitos dos meus clientes têm usado as Técnicas de Treinamento do CEE conjugadas à psicoterapia e/ou a psicofármacos e obtido resultados notáveis.

Contudo, se o seu caso tiver relação com quaisquer dos itens mencionados acima ou alguma circunstância incomum, é imprescindível que você consulte um médico ou terapeuta antes de iniciar o programa. É aconselhável que você continue a consultar o seu médico periodicamente durante o cumprimento do Programa CEE. O programa não é nem deve ser considerado um substituto de medicamentos apropriados ao tratamento de doenças físicas ou mentais, tampouco um substituto de processos psicoterápicos em andamento quando dele se necessitar.

Caso você esteja tratando problemas profundamente estressantes, recomendo que você também considere a possibilidade de usar o Programa CEE conjugado à orientação médica ou à psicoterapia. Esses problemas podem ser um processo de divórcio ou morte de um ente querido, um relacionamento caracterizado por maus-tratos ou as seqüelas de abuso sexual na infância, sérias dificuldades com crianças ou os pais, doenças na família, vício ou distúrbio alimentar, adversidades financeiras ou relacionadas com trabalho, ansiedade extrema ou mudanças de humor.

Tenho visto freqüentemente as Técnicas do Programa CEE ajudarem pessoas a superar crises, doenças e traumas emocionais. Mas é também fundamental buscar a ajuda de um profissional da saúde mental ou de grupos de apoio mútuo quando você está enfrentando dificuldades extremas.

O CEE ANTECIPA E PREVINE

Embora o CEE possa ser útil em situações de crise e dificuldade, também pode ser considerado um recurso da psicoterapia preventiva. Você pode beneficiar-se com ele em qualquer situação, inclusive quando está sentindo-se emocionalmente forte e bem.

Ninguém deve correr o risco de sofrer ataque do coração antes de iniciar um programa de exercício cardiovascular, ou dores lombares antes de uma sessão de alongamento, certo? O melhor momento para começar a cuidar de si mesmo e a tomar medidas de prevenção contra doenças é antes de você adoecer. Um corpo robusto, bem alimentado e equilibrado é menos suscetível a doenças e lesões e mais apto para recuperar-se. O mesmo princípio se aplica aos fatores que envolvem o Equilíbrio Emocional.

Se você não estiver enfrentando nenhuma dificuldade especial neste momento de sua vida, essa é a ocasião ideal para iniciar o Programa. Aliás, se você iniciar o Programa quando não tiver pesando sobre si uma carga adicional de tensão, você tem à sua frente um mundo de oportunidades para fortalecer sua resistência emocional. Assim, você ficará numa situação mais vantajosa, emocionalmente falando, para enfrentar todo tipo de contratempo que lhe surgir no caminho. Certamente o Programa CEE não pode impedir o inevitável surgimento de tristezas e problemas na vida, mas pode pô-lo numa posição de maior fortaleza íntima para que você consiga encarar quaisquer dificuldades que lhe advierem e lidar com elas mais facilmente.

Aqui, a ênfase é no bem-estar, não no mal-estar. Sim, o Programa CEE pode ser um meio de cura das dores emocionais. Mas pode ser também um meio de geração de mais alegria, maior consciência e ampliação dos horizontes de sua vida. É um programa sem limites, um fator de evolução infinda.

Na minha clínica, procuro evitar a tendência ao uso da terapia "medicamentosa". Os seguidores dessa tendência dão ênfase à rotulação diagnóstica de pacientes com doenças que precisam ser tratadas e curadas. Na minha opinião, isso desvirtua todo o processo psicoterapêutico.

No novo mundo do Equilíbrio Emocional, não há nada "errado" com você que precise ser "corrigido". O crescimento pessoal é um processo de educação e treinamento, não um tratamento de uma doença específica ou a solução para determinado problema.

O QUE VOCÊ PODE ESPERAR

O CEE não é um processo infalível, garantia de felicidade para os que a ele se submetem. Mas, indubitavelmente, ele age poderosamente sobre as quatro facetas principais do estado subjetivo que chamamos de "felicidade": amor-próprio, amizades, satisfação no trabalho e nas horas de lazer, e saúde física.

O amor-próprio é um dos resultados benéficos do fortalecimento dos Componentes Fundamentais: um dos produtos finais do Equilíbrio Emocional, em certo sentido. Os elementos básicos do amor-próprio são a imagem que se tem de si mesmo, a aparência física e o ideal do ego. Esses três elementos são desenvolvidos pelas Técnicas de Treinamento. O comportamento autoderrotista sofre a redução de seu potencial de forças negativas, enquanto o comportamento de autovalorização e progresso pessoal evolui.

Quanto à esfera das amizades, o CEE freqüentemente conduz o exercitando a situações de melhorias e transformações duradouras nos padrões de comportamento. Participantes do Programa CEE têm apresentado resultados que vão da redução extremamente significativa de discussões fúteis à extinção de sérias rixas conjugais. O CEE pode também aumentar seu interesse pelo sexo, bem como melhorar sua sexualidade.

No âmbito da satisfação e do desempenho profissional, o desenvolvimento dos Componentes Fundamentais pode produzir resultados facilmente mensuráveis. Aumento da criatividade e da produtividade, maior capacidade de delegação de poderes, melhoria do relacionamento com os colegas e mais confiança no ambiente de trabalho são fatos comumente resultantes da adoção do programa.

No que afeta à organização corporal, os benefícios do Programa CEE são muito notáveis e compensadores. O recurso da Capacidade de Identificar e Suportar Sentimentos reforça e sustenta uma consciência clara da ligação existente entre a mente e o corpo. A Introspecção e a Empatia reduzem o fardo das emoções desgastantes, enquanto a Afirmação edifica a confiança na potencialidade do corpo. As Técnicas de Treinamento do Programa CEE produzem "efeitos colaterais benéficos", quais sejam, por exemplo, o do relaxamento do corpo – do que resulta a redução dos prejuízos causados pela tensão – e o fortalecimento dos músculos e dos ossos, bem como das emoções. Os momentos de lazer costumam tornar-se mais proveitosos, e você se sentirá motivado a saborear os frutos de seus esforços e reservar tempo para "sentir o perfume das rosas".

Quanto tempo será necessário para que você possa sentir resultados palpáveis e mudanças positivas no seu modo de pensar, sentir, comunicar-se e agir? A resposta é que podem ser necessárias algumas semanas, alguns meses ou, talvez, um pouco mais. Muito do processo depende do ponto a partir do qual você esteja começando, de onde queira ir e de quão aberto a transformações você esteja.

Uma vez que você está lendo este livro, é provável que você acredite no seu potencial de transformação, pelo menos no campo do intelecto. Mas é possível que você relute em transformar-se nos domínios do inconsciente. Isso acontece com a maioria de nós, até certo ponto. É a lei da inércia, um impulso natural de permanecer no mesmo lugar, com o que nos sentimos seguros e familiarizados.

Pode ocorrer de ser difícil sintonizar-se mais intimamente com os preceitos requeridos para o desenvolvimento da Capacidade de Identificar e Suportar Sentimentos, mormente se você tem estabelecido em si um forte sistema de negação. Pode ser doloroso ter que se abrir e agir em consonância com os ditames da Empatia sincera. Pode ser assustador rever quanto sua família de origem afetou sua vida emotiva e afeiçoar-se ao cultivo da Introspecção. Pode ser atemorizante ter que desafiar o *status quo* em seus relacionamentos e exigir o usufruto de seus direitos legítimos por meio da Afirmação.

Quero que você entenda que eu compreendo que nem sempre é fácil iniciar o Programa CEE e manter-se fiel a ele. Mas sei que você é capaz de fazê-lo!

Assim como ocorre com qualquer cometimento, o Programa CEE requer um impulso inicial da força de vontade e o compromisso sério com aquilo em que você acredita. Aliás, tudo em que você precisa acreditar é em você mesmo e em sua capacidade de aprender, crescer e alcançar o Equilíbrio Emocional. O restante se desdobrará por meio do processo inerente ao CEE em si.

O Equilíbrio da Saúde Emocional – A Nova Revolução do Crescimento Pessoal

EXERCÍCIO COMPORTAMENTAL DO CEE: O CONDICIONAMENTO DO EQUILÍBRIO EMOCIONAL LHE CONVÉM?

Para saber se o Condicionamento do Equilíbrio Emocional é um programa apropriado para você, faça a si mesmo as seguintes perguntas:

1. Você já teve interesse em desenvolver a capacidade de introspecção e outros benefícios proporcionados pela psicoterapia?
2. Caso você esteja sob tratamento atualmente, sente o desejo de acelerar seu progresso tomando outras providências fora das sessões de terapia?
3. Já teve vontade de saber de que modo suas emoções afetam a sua vida?
4. Está tentando entender como o seu passado afeta o seu presente?
5. Gostaria de ser capaz de lidar com suas emoções mais eficazmente?
6. Poderiam os seus relacionamentos beneficiarem-se do conhecimento mais profundo de sua constituição psicológica e das pessoas que são importantes em sua vida?
7. Suas relações com os que o cercam melhorariam se você conseguisse comunicar-se com mais Empatia, Introspecção e Afirmação?
8. Gostaria de ensinar seus filhos, ou pessoas jovens, a lidar com as próprias emoções mais eficientemente, e estabelecer uma base sólida para o Equilíbrio Emocional?
9. Você reconhece que o estado do seu corpo físico influencia o seu estado mental?
10. Acredita que o conhecimento somado à ação resulta em transformações positivas?

O resultado deste questionário é simples. Se você respondeu "sim" a pelo menos uma das perguntas acima, então o Programa de Condicionamento do Equilíbrio Emocional foi feito para você!

dois

Os Elementos Essenciais do Condicionamento do Equilíbrio Emocional

O equilíbrio emocional não é mais um mistério. Por meio do Programa CEE, você se familiarizará com os Componentes Fundamentais do Equilíbrio Emocional e com o modo pelo qual eles influenciam a sua vida. Em seguida, você aprenderá como usar as Técnicas de Treinamento para fortalecer esses componentes em si mesmo.

COMPONENTE FUNDAMENTAL Nº I: A CAPACIDADE DE IDENTIFICAR E SUPORTAR SENTIMENTOS (CISS)

O desenvolvimento da Capacidade de Identificar e Suportar Sentimentos é meta fundamental em toda forma de psicoterapia. No jargão da psicologia, é geralmente denominada identificação de "afeições" e tolerância. Ali, afeições significam sentimentos, a identificação se refere a rotulagem ou especificação e a tolerância é a capacidade de suportar emoções e orientá-las ou manifestá-las proveitosamente. No Programa CEE, substituí o termo *afeição* por *sentimentos*, pois é mais fácil de usar e lembrar.

O desenvolvimento da CISS implica o adiamento das satisfações, a paciência, o autocontrole, a tolerância a frustrações, o controle dos impulsos e a capacidade de suportar situações ou estados de tensão – aptidões essenciais, que urge desenvolver para que se tenha uma vida adulta positiva. As conseqüências da deficiência de CISS podem variar do comportamento violento aos vícios ou à depressão. Mas, mais comumente, um dos sintomas da fraqueza desse componente é a evitação – fuga ou adiamento do cumprimento de tarefas ou tomada de atitudes ou providências, pois que vistos como algo não imediatamente satisfatório ou agradável. Evitamos a realização de tarefas consideradas desagradáveis porque não nos sentimos bem com as

Os *Elementos Essenciais do Condicionamento do Equilíbrio Emocional* 35

emoções que elas suscitam. Mas, conforme você poderá perceber, essa esquivança do que cumpre ou mesmo convém realizar apenas aumenta nosso mal-estar.

Da infância em diante, a vida se enche de conflitos entre o que é imediatamente agradável, confortável ou fácil e o que precisa ser feito, por motivos vários e porque vantajosos. Um dos resultados mais importantes colhidos pelos que dão bom cumprimento ao desenvolvimento da CISS é a capacidade de pôr de lado a satisfação de seus anseios imediatos para alcançar benefícios futuros. Mas somente isso não basta para a consecução do equilíbrio emocional.

O que torna a pessoa emocionalmente equilibrada em mais amplo sentido é a capacidade de *reconhecer e de sentir* emoções adversas e, depois, aprender a suportar e a expressá-las com proveito, em vez de sufocá-las ou externá-las destrutivamente.

Maryann, assistente administrativa e mãe divorciada de duas crianças pequenas, tinha a reputação de ser uma pessoa emocionalmente muito madura. Jamais se descurava dos cuidados com a família e trabalhava diligentemente. Mas, às vezes, explodia em acessos de raiva com os filhos, sintoma do ódio recalcado que sentia por ver-se encurralada no interminável "papel duplo" de mãe trabalhadora solitária.

Quando adotou o Programa CEE, o Diário do Equilíbrio Emocional de Maryann serviu-lhe como um canal por onde pôde desafogar no papel seus sentimentos de ódio. O Condicionamento do Equilíbrio Emocional pela Meditação também a ajudou a sentir-se mais calma e ter maior controle sobre si mesma. Como opção de seu Exercício do Equilíbrio Emocional, ela voltou a praticar tênis, esporte que adorara quando era adolescente. As partidas de tênis lhe proporcionaram enorme alívio da tensão e lhe serviram também como um meio de descarga do ódio recalcado. Essas atividades do CEE, juntamente com o progresso que lograra na Capacidade de Identificar e Suportar Sentimentos, deram a Maryann recursos emocionais suficientes para conseguir controlar os próprios sentimentos, sem explodir de raiva como resultado do convívio com as crianças. Mais tarde, Maryann começou a freqüentar um grupo de ajuda mútua de pais solteiros, no qual entendeu mais claramente as razões de suas emoções e aprendeu com os colegas de grupo meios de lidar com elas.

Do primeiro sinal do despertador ao asseio dos dentes antes de dormir, a maioria das vidas está rodeada de situações que requerem variados graus de autodisciplina, controle dos impulsos e adiamento de satisfações. Reserve-se um minuto para refletir em como você consegue enfrentar esses desafios em sua própria vida. Como você lida com os sentimentos desagradáveis e inevitáveis? Você dispõe de algum mecanismo saudável para canalizar sentimentos desagradáveis e desafogar-se deles proveitosamente? Você precisa recorrer freqüentemente à rejeição, à repressão e às explosões emotivas para avançar por sua rotina diária?

Se você já se submeteu à terapia, sabe que o processo terapêutico o encoraja a falar sobre suas emoções para que você possa começar a dar os primeiros passos em direção à capacidade de expressá-las proveitosamente, à afirmação de seus direitos legítimos e à realização de mudanças adequadas. As técnicas do CEE funcionam semelhantemente entre si. A meditação e o diário lançam luz sobre sentimentos recalcados e servem de foro para a análise de si mesmo. A visualização e o exercício físico edificam a fortaleza moral, para que a pessoa consiga controlar seus sentimentos e persista no processo com coragem e reações mais apropriadas, ao invés de evitá-lo ou cumpri-lo inconsistentemente.

AUTO-AVALIAÇÃO DA CAPACIDADE DE IDENTIFICAR E SUPORTAR SENTIMENTOS (CISS)

A seguir, um teste de Auto-Avaliação simples da Capacidade de Identificar e Suportar Sentimentos. O objetivo dessa Auto-Avaliação e de outras, apresentadas mais adiante, é fazer com que você comece a refletir em quanto os Componentes Fundamentais influenciam sua personalidade, seus relacionamentos e outros aspectos de sua vida.

Nesta parte, talvez lhe seja conveniente usar um caderno especial, ou um diário mesmo, como o seu Diário do Equilíbrio Emocional. As Auto-Avaliações podem ser o ponto de partida de seu Diário e serem usadas para estabelecer metas e acompanhar o seu progresso durante o cumprimento do Programa CEE.

Responda com "Verdadeiro" ou "Falso" às perguntas, usando o máximo de sua capacidade para fazê-lo. Logicamente, você terá que recorrer a generalizações em alguns casos e escolher, entre essas duas opções, a que melhor reflita a sua realidade. Tente ser honesto e responda instintivamente; não "abrande" suas respostas nem opte pela que acredite ser a intelectualmente correta.

Não há respostas certas ou erradas nas Auto-Avaliações Básicas, tampouco notas ou juízos. As Avaliações são um meio de ajudá-lo a determinar o grau de seu Equilíbrio Emocional atual e a compreender como os Componentes Fundamentais influenciam sua própria vida.

Os Elementos Essenciais do Condicionamento do Equilíbrio Emocional 37

A AUTO-AVALIAÇÃO DA CAPACIDADE DE IDENTIFICAR E SUPORTAR SENTIMENTOS (CISS)
Responda cada item com "Verdadeiro" ou "Falso".

1. Costumo evitar e adiar o cumprimento de tarefas, obrigações ou deveres com freqüência.
2. Reajo, freqüente e descontroladamente, a certo tipo de situação sem saber realmente por quê.
3. Sou visto, de um modo geral, como pessoa impaciente e intolerante.
4. Geralmente é inútil sentir as coisas com muita veemência.
5. Sou o tipo de pessoa que gosta de estar sempre à frente de tudo.
6. Normalmente, emoções fortes me deixam pouco à vontade.
7. Na maioria das vezes, é melhor tomar decisões com a cabeça, não com o coração.
8. O axioma "Água mole em pedra dura tanto bate até que fura" não passa de um sofisma de indução à derrota.
9. É sempre mais seguro manter o controle e a frieza dos sentimentos.
10. Sou conhecido como pessoa que tem problemas com o temperamento.

Duas ou mais respostas "Verdadeiras" indicam a necessidade de desenvolver a Capacidade de Identificar e Suportar Sentimentos. Quanto maior o número de respostas "Verdadeiras", maior a necessidade de progredir nesse Componente Fundamental.

COMPONENTE FUNDAMENTAL Nº 2: A EMPATIA

Empatia é a capacidade de identificar o estado emocional de outrem e lidar com ele com tolerância e compreensão. A empatia implica, pois, a identificação, nos outros, de toda a variedade de sentimentos, como se fossem eles os nossos próprios, inclusive os de alegria e satisfação – ao contrário do que se dá com a simpatia, que tem relação mais estreita com a tristeza ou o medo.

A empatia é uma das mais admiradas qualidades do ser humano em qualquer esfera do relacionamento interpessoal. Se você parar e refletir um pouco sobre as pessoas que ama e admira, provavelmente verá que muitas delas manifestam cotas incomuns de Empatia. De lumes e celebridades religiosas inesquecíveis a amigos e colegas, as pessoas que manifestam Empatia têm, freqüentemente, um papel especial em nossa vida.

No âmbito das amizades íntimas, a Empatia é a chave da harmonia e da longevidade. *A Empatia não só o liga a outras pessoas; ela fortalece você e as pessoas com as quais você tem ligação.*

Se você manifestar Empatia diariamente por meio de incentivos e encorajamentos, a relação afetiva se fortalecerá. E se você tiver Equilíbrio Emocional suficiente para conseguir manter atitudes de Empatia durante conflitos e dissensões, seus relacionamentos florescerão e a solução dos conflitos aparecerão mais cedo, com menos rompimento dos laços de amizade. A expressão de idéias que comumente podem ser consideradas negativas ou repreensivas será recebida menos defensivamente. A capacidade de manifestar Empatia durante discussões é fundamental num relacionamento saudável.

Quase todas as pessoas, em todos os sentidos, reagem melhor quando você demonstra Empatia. Essa aptidão emocional é tão importante no ambiente de trabalho quanto no seio familiar. Considere o modo pelo qual você reage a críticas. Se seu chefe ou professor lhe disser "Sei que você trabalhou muito duro neste relatório e seu esforço é realmente visível, mas acho que com mais uma revisão poderia ficar melhor ainda", é certamente mais motivante, em última análise, do que "Este relatório não está bom; faça outro".

A Empatia é também importante fator dos relacionamentos saudáveis entre pai e filho. Veja, por exemplo, o caso de Eric. Advogado de uma empresa, considerava-se pai dedicado e não conseguia entender por que seu filho adolescente, Jason, se afastara dele. Ele insistia em que sua vigilância e tentativas de guiar o filho eram para o próprio bem do rapaz.

Não admira que Jason reagisse às críticas e ao envolvimento excessivos do pai, tornando-se ainda mais rebelde do que a maioria dos adolescentes. Primeiro, perfurou o nariz para ornar-se com certo penduricalho; depois, fez que lhe desenhassem no corpo uma tatuagem de sua banda de rock favorita. Na escola, Jason era   assaz brilhante e sempre obtinha boas notas, mas se recusava a participar de quaisquer atividades extracurriculares que, no futuro, o ajudariam a ter acesso à Alma Mater do pai, uma das universidades da Ivy League.

Eric experimentou submeter-se com o filho a aconselhamento familiar junto a um especialista, mas, logo depois da primeira sessão, Jason recusou-se a voltar ao consultório do especialista. Não obstante, Eric era receptivo à idéia de buscar soluções ativas por meio do Programa CEE. Quando começou a refletir sobre o próprio passado, Eric percebeu que seu próprio pai fora também excessivamente crítico. Ao invés de rebelar-se, Eric passara a vida tentando agradar ao pai, embora jamais tivesse achado que fizera o bastante.

Com o Diário e a Visualização, Eric conseguiu reviver os próprios conflitos da adolescência, na qual se esforçara para agradar ao pai, pessoa demasiadamente crítica. Naturalmente isso gerou sentimentos de Empatia para com o próprio filho. Ele começou a perceber que Jason estava usando a aparência agressiva para mascarar sua profunda insegurança. Já que Jason achava que jamais poderia satisfazer os altos padrões do pai, não pensava nem mesmo em tentar fazê-lo.

Aos poucos, Eric começou a ver o filho como um ser humano necessitado de atitudes de Empatia, em vez de um adversário que tinha de ser derrotado. Ele entendeu que o vigor dialético e a atitude implacável que funcionavam tão bem em suas batalhas jurídicas não tinham vez em casa. Por meio do Condicionamento do Equilíbrio Emocional pela Meditação, conseguiu aprender a moderar suas reações no relacionamento com o filho – a "abrandar" eventuais situações tensas e ceder um pouco. E descobriu que quanto mais manifestasse Empatia para com os esforços do rapaz em tentar descobrir a própria identidade diante da vida e quanto menos tentasse controlá-lo, mais possibilidade haveria de Jason tomar decisões certas por si mesmo.

À medida que explorar, no capítulo 4, esse Componente Fundamental, você aprenderá que o desenvolvimento da Empatia começa em tenra idade. Com o uso do Condicionamento do Equilíbrio Emocional, você não precisa mais ser escravo do passado. Qualquer que seja o grau de Empatia que seus pais o ajudaram a desenvolver e qualquer que seja o seu ponto de partida, você pode desenvolver essa qualidade valiosa por meio do Programa CEE.

AUTO-AVALIAÇÃO DA EMPATIA
Responda cada item com "Verdadeiro" ou "Falso".

1. Se sinto algo intensamente e acredito muito nisso, isso significa que, provavelmente, é verdadeiro.
2. Quando lhe damos oportunidade, a maioria das pessoas se aproveita de nós, se permitimos que o faça.
3. Não me interesso muito em conhecer as causas do comportamento das pessoas.
4. A maioria das pessoas gostaria que sentíssemos pena delas.
5. Emocionalmente falando, as crianças são "pequenos adultos".
6. Os relacionamentos costumam ser melhores quando cada pessoa se esforça para satisfazer suas próprias necessidades.
7. Conversar sobre os meus problemas com outras pessoas raramente me trouxe algum benefício.
8. Ouvir os problemas das outras pessoas é muito constrangedor.
9. Eu acho que as minhas necessidades são um pouco diferentes das necessidades da maioria das pessoas que conheço.
10. Invejo o sucesso das outras pessoas.

Duas ou mais respostas "Verdadeiras" indicam a necessidade de desenvolver mais a Empatia. Quanto maior o número de respostas "Verdadeiras", maior a necessidade de aprimorar esse Componente Fundamental.

COMPONENTE FUNDAMENTAL Nº 3: A INTROSPECÇÃO

O Componente Fundamental da Introspecção relaciona-se à qualidade genericamente denominada "senso psicológico" nos meios terapêuticos americanos. Pertence ao âmbito da compreensão das forças psicológicas e emocionais que produzem pensamentos, sentimentos e comportamentos. Em um de seus aspectos mais importantes, o desenvolvimento da introspecção envolve o aprendizado da ligação de sua vida presente ao seu passado por meio do reconhecimento do importante legado herdado de sua família de origem.

A Introspecção implica também a capacidade de olhar debaixo dos substratos do seu comportamento e identificar suas causas e significado subjacentes – a consecução do clássico objetivo da psicoterapia tradicional. Freud afirmou que o objetivo da psicanálise era "tornar consciente o inconsciente". O Condicionamento do Equilíbrio Emocional produz resultado semelhante, quer com, quer sem a orientação de um terapeuta.

Com o CEE, você se conscientizará do seu Padrão Idiossincrático – o modelo de vida que se entranha na intimidade do ser por conta de relacionamentos antigos. O CEE oferece um meio eficaz e relativamente simples de conhecer o próprio Padrão Idiossincrático e o modo pelo qual ele influencia seus pensamentos, sentimentos e padrões de comportamento. Com o avanço dos treinamentos, o CEE pode levá-lo além da compreensão de seu Padrão Idiossincrático e conduzi-lo à transformação dele.

O desenvolvimento da Introspecção terá também outra função na sua vida. A Introspecção faculta-lhe maior capacidade de compreensão não apenas de si mesmo, mas também dos outros. Sua Introspecção desenvolvida o ajudará a entender os Padrões Emocionais de outras pessoas e algumas das razões do comportamento delas. Em muitos casos, isso lhe permitirá agir com mais Empatia ou Afirmação, conforme for apropriado, e a comunicar-se com mais eficiência.

Viveca, mulher de seus trinta e poucos anos, sofrera com uma série de relacionamentos infelizes, ao lado de homens criativos e inteligentes, mas emocionalmente instáveis. Um deles tornara-se viciado em cocaína, outro deixara Viveca repentinamente, sem explicação, e o outro a fizera atravessar anos de agruras, esgotando-a emocionalmente.

Com o desenvolvimento da Introspecção pelo CEE, Viveca conseguiu entender como seu Padrão Idiossincrático estava lhe ditando os caminhos de seus relacionamentos adultos. Sua mãe fora pessoa egoísta e usara Viveca como joguete nas disputas com o marido. Durante os anos da batalha conjugal dos pais e do conseqüente divórcio, Viveca enredara-se nos psicodramas da mãe e tentara satisfazer as exigências implacáveis de atenção e conforto dos pais. À medida que o Padrão Idiossincrático de Viveca ia to-

Os Elementos Essenciais do Condicionamento do Equilíbrio Emocional

mando forma, agradar à mãe era seu objetivo precípuo, embora, em última análise, inatingível.

Com a Introspecção pelo CEE conjugada ao Diário e a sessões de psicoterapia, Viveca percebeu que equiparava amor à satisfação de necessidades. Tinha a compulsão de tentar fazer tudo "certo" para os seus namorados, como jamais parecera capaz de fazê-lo para a mãe.

Com a Introspecção apurada, Viveca estava preparada para lançar-se à busca de um relacionamento mais equilibrado, com um homem que soubesse não apenas dar, mas também receber. E iniciou uma relação com um homem ligeiramente mais velho, cuja primeira esposa sucumbira à força de prolongada doença. Esse homem tinha desenvolvido enormemente sua Introspecção e suas aptidões para ter atitudes de Empatia, no que Viveca encontrou uma mudança aliviadora dos prejuízos sofridos com os tipos criativos e egocêntricos com os quais se envolvera antes.

A AUTO-AVALIAÇÃO DA INTROSPECÇÃO

Responda cada item com "Verdadeiro" ou "Falso" usando o máximo de sua capacidade.

1. Minha infância foi quase perfeita.
2. Meu passado não pode ser tão importante no que diz respeito à minha vida atual.
3. Tenho perfeita consciência de tudo o que acontece em minha vida.
4. As crianças têm uma capacidade de recuperação tão grande que se refazem de adversidades sem muitas seqüelas de longa duração.
5. Não me pareço nada com os meus pais.
6. A hereditariedade nos influencia muito mais do que o ambiente.
7. O que nos acontece na vida é, na maioria das vezes, uma questão de boa ou má sorte.
8. Se não tenho consciência de algo a meu respeito, isso não pode estar me afetando muito.
9. Sinceramente, eu não acho que tenho muitos defeitos.
10. Minha personalidade atual não se parece nem um pouco com a da minha infância.

Duas ou mais respostas "Verdadeiras" indicam a necessidade de desenvolver a Introspecção. Quanto maior o número de respostas "Verdadeiras", maior a necessidade de apurar esse Componente Fundamental.

Nota: Se você tem sido submetido a terapia, e/ou já desenvolveu um grau incomum de Introspecção, é possível que não apresente nenhuma resposta "Verdadeira" nesta Auto-Avaliação. Mas, independentemente de seu ponto de partida, você sempre pode beneficiar-se de uma compreensão mais profunda de seu Padrão Idiossincrático e de Introspecção mais poderosa!

COMPONENTE FUNDAMENTAL Nº 4: A AFIRMAÇÃO

A Afirmação deve basear-se numa visão clara dos direitos legítimos pessoais e alheios – numa noção equilibrada da habilitação do ser para o usufruto das coisas da vida. A Afirmação saudável carece da caracterização bem definida de atitudes e comportamentos, com base em direitos e necessidades lídimos.

Muitas pessoas costumam confundir Afirmação com agressividade. Por meio de seu treinamento com o CEE, você aprenderá a discernir uma da outra e achará um grau realista e saudável para sua própria Afirmação.

Dificuldades com a Afirmação podem produzir dois tipos extremos de personalidade: o egoísta e o co-dependente. Muitos de nós estamos familiarizados com o uso clássico do termo *co-dependente*, como referência a uma pessoa cujo companheiro tem vício em álcool, drogas ou de comportamento. Mas, com base na terminologia do CEE, você aprenderá também a reconhecer formas mais sutis de co-dependência. E essas tendências, caso você as descubra em si mesmo, poderão ser reorientadas à medida que você for ficando capaz de tomar ou de assumir atitudes de Afirmação sadia.

Jennifer, uma gerente de projetos de 32 anos de idade, freqüentava seminários sobre desenvolvimento profissional e mantinha uma atitude de autoconfiança consciente na sua carreira. Mas tinha problemas de relacionamento com um colega do escritório, pessoa inconvenientemente sensual e que fazia comentários sobre a aparência dela, contava piadas obscenas e, às vezes, tocava-a de forma abusiva. Jennifer percebeu que o comportamento dele poderia ser classificado como abuso sexual, embora ela estivesse indecisa sobre a conveniência de levar o fato ao conhecimento de seus superiores.

Então, Jennifer usou as técnicas do CEE para desenvolver sua capacidade de Afirmação e transformar seu modo de relacionar-se com o colega. Ela escreveu sobre a situação em seu diário e sobre como poderia estabelecer barreiras sólidas para desencorajar-lhe a conduta inconveniente. Por meio da Visualização do Equilíbrio Emocional, fez ensaios mentais em que lhe dizia firmemente que não queria ouvir mais piadas ou comentários sobre a aparência dela. Ela se imaginou deixando bem claro, tanto por expressões corporais, quanto por palavras, que não toleraria mais seus toques indecorosos.

Depois de um mês de prática das Técnicas de Treinamento, Jennifer estava preparada para poder se impor adequadamente no escritório. Seu colega ficou surpreso com a mudança de atitude dela, mas entendeu rapidamente a mensagem. Isso aumentou a confiança de Jennifer em si mesma de um modo tão abrangente que ela conseguiu transformar em ação os objetivos estabelecidos com o CEE e obtve resultados concretos com isso.

Os Elementos Essenciais do Condicionamento do Equilíbrio Emocional 43

AUTO-AVALIAÇÃO DA AFIRMAÇÃO
Responda cada item com "Verdadeiro" ou "Falso".

1. Quando sinto raiva, costumo ficar calado.
2. Freqüentemente sinto-me inseguro a respeito de minhas necessidades reais.
3. Na vida, são as pessoas agressivas as que costumam obter o que desejam.
4. Eu acho que, quando dizemos o que pensamos, nos metemos em apuros.
5. Metermo-nos em apuros por causa daquilo em que acreditamos complica-nos a vida desnecessariamente.
6. Vejo aquelas que estão sempre pedindo o que desejam como pessoas agressivas e exigentes.
7. Se conseguir o que eu desejo fere o sentimento de outrem, então, provavelmente, não vale a pena.
8. Raramente tenho a certeza de que estou certo.
9. É difícil para mim confiar em meus sentimentos, pois eles estão sempre mudando.
10. Nos relacionamentos, o mais forte dita as regras.

Duas ou mais respostas "Verdadeiras" indicam a necessidade de desenvolver a Afirmação. Quanto maior o número de respostas "Verdadeiras", maior a necessidade de progredir nesse Componente Fundamental.

O TODO É MAIOR QUE AS PARTES QUE O COMPÕEM

Embora haja quatro Componentes Fundamentais do Equilíbrio Emocional independentes, é imprescindível entender que eles funcionam em conjunto, para a geração do estado da saúde emocional. Os Componentes Fundamentais apóiam-se e dependem uns dos outros, assim como os componentes de nosso sistema orgânico agem sinergicamente para nos manter a saúde do corpo.

Eis como os diferentes componentes trabalham conjuntamente para gerar o Equilíbrio Emocional:

1. O desenvolvimento da Capacidade de Identificar e Suportar Sentimentos (CISS) permite que você reconheça e classifique seus sentimentos. Essa aptidão de lidar com as emoções o ajuda também a suportar sentimentos incômodos, geradores de ansiedade ou, de certo modo, sentimentos complicados, e prepara o caminho para a conquista de uma capacidade de comunicação com o mundo mais saudável.
2. A Empatia lhe ensina a reconhecer e entender os estados emocionais de outras pessoas, as quais podem ser um importante fator em sua vida e em seus relacionamentos emotivos.

3. A Introspecção lhe dá a consciência de como a educação de seus primeiros anos de vida, os antecedentes de família e as experiências passadas afetam as suas emoções. A Introspecção também o ajuda a reconhecer as forças psicológicas, freqüentemente sutis, que movem a todos nós.
4. A capacidade de Afirmação permite que você estabeleça a aceitação de suas necessidades e direitos legítimos e sustente seu bem-estar emocional com iniciativas. Em outras palavras, com ela você terá aprendido a se impor apropriadamente diante do mundo.

Imaginemos, por exemplo, que você se sinta muito ansioso ao dirigir em rodovias movimentadas. A CISS permitirá que você reconheça esse estado de ansiedade sem que você condene a si mesmo e o ensinará a controlar esse sentimento para que consiga dirigir em rodovias quando necessário. A Empatia o ajudará a ver os outros motoristas como pessoas ordeiras e solidárias nas dificuldades do trânsito, em vez de maníacos da velocidade tentando deliberadamente ultrapassá-lo num trecho estreito. A Introspecção pode facultar-lhe a percepção de que o seu pai lhe incutiu receios e a idéia de que você é incompetente ao volante quando, vencido pela impaciência e dominado por uma atitude crítica, o ensinou a dirigir. A Afirmação o ajudará a ver-se como pessoa competente em todas as áreas em que você atuar e, mais ainda, como alguém capaz de aceitar desafios, inclusive o de dirigir em rodovias.

Como outro exemplo, suponhamos que você, assim como eu, reluta em assimilar novas tecnologias, tal como um avançado programa de computador. A CISS o ajudará a perceber que, muitas vezes, a tecnologia causa-nos sentimentos de incapacidade e o receio de fracassar. Com os treinamentos do CEE, você desenvolverá Capacidade de Controlar Sentimentos suficiente para ousar e adquirir novas aptidões, apesar de algum receio. A Empatia lhe mostrará que muitas outras pessoas também se sentem ansiosas diante de novas tecnologias. A Introspecção o fará lembrar-se de que aprender a lidar com um novo programa de computador se assemelha às lutas que você travava com o aprendizado da matemática quando criança. A Afirmação o ajudará a sentir-se no direito de reservar tempo suficiente para treinar e aprender a usar o programa com perfeição.

Esses são apenas alguns exemplos de como os Componentes Fundamentais podem funcionar em conjunto para ajudá-lo a superar as dificuldades do cotidiano. Do capítulo 3 ao 6, você aprenderá muito mais sobre o desenvolvimento dessas aptidões emocionais, para lidar com os seus problemas mais intimamente arraigados, melhorar seus relacionamentos e atingir seus objetivos.

REPETIÇÃO E RITMO

Embora o conhecimento dos Componentes Fundamentais inicie o processo de desenvolvimento do Equilíbrio Emocional, isso é apenas o começo. À sua base de conhecimento intelectual deve seguir-se a prática de ações regulares para que a transformação ocorra. Sua mente cria pensamentos e seu corpo produz energia. Quando trabalham junto, a sinergia resultante gera transformações. As quatro Técnicas de Treinamento do CEE servem para o desenvolvimento máximo desse mecanismo.

Uma das razões pelas quais o Programa CEE se tem mostrado tão eficaz é o fato de que as Técnicas de Treinamento exploram a nossa necessidade inata de atividades repetitivas e rítmicas. Pense nos tempos de criança, quando você adorava repetir brinquedos muitas e muitas vezes, ou que lessem para você o seu livro favorito várias vezes. Depois, reflita sobre as atividades que lhe dão o máximo de prazer e sensação de paz agora. Você consegue identificar uma qualidade repetitiva ou rítmica nesses passatempos favoritos?

Tudo que se relaciona com o nosso corpo é cadenciado e repetitivo: nossos batimentos cardíacos, nossa respiração, o modo pelo qual nosso sistema nervoso funciona. Semelhantemente, a natureza em si tem uma qualidade muito repetitiva, com padrões que se repetem dia após dia, estação após estação. As atividades cadenciadas têm a propriedade intrínseca de nos ligar ao próprio mundo íntimo e nos pôr em contato com nossos ritmos corporais e os ritmos da natureza que nos cerca.

Você fecha os olhos e se concentra na respiração durante a meditação. Você se senta todo dia para escrever em seu diário especial. Você se deita e inicia sua sessão de visualização e forma as mesmas imagens mentais. Você caminha, corre, nada ou participa de outras formas cadenciadas de exercício. Todas essas Técnicas de Treinamento estimulam a geração de um condicionamento positivo por meio da repetição.

À medida que você pratica as Técnicas de Treinamento, suas atividades podem mesmo assumir o agradável caráter de um ritual pessoal. Pode dar-se o fato de você passar a encontrar-se no mesmo lugar e na mesma posição nas sessões de meditação. É possível que você se prepare para a sessão de visualização apagando as luzes, vestindo o mesmo traje confortável e deitando-se num lugar seguro e familiar. O uso do Diário pode transformar-se num ritual revigorante se você usar uma caneta e um caderno especiais a certa hora do dia ou da noite. Seu exercício pode ganhar qualidades ritualistas quando, metodicamente, você calçar seu tênis ou vestir seu traje de banho, fizer seu aquecimento ou iniciar a sua dieta.

Não queremos sugerir com isso que haja algo de sectário ou místico no Programa CEE e nas Técnicas de Treinamento. O CEE é um programa de auto-ajuda baseado em princípios psicológicos sadios. A qualidade ritualística das Técnicas de Treinamento não tem relação com nenhuma pretensão de cunho religioso, embora essas técnicas possam ter qualidades espirituais. Ao contrário do que se possa imaginar, elas servem para ligar-nos à necessidade universal de um certo isolamento do mundo ordinário, para que fomentemos, harmoniosamente, nosso eu mais profundo.

O CICLO DE CONSOLIDAÇÃO DO EQUILÍBRIO EMOCIONAL

O poder das Técnicas de Treinamento emana também do Ciclo de Consolidação do Equilíbrio Emocional, o qual envolve um processo de treinamento semelhante ao que se pode observar comumente em exercícios de condicionamento físico. Isso significa que, quanto mais você se dedicar a uma atividade metodicamente, mais fácil ela se tornará e você será capaz de realizá-la mais eficientemente. Depois disso, você começará a colher os vários benefícios da atividade e se sentirá motivado a continuar.

Primeiro, você começa a praticar as Técnicas de Treinamento, que satisfazem o anseio humano básico da prática de atividades cadenciadas. Depois de um ou dois meses, sua força e sua capacidade de concentração aumentam e você passa a poder usar as Técnicas de Treinamento com mais intensidade. Contudo, é necessário ainda um simples ato de boa vontade e autocontrole para praticá-las regularmente.

Antes do que possa imaginar, você notará os benefícios das Técnicas de Treinamento e desfrutará de prodigioso aumento do grau de seu Equilíbrio Emocional. No âmbito de sua organização fisiológica, as endorfinas e outros neurotransmissores serão agentes de agradáveis sensações. Na esfera do psiquismo, você experimentará a sensação real de domínio sobre o ego, de competência e de consecução de objetivos. Em pouco tempo, as Técnicas de Treinamento começam a produzir resultados, e você passa a surpreender a si mesmo tomado por ávido desejo da chegada do momento de iniciar a próxima sessão de atividades do CEE. Então, o Ciclo de Consolidação do Equilíbrio Emocional terá sido ativado.

Por exemplo, pode ser que você comece a prática do Condicionamento do Equilíbrio Emocional pela Meditação com sessões de 20 minutos, três vezes por semana, pois está determinado a verificar se o Programa funciona mesmo. Na primeira ou segunda semana, sua mente vaga sob o império de mil distrações e parece incapaz de alcançar o estado de meditação; no entanto, a qualidade rítmica da respiração profunda é agradável e o induz a continuar. Por volta da terceira semana de prática, você está mais à vontade com o fluxo e o refluxo de seus pensamentos; neste ponto você já consegue relaxar intensamente.

Na sexta semana, você já é capaz de atingir estados de meditação mais profundos. A experiência em si é muito agradável, e você descobre também que tem cotas de energia mais estáveis, concentração mais profunda e menos ansiedade durante todo o dia. O Ciclo de Consolidação do Equilíbrio Emocional foi ativado e sustenta agora o seu compromisso com a continuidade da meditação. Neste mesmo ínterim, essa prática fortalece as qualidades dos Componentes Fundamentais, o que suscita mais desenvolvimento das qualidades latentes de seu universo íntimo.

Assim que você o inicia, o Programa CEE perpetua-se no seu íntimo por si só. Tudo o que você precisa fazer é dar os primeiros passos, pois que o resto virá naturalmente.

TÉCNICA DE TREINAMENTO Nº 1: CONDICIONAMENTO DO EQUILÍBRIO EMOCIONAL PELA MEDITAÇÃO

A meditação é um recurso que pode ser usado por qualquer pessoa, dos espiritualistas aos céticos. Durante milhares de anos, em centenas de culturas diversas, as pessoas têm usado a meditação para o aprimoramento espiritual. Nas últimas duas décadas, pesquisadores começaram a estudar seus benefícios à saúde como parte da nascente psiconeuroimunologia (PNI), ciência da mente e do corpo. As evidências obtidas com esses estudos confirmam o que os práticos sempre perceberam: a meditação é excelente instrumento para a transformação pessoal.

No que se refere ao corpo, pesquisadores eminentes, tais como os drs. Dean Ornish, Bernie Siegal e Herbert Benson, documentaram o papel da meditação no tratamento de doenças do coração, da hipertensão e de muitos outros males físicos.

Com respeito à saude mental, pesquisas confirmam que a meditação pode diminuir a depressão e a ansiedade. Outro estudo curioso sobre transformações da personalidade resultantes da prática da meditação revela-nos casos de aumento da autoconfiança e de diminuição do nervosismo e da gravidade de neuroses.

O Programa CEE oferece-lhe um meio de orientar o poder da meditação para a consecução do Equilíbrio Emocional e ajudá-lo na busca de seus objetivos. Vista e praticada com base nos atributos do CEE, a meditação funciona em vários domínios para acelerar o desenvolvimento da Capacidade de Identificar e Suportar Sentimentos (CISS), a Empatia, a Introspecção e a Afirmação. Os atributos da meditação fomentam os Componentes Fundamentais por meio do uso direto da função do hemisfério direito do cérebro, sede da intuição e da capacidade de solucionar problemas criativamente.

O Programa CEE oferece um exercício de meditação básico com ênfase na quietude e na respiração, o qual você pode praticar em casa, sozinho, de dez a vinte minutos, três vezes por semana. A esse exercício, você acrescentará afirmações específicas, ou declarações positivas com relação aos Componentes Fundamentais do CEE e aos seus objetivos, antes e depois de meditar.

A repetição dessas declarações quando você se encontra num estado altamente sugestivo e receptivo as faz radicarem-se mais profundamente nos substratos da mente. As ondas alfa-teta produzidas durante a meditação reforçam o objetivo imanente nessas mensagens e estimulam o subconsciente a fomentar os Componentes Fundamentais.

TÉCNICA DE TREINAMENTO Nº 2: VISUALIZAÇÃO DO EQUILÍBRIO EMOCIONAL

A visualização consiste na formação de imagens mentais específicas para a consecução de objetivos, os quais podem ser desde o desejo de relaxar, a solução de determinado problema, ao êxito nos esportes. É uma extensão do processo mental natural no qual uma imagem, um fato ou um resultado é visualizado por seus "olhos espirituais".

O ato de visualizar resultados positivos é um instrumento clássico usado por atletas, apresentadores e pessoas de sucesso envolvidas em múltipla variedade de cometimentos. É a quinta-essência dos "segredos do sucesso" e traço característico dos otimistas. Por outro lado, a visualização negativa pode produzir ou agravar estados de ansiedade, o medo, o negativismo, a paranóia e a depressão.

Pesquisadores da PNI estão documentando o poder da visualização ou da mentalização na prevenção e cura de doenças – fenômeno que tem sido compreendido instintivamente há milhares de anos. Numerosos estudos confirmam que podem ocorrer transformações fisiológicas nos processos que envolvem o consumo de oxigênio, a pressão sangüínea, a pulsação e a respiração durante sessões de visualização. Além disso, muitos terapeutas estão usando essa técnica como parte de um processo complexo de tratamento de doenças como a depressão, a ansiedade e a psicose maníaco-depressiva.

No treinamento com o CEE, aprender a conscientizar-se bem do processo de visualização e a controlá-lo é essencial para o desenvolvimento dos Componentes Fundamentais. O Condicionamento do Equilíbrio Emocional pela Visualização funciona pela evocação de imagens e o ensaio de situações imaginárias relacionadas com os objetivos de aprimoramento dos Componentes Fundamentais. Isso permite que você faça adaptações no Programa CEE para solucionar problemas específicos em sua vida.

Como parte do treinamento com o CEE, você aprenderá a praticar o Condicionamento do Equilíbrio Emocional pela Visualização usando vários modelos de "textos dramatúrgicos", aos quais você poderá acrescentar detalhes pertinentes à sua própria vida. Durante todo o Programa CEE, a meta a seguir é a prática do Condicionamento do Equilíbrio Emocional pela Visualização pelo menos três vezes por semana, de 15 a 20 minutos por sessão, com o refinamento dos textos e a alternância em seu uso no desenvolvimento dos quatro Componentes Fundamentais do Equilíbrio Emocional.

TÉCNICA DE TREINAMENTO Nº 3: O DIÁRIO DO EQUILÍBRIO EMOCIONAL

Colocar idéias no papel sempre foi um impulso natural nas pessoas em busca do conhecimento de si mesmas. A escrita é um meio universal de tratamento dos próprios males e um instrumento de perquirições – assim para os jovens que encontram consolo em anotar segredos e assuntos íntimos em seus diários, como para os grandes filósofos e escritores, que lucubram na formulação de idéias complexas e as transferem para os seus "diários". O uso da escrita é encorajado também em muitos tipos de psicoterapia, bem como em programas de auto-ajuda e grupos de ajuda mútua.

No treinamento com o CEE, o Diário do Equilíbrio Emocional é um meio de consolidação das conquistas mais intuitivas da visualização e da meditação e de ampliação dos efeitos do treinamento. Aqui, o objetivo consiste em escrever de 15 a 20 minutos, três ou mais vezes por semana. Se você desejar escrever mais longamente sobre determinada questão ou mais freqüentemente, isso servirá somente para ajudá-lo, mas você não tem que se sentir pressionado a compor longos tratados.

Aliás, não há necessidade de tentar ser brilhante, sagaz ou de encontrar soluções no uso de seu Diário. O processo fomenta, naturalmente, a capacidade de solução de problemas, liga passado e presente e promove o desenvolvimento dos Componentes Fundamentais. Você ficará pasmo com o que se deparará quando deixar que as palavras fluam de sua mente para a caneta (ou para o teclado do computador) sem inibições.

O objetivo do Diário do Equilíbrio Emocional é fornecer um foro de debate íntimo sobre os problemas, as lutas e as soluções que surjam em sua vida diária e que tenham relação com os Componentes Fundamentais. De certo modo, o diário é um tipo de terapia tradicional ministrada por você mesmo. É também um valioso recurso se você estiver freqüentando o consultório de um terapeuta.

O Programa CEE lhe fornecerá dicas, orientações e perguntas sobre questões pessoais, das quais talvez convenha tratar no seu Diário do Equilíbrio Emocional. Mas são apenas sugestões – você pode seguir os próprios instintos e sua intuição para exprimir suas idéias da maneira que julgar mais proveitosa.

TÉCNICA DE TREINAMENTO Nº 4:
EXERCÍCIO FÍSICO DO EQUILÍBRIO EMOCIONAL

Se já praticou algum tipo de exercício de que realmente gostou, você conhece em primeira mão os efeitos surpreendentes que ele pode gerar na sua psique, bem como no seu corpo. Não admira que os pesquisadores estejam estudando, atualmente, os mensuráveis benefícios que o exercício pode trazer à saúde mental, bem como ao bem-estar físico.

Alguns estudos revelam que o exercício aeróbico pode servir como forma de tratamento eficaz para algumas pessoas com sintomas de depressão moderada e as que são propensas a sofrer de ansiedade. Ademais, evidências clínicas indicam que o exercício aeróbico pode melhorar a memória, a fluência verbal e a capacidade de solucionar criativamente os problemas. Demonstraram também sua utilidade na diminuição de reações extremas causadas pela tensão.

Há muitas razões para esse fenômeno. O exercício aumenta a oxigenação do cérebro. Além disso, estimula a emissão de neurotransmissores geradores da sensação de "bem-estar", tais como a endorfina, o que resulta na bem conhecida experiência do "êxtase de atleta".

Visto como componente sinérgico do Programa CEE, o exercício é fator de aumento do patrimônio energético e da capacidade de resistência fisiológica e psíquica. Exercícios vigorosos infundem no ser sentimentos de confiança e aptidão, fatores de edificação do amor-próprio e da Afirmação. Quando você sente algum incômodo e, ainda assim, completa uma sessão de exercícios, significa que sua Capacidade de Identificar e Suportar Sentimentos está fortalecida. A natureza rítmica do exercício e do consumo de oxigênio pode iniciar espontaneamente o desenvolvimento da Introspecção, pelas tomadas de atitude influenciadas ou induzidas pela prática da meditação.

Quando iniciar o Programa CEE, crie um plano de exercícios rotineiros e pessoais, o qual pode abranger atividade aeróbica, exercícios para aumento da força muscular e de alongamento. Recomendo uma sessão mínima de 30 minutos de exercícios, três vezes por semana. Logicamente, é aconselhável consultar um médico antes de começar a dedicar-se a uma nova rotina de exercícios.

Transcorridas algumas semanas de realização de exercícios regulares, você pode começar a enriquecer a própria experiência ligando-a diretamente ao Programa CEE pela adição da prática da meditação. Afirmações e mentalizações relacionadas com os Componentes Fundamentais podem ser incorporadas em suas sessões de exercícios para lograr o aumento máximo de seu progresso.

PROGRAMA DE CONDICIONAMENTO DO EQUILÍBRIO EMOCIONAL

O Programa CEE fornece-lhe um plano de treinamento sistemático para a geração de seu bem-estar emocional pelo desenvolvimento, com as Técnicas de Treinamento, dos Componentes Fundamentais. Basicamente, o Programa consiste nas seguintes atividades:

ATIVIDADE	FREQÜÊNCIA	DURAÇÃO
Condicionamento do Equilíbrio Emocional pela Meditação	3 vezes por semana	10 a 20 minutos por sessão
Visualização do Equilíbrio Emocional	3 vezes por semana	15 a 20 minutos por sessão
Diário do Equilíbrio Emocional	3 vezes por semana	15 a 20 minutos por sessão
Exercício Físico do CEE	3 vezes por semana	Pelo menos 20 minutos por sessão

Esse programa requer a disponibilidade de apenas três ou quatro horas por semana, ou o equivalente a uma hora a cada dois dias – modesto investimento de tempo em vista do retorno grandioso! Se essa quantidade de tempo lhe parece muito, não se preocupe. O capítulo 7 fornece sugestões práticas para a adaptação do Programa a rotinas sobrecarregadas.

O Programa CEE oferece dois Cursos de Treinamento:

O Curso Básico

Durante os dois primeiros meses (ou mais, se desejar), você pode usar as Técnicas de Treinamento para fortalecer as qualidades dos quatro Componentes Fundamentais. O Curso Básico o fará conhecer os métodos do CEE e o iniciará no processo de condicionamento; o ajudará a estabelecer objetivos específicos e o estimulará na firme adoção do Programa.

O esquema básico consiste em aproveitar as atividades do CEE no desenvolvimento da CISS na primeira semana; da Empatia, na segunda; da Introspecção, na terceira; e da Afirmação, na quarta. Essa seqüência deve ser repetida no segundo mês do Programa.

No terceiro e quarto meses (e, espero, nos muitos meses subseqüentes), você pode optar por continuar com o Curso Básico, em benefício de mais familiaridade e comodidade, ou passar ao Curso Personalizado.

O Curso Personalizado

Esse curso permite que você se concentre no desenvolvimento de um ou mais Componentes Fundamentais específicos. A escolha do Componente Fundamental pode basear-se nas necessidades trazidas à luz pelas Auto-Avaliações, pela terapia ou por outros meios. O Curso Personalizado proporciona uma experiência mais profunda e pessoal com o CEE e a liberdade de adaptação do programa às suas necessidades e metas pessoais.

três

A Capacidade de Identificar e Suportar Sentimentos (CISS)

Se você lê livros de psicologia, participa de palestras sobre o assunto ou se consulta com um profissional da saúde mental, é possível que ouça falar freqüentemente de "Identificação de Estados Afetivos e Tolerância". Nesse contexto, "afeto" significa sentimento e "identificação" denota a capacidade ou o ato de identificar precisamente o que você está sentindo. "Tolerância" é a capacidade de sentir e suportar todo tipo de emoção ou sentimento e continuar a comportar-se normalmente.

Na linguagem do CEE, o termo *sentimento*, mais simples, substitui *afetividade*. O principal Componente Fundamental é chamado de Capacidade de Identificar e Suportar Sentimentos, mas, no Programa CEE, é freqüentemente designado por CISS. Isso parece ter também outra utilidade, pela ligação direta que se pode fazer da Capacidade de Identificar e Suportar Sentimentos com o Equilíbrio Emocional.

Todos os Componentes Fundamentais do Equilíbrio Emocional se apóiam e têm suas raízes no CISS. O processo do crescimento pessoal começa na capacidade de reconhecer, especificar e entender toda a variedade de seus sentimentos sem julgamento ou negação. É também fundamental ser capaz de suportar esses sentimentos e continuar vivendo saudável e maduramente. A paciência, o adiamento de recompensas e satisfações, a capacidade de suportar frustrações, a disciplina e o controle dos impulsos são outras manifestações da Tolerância Emocional, aptidões fundamentais para uma vida emocionalmente equilibrada.

AS ORIGENS DA CISS

Assim como os outros componentes, a Capacidade de Identificar e Suportar Sentimentos começa a desenvolver-se na primeira infância. Os sentimentos nascem como sensações físicas indistintas, baseadas no anseio de satisfação de necessidades primárias, tais como as motivadas pela fome, pela sede, pelo impulso de eliminação dos excessos e resíduos orgânicos e pelo desejo de manter-se confortável e seguro. Os sentimentos na primeira idade, ou na fase anterior ao desenvolvimento da fala, têm relação com as sensações corporais de dor e prazer em suas formas mais elementares.

No que se refere a dor e prazer, o ser humano tem mais em comum com os protozoários, tais como a ameba, do que, presumivelmente, nos agradaria crer. Assim como a ameba, embora em sua organização biológica rudimentar, o organismo humano traz, no cérebro, mecanismos de sobrevivência prístinos e invioláveis. Esses mecanismos estão diretamente ligados a sensações físicas de conforto, prazer, saciedade, desconforto, dor e perigo.

Se você puser amebas imersas num pouco d'água em uma lâmina de microscópio e depois acrescentar pequena pitada de açúcar à água, poderá observar que as amebas reagirão movendo-se em direção à fonte de açúcar. Se você acrescentar ali uma gota de ácido clorídrico diluído, as amebas reagirão fechando-se sobre si mesmas e se afastarão do ácido. Eis, assim, um exemplo bem simples do impulso natural de todos os organismos, independentemente de quão simples ou complexos sejam, de se aproximarem do prazer e da nutrição e de se afastarem da dor e do perigo.

Assim que o bebê sai do útero (e mesmo quando ainda está nele), sente forte atração por sensações agradáveis e repulsa pelas impressões desagradáveis. O bebê reage a estímulos e ao ascendente de satisfação de suas necessidades físicas com a produção de sons e movimentos. Pais e profissionais da infância reagem à linguagem corporal e à produção de sons (choro, arrulhos, balbucios, etc.) e acodem para saber o que o bebê está sentindo. A empatia, o instinto e a experiência ajudam também os adultos a entender as necessidades das criancinhas que ainda não sabem falar. Essa relação simples estabelece as bases de desenvolvimento da Capacidade de Identificar e Suportar Sentimentos.

A habilidade com a qual o profissional da infância ou os responsáveis pelos cuidados com a criança percebe as manifestações do bebê e a elas reage funciona como um dos primeiros fatores de informação da criança sobre o que pode esperar de outros seres humanos e do ambiente que a cerca.

O exercício da paternidade e da maternidade exige espinhosas e equilibradoras atitudes de indulgência e disciplina, aconchego e separação, proteção e autonomia. Ninguém no mundo pode ser pai ou mãe perfeitos. Inevitavelmente, quase todos nós crescemos com alguma dificuldade no âmbito da Capacidade de Identificar e Suportar Sentimentos.

Se os responsáveis pela criança ou os profissionais da infância reagem bem e com regularidade, as crianças desenvolvem o sentimento latente de que o mundo que a cerca é um lugar em que, provavelmente, suas necessidades legítimas serão atendidas. Elas aprendem que a frustração é algo suportável e que o mundo e os sentimentos dos outros seres humanos são, de um modo geral, agradáveis e confiáveis.

Contudo, mesmo os pais mais cuidadosos nem sempre conseguem entender as necessidades das crianças precisamente e reagir adequadamente. Assim, a ocorrência de um pouco de dor, desconforto e frustração é inevitável.

À medida que a criança entra na fase em que começa a engatinhar, a Tolerância Emocional principia a desenvolver-se por meio das muitas lições do imperativo do crescimento. Na hora do alívio de suas necessidades, ela aprende a suportar o desconforto de ter que "se segurar" até conseguir chegar ao penico. Nas relações lúdicas, aprende a suportar a frustração de ter de compartilhar brinquedos com os irmãos ou com outras crianças. Essas são as fases infantis da CISS, já que, também ali, o bom convívio com o autocontrole, o adiamento das satisfações e outras questões correlatas geram a criança socializada.

Conforme a criança desenvolve a linguagem, vai assimilando também os exemplos, dos que se dedicam aos seus cuidados, de como expressar sentimentos. Nisso, pode desenvolver um vocabulário suficiente para expressar sentimentos e se sentir encorajada a fazê-lo livremente. Ou, também por meio de exemplos e/ou instrução, pode ser ensinada que não é seguro, aceitável ou agradável expressá-los. As nuanças das reações dos pais a expressões de sentimentos negativos ou positivos influenciam profundamente o desenvolvimento dos tipos múltiplos da Capacidade de Identificar Sentimentos.

A criança sob cuidados de pessoas insensíveis ou repressoras e ríspidas pode achar que seus sentimentos são ameaçadores e difíceis de tolerar. Além disso, pais demasiadamente indulgentes e solícitos podem formar, às vezes, crianças com pouca capacidade de suportar dores emotivas. Crianças sob a tutela de pessoas volúveis podem crescer com a incerteza sobre a segurança e o benefício de expressar sentimentos e estender as mãos para pedir que lhes ajudem a atender suas necessidades. Não obstante, até mesmo os pais mais bem-intencionados e solícitos podem formar crianças com dificuldade de expressar sentimentos negativos ou desagradáveis.

O lado bom de tudo isso é que os padrões da CISS que se lhe arraigaram no imo do ser durante a infância são remediáveis. Sim, você manifestará resistências e fraquezas de temperamento. Mas se considerar a Capacidade de Identificar e Suportar Sentimentos algo plausível, você poderá adquiri-la por meio das Técnicas de Treinamento do Condicionamento do Equilíbrio Emocional.

A HISTÓRIA DE RITA

Com 22 anos de idade, Rita, editora fotográfica, desistira de encontrar-se com rapazes e abandonara a esperança de encontrar o companheiro ideal. Sofrera com muitos relacionamentos frustrantes e receava "expor-se" outra vez. Achava que não poderia suportar outro homem que não lhe telefonasse quando dissesse que o faria, ou que, misteriosamente, perdesse o interesse por ela depois de alguns encontros, ou que a deixasse por outra pessoa.

Embora ela mesma tivesse partido alguns corações, Rita não prestava muita atenção nessa parte de seus assuntos pessoais. Sua idéia dominante era o fato de que não podia descuidar-se da ameaça de mais uma rejeição e, muito menos, suportá-la.

Ainda que só tenha percebido isso quando iniciou o Programa CEE, uma das razões do problema de Rita era o fato de que tinha pouca aptidão na esfera da Capacidade de Identificar e Suportar Sentimentos (CISS). Ela era incapaz de suportar os sentimentos de insegurança que surgiam durante o processo de iniciação de um novo relacionamento.

Na minha clínica particular, vejo esse tipo de problema com muita freqüência. E não são somente as mulheres que acham difícil suportar os sentimentos delicados envolvidos no "jogo do namoro". Muitos homens sentem imenso receio de se exporem a possíveis rejeições ou desapontamentos. E, embora as mulheres, normalmente, tenham amigas com as quais compartilham as dificuldades desses sentimentos, os homens, na maioria dos casos, sentem vergonha de sua vulnerabilidade e não têm nenhum canal de expressão de seus sentimentos. Pode dar-se o caso de estes últimos desenvolverem expectativas negativas acerca dos encontros amorosos ou passarem a achá-los tão incômodos que se abstêm completamente deles.

O Programa CEE forneceu a Rita um meio de lidar com a tensão e as emoções penosas suscitadas pela procura de um par amoroso ideal. O Condicionamento do Equilíbrio Emocional pela Meditação e a prática regular de exercícios aeróbicos ajudaram-na a sentir-se mais calma e senhora de si mesma. A Visualização do Equilíbrio Emocional deu-lhe a oportunidade de idear o tipo de relacionamento que desejava e o comportamento que esperava de um homem.

No seu Diário do Equilíbrio Emocional, Rita usou a técnica da escrita do Ponto de Vista Duplo para imaginar uma situação social baseada na sua própria idiossincrasia e na do companheiro. Essa técnica – que consiste em escrever com base no ponto de vista imaginário de outrem e no da própria pessoa que escreve – ajudou Rita a perceber que sentimentos de incerteza e insegurança eram inevitáveis em ambos os participantes do relacionamento. Isso lhe diminuiu o ressentimento que sentia pelos homens e desenvolveu seus sentimentos de Empatia. Além disso, ela progrediu bastante em sua Capacidade de Identificar e Suportar Sentimentos para suportar estados de ansiedade em seu relacionamento e concluiu que o incômodo era superável e que o esforço valia a pena.

IDENTIFICAÇÃO

Desde os primórdios da psicoterapia, evidências clínicas e teóricas têm demonstrado que falar sobre os próprios sentimentos abre as portas da cura e da evolução pessoal. Na sociedade algo reprimida dos tempos de Freud, a simples idéia de falar livremente sobre sentimentos íntimos era considerada fruto de uma mente revolucionária. Hodiernamente, com o pródigo advento dos *talk shows*, dos livros de auto-ajuda, da terapia e dos grupos de ajuda mútua, costumamos achar que a maioria das pessoas é liberal na revelação dos próprios sentimentos. Mas isso está longe da realidade.

Muitas pessoas erguem sólidas barreiras contra o reconhecimento e a discussão de seus sentimentos mais recônditos. Ocorre mesmo ocuparem-se com distrações como pretexto da falta de tempo para refletirem sobre os próprios sentimentos. Essas distrações podem ser preocupações socialmente aceitáveis, tais como trabalho, passatempos, televisão, esportes, etc. Entretanto, quando seus sentimentos são dolorosos demais de suportar, muitas pessoas se "automedicam" com drogas ou álcool, como meio de fuga ou alteração de seus estados emocionais.

É uma reação natural a esquivança da identificação de sentimentos considerados penosos, embaraçosos, perigosos ou destrutivos. Mas você descobrirá que, quanto mais tempo os sentimentos permanecem indefinidos e ignorados, mais força adquirem.

A negação da existência de seus sentimentos o separa do seu eu verdadeiro. E quanto mais você negar a existência em si de sentimentos fortes, mais tenazmente eles se lhe aferrarão no íntimo. O preço dessa negação pode ser tão sutil quanto uma vaga insatisfação, ou tão gritante quanto uma crise de ansiedade ou depressão.

No Condicionamento do Equilíbrio Emocional, seu primeiro objetivo é aprender a identificar seus sentimentos honestamente, sem disfarces. À medida que adquirir experiência na prática das técnicas do programa, verá que a qualificação dos próprios sentimentos serve para anulá-los, ainda que isso lhe pareça estranho. Assim que forem expostos à luz do dia, você passa a controlá-los. As Técnicas de Treinamento o ajudarão a suportar os próprios sentimentos e transformá-los em forças positivas.

O famoso ditado "Nada temos a temer senão o próprio temor" ajudou uma nação a superar os mais tenebrosos dias da Segunda Guerra Mundial. A verdade que o ditado encerra aplica-se também à vida emotiva.

À medida que você progredir no Programa CEE, você aprenderá que é aceitável sentir ansiedade, ressentimento, raiva ou qualquer outra coisa, desde que saiba suportar seus sentimentos, que saiba expressá-los proveitosamente e continuar avançando pela senda do Equilíbrio Emocional. Então, você terá maior capacidade de identificação objetiva de sentimentos, sem que os julgue "bons" ou "maus". Pouco amor-próprio associado a sentimentos negativos e a maior parte dos sentimentos de culpa serão remediados. Você perceberá que sentimentos são apenas sentimentos – não podem prejudicá-lo caso opte por ater-se a atitudes de Empatia e Afirmação adequadas. Pode ser também que você passe a ter mais capacidade de reconhecer e apreciar seus sentimentos positivos.

EXERCÍCIO COMPORTAMENTAL DO CEE: A CAPACIDADE DE IDENTIFICAR E SUPORTAR SENTIMENTOS

1. Liste, no seu Diário do Equilíbrio Emocional, palavras relacionadas com seus sentimentos (trinta, no máximo), em duas colunas, uma para os positivos e outra para os negativos.
2. Escolha dois sentimentos negativos predominantes. Escreva algo a respeito de três formas pelas quais eles afetam suas atitudes ou a sua vida.
3. Em seguida, escreva sobre uma situação imaginária em que você desenvolva o Equilíbrio Emocional para impedir que esses sentimentos negativos afetem sua vida. O que você poderia fazer para revertê-los em seu próprio benefício, ou superá-los para alcançar objetivos almejados?

Você descobrirá que a força de um sentimento negativo diminui assim que você o identifica precisamente e que, assim, adquire confiança na sua capacidade de suportá-lo.

A CAPACIDADE DE SUPORTAR SENTIMENTOS

Embora os leigos possam achar que a psicoterapia consiste em pouco mais de uma série interminável de sessões de conversa, o aprendizado da paciência, na realidade, bem como o desenvolvimento da capacidade de identificar sentimentos, sempre foi, quanto ao que diz respeito à psicoterapia, um objetivo que deve ser estabelecido. Desde a psicanálise freudiana à moderna terapia comportamental baseada nas idéias de B. F. Skinner, o valor de saber lidar bem com sentimentos incômodos tem sido ressaltado sempre. Esse é também um objetivo precípuo do treinamento com o CEE.

Freud afirmou que, no tratamento de fobias, por exemplo, o paciente teria que ir além do fomento da Introspecção e ser capaz de arrostar o maior de seus medos reais antes que o tratamento pudesse ser classificado como bem-sucedido. Os behavioristas trataram da questão mais diretamente, pelo uso da técnica da dessensibilização. Essa técnica foi criada para ajudar pacientes a controlar a ansiedade e evitar a resultante fuga da personalidade por meio de técnicas de relaxamento úteis na substituição de sentimentos de ansiedade por sensações de calma.

Alexander Low, eminente psiquiatra do após-guerra, é conhecido por seu influente trabalho no campo da tolerância de sentimentos. Como fundador do mundialmente conhecido movimento de auto-ajuda Recovery, ele ressaltava a importância de enfrentar com coragem os sentimentos incômodos e desagradáveis por meio de um processo que ele chamou de "treinamento da vontade". O Condicionamento do Equilíbrio Emocional age diretamente nos fatores de fortalecimento de sua capacidade para suportar sentimentos árduos e de crescimento pessoal pelo esforço próprio, o que leva à substituição das fugas da personalidade pela coragem de agir quando necessário.

O ADIAMENTO DA SATISFAÇÃO

Um dos traços da maturidade emocional é a capacidade de adiamento da satisfação. É aptidão de sobrevivência social básica, que os pais tentam ensinar aos filhos desde a fase em que começam a andar. Já dos primeiros "não-nãos" ao início da idade adulta, a luta entre a satisfação imediata dos desejos e o gozo futuro da recompensa continua e se estende até a maturidade.

Por exemplo, meu filho de 16 anos tinha que prestar um importante exame certa manhã. O jogo de seu time favorito estava sendo transmitido pela TV na mesma noite em que ele tinha de estudar para o exame. Ele estava diante de um clássico dilema humano, supondo-se, logicamente, que estudar enquanto a algazarra do jogo ecoava da TV não era a opção viável.

Obviamente, a satisfação imediata estava em assistir ao jogo na TV. A recompensa futura era a perspectiva de sair-se bem no exame e, em última análise, manter o nível de suas notas para chegar à universidade. Nesse caso, fiquei orgulhoso ao ver que meu filho tinha bastante CISS para suportar a frustração de perder o acompanhamento do jogo e adiar o gozo desse prazer em favor de um resultado de longo prazo.

Nas pessoas equilibradas, o adiamento da satisfação é requisitado o dia inteiro. Nenhum relacionamento estável nem nenhuma consecução de objetivos é possível sem a existência dessa aptidão emocional.

Muitas das pessoas que logram alcançar objetivos difíceis na vida têm uma capacidade enorme e incomum de adiar a satisfação imediata de seus desejos ou prazeres. O campeão olímpico nascente despende horas incontáveis no esforço de lograr seu objetivo, ao invés de saciar-se com os passatempos lúdicos das outras crianças. A moça que aspira a ser bailarina abstém-se do sorvete para se manter esguia e suporta o sangramento dos dedos quando dança *en pointe*. A empresária de sucesso promissor investe cada centavo que possui, assume o encargo de enorme dívida e trabalha 12 horas por dia para montar o próprio negócio.

O que as pessoas bem-sucedidas têm em comum é o dom imensurável de abandonar o imediatismo da própria satisfação, suportar sentimentos incômodos e perseverar. Essas aptidões são qualidades inerentes ao Componente Fundamental da CISS, as quais você pode desenvolver por meio do Programa CEE, sem a necessidade da dedicação total de um atleta olímpico.

O AUTOCONTROLE

Para conseguir manter a autodisciplina, adiar a satisfação de desejos e prazeres e suportar sentimentos desagradáveis, você precisa de reservas suficientes de autocontrole. Considerando a essência do Equilíbrio Emocional, o autocontrole não tem nada que ver com rigorismo ou estoicismo. Ao contrário disso, seu espírito afeiçoa-se mais à necessidade de manter o controle de si mesmo no mais positivo dos sentidos. Isso implica o reconhecimento e o convívio com ampla variedade de sentimentos sem o concurso de comportamento compulsivo ou destrutivo.

As pessoas cativas da dificuldade de controlar os próprios impulsos são propensas ao abuso do álcool ou de outras substâncias, à queda na promiscuidade, ao enredo nos vícios de comportamento e/ou ao descarrego da própria raiva sobre outras pessoas. Na verdade, o que costumam "dramatizar" é a sua incapacidade de lidar com sentimentos como raiva, ansiedade, tédio e frustração.

Muitas pessoas com problemas de controle dos impulsos acreditam que a identificação dos próprios sentimentos é algo potencialmente perigoso. Podem não querer abrir uma "caixa de Pandora" cheia das próprias emoções por receio de que a expressão de seus sentimentos as torne vulneráveis num mundo hostil. Outrossim, costumam carecer de Equilíbrio Emocional bastante para suportar os sentimentos negativos que se lhes acumulam no íntimo. A combinação do receio de exprimir sentimentos com a pouca capacidade de suportá-los pode ser um fardo pesado demais para sustentar.

As características do que se conhece por *addictive personality** envolvem traços de ansiedade, inquietação, insegurança e a tendência da pessoa a sempre recorrer a um agente externo na busca de satisfação e de conforto

---

* Pessoa viciada em entorpecentes.

íntimo. São todos, na verdade, sintomas de insatisfação com os próprios sentimentos e com a vida emotiva. Não existindo a capacidade de suportar sentimentos, a pessoa se sente fortemente inclinada a transformá-los pelo abuso de quimismo intoxicante ou por outra conduta viciosa.

Roger, programador de computação de 28 anos de idade, fumara maconha todas as noites desde os 14. Na adolescência, Roger jamais arrostara o próprio desajuste e raiva, os quais eram exacerbados em razão de um relacionamento problemático que tinha com o padrasto. Em vez disso, pois, Roger entregou-se ao vício de entorpecer-se para se acalmar e se desligar dos próprios sentimentos.

Na idade adulta, Roger conseguiu transferir o gozo do prazer que sentia no vício para as primeiras horas da noite e, apesar disso, apresentava comportamento normal e desempenho razoável no trabalho. Mas se recusava a reconhecer que tinha um problema de abuso de substâncias proibidas e não manifestava nenhuma intenção de abandonar o vício.

Somente quando Roger obteve um emprego num órgão governamental, onde foi submetido aleatoriamente a um teste de detecção de substâncias narcóticas no corpo, viu-se forçado a enfrentar a realidade do próprio vício. Com a ameaça do resultado do teste pendendo-lhe sobre a cabeça, Roger conseguiu parar de fumar maconha abruptamente. Mas a sobriedade surpreendeu-lhe com o despertar de um vulcão de sentimentos recalcados. Roger passou a ter dificuldade para controlar seu temperamento no convívio com a esposa e a ser acometido por constantes sentimentos de inquietação e ansiedade, embora os dissimulasse.

Por meio de aconselhamento especializado e do Programa CEE, Roger conseguiu perceber que sua necessidade real não era apenas abandonar o uso da maconha, mas também aprender a entender e suportar seus sentimentos. Ele precisava identificar as causas de sua ansiedade e de sua raiva e gerar em si a força moral para agüentar o incômodo de viver livre de substâncias narcóticas.

Roger levou vários meses para se mostrar disposto a experimentar sessões de Condicionamento do Equilíbrio Emocional pela Meditação ou de Visualização do Equilíbrio Emocional. Enquanto isso, descobriu que o uso do Diário do Equilíbrio Emocional era-lhe catártico. Passou, também, a praticar ciclismo como Exercício Físico do Equilíbrio Emocional. Com esses recursos de seu Programa CEE, Roger conseguiu controlar sua raiva sem recorrer à maconha como meio de alívio de seus problemas.

Mesmo para os que não têm vícios legal ou socialmente inaceitáveis, o autocontrole pode ser um problema, com origens na insuficiência de CISS. Embora possamos saber o que é saudável e correto, pode ser extremamente difícil seguir o bom conselho do foro íntimo. Eis, pois, o "paradoxo da neurose": a incapacidade de fazer o que sabemos ser o melhor para nós. O paradoxo da neurose está presente naquela situação em que você sabe o que é melhor para você, mas não o faz; portanto, você continua a comportar-se de maneira tal que acaba sendo a causa do próprio fracasso.

Muitas vezes, o alimento está envolvido nas lutas da consciência, pois tem propriedades químicas de alteração do temperamento e significação emocional. Por exemplo, talvez você goste de comer doces depois do almoço. Doces o fazem lembrar-se da recompensa que obtinha quando, na infância, ficava "bonzinho". Ademais, a sobremesa causa aumento temporário da taxa de açúcar no sangue.

Mas, então, você aprende que, à corrida pelo açúcar, segue-se um acidente, aumentando-lhe o cansaço no meio da tarde, o que torna dificultosa a concentração no trabalho. Também, seus doces favoritos lhe fornecem 80 calorias cada um, e suas calças vão ficando um pouco apertadas. No entanto, quando você não tem doces para comer depois do almoço, sente-se espoliado tanto nos domínios da emoção quanto nos limites da massa corpórea. Disso resulta um paradoxo típico da neurose.

A Capacidade de Identificar e Suportar Sentimentos pode ajudá-lo de duas maneiras nesse dilema. A CISS desenvolvida permite que você identifique com precisão os sentimentos causados pela privação de doces e o conhecimento de suas origens. E lhe proporciona a capacidade de suportar o dissabor de não poder comer seu doce favorito e de adiar a satisfação desse desejo. Assim, você desfruta da agradável sensação oriunda da força emotiva gerada em seu íntimo, ao invés de continuar a desejar a satisfação imediata desse prazer. Você ainda pode comer doces quando quiser, mas está livre para fazer essa escolha sem compulsão.

EVITAÇÃO

A evitação é um dos traços mais comuns da dificuldade da pessoa no que respeita à Capacidade de Identificar e Suportar Sentimentos. A evitação ocorre quando você adia a realização de algo que considera desagradável, desvantajoso ou emocionalmente penoso. Esse algo pode ser uma tarefa tediosa, tal como um moroso trabalho burocrático ou a limpeza doméstica. Pode ser também uma tarefa que você considere compensadora, mas que exige grande esforço, tal como se sentar em seu computador para compor um trabalho literário ou técnico ou plantar mudas de arbustos florígeros em seu jardim.

A evitação nasce de situações em que a tarefa em questão desperta sensações de desconforto físico ou mental. Essas podem ser tão simples como dores nos joelhos causadas pela genuflexão no jardim, quanto tão complexas como sentimentos de impotência sobrevindos numa situação em que a pessoa é surpreendida pelo desaparecimento completo das informações da tela do computador. Toda vez que você usa suas forças físicas ou mentais de uma maneira insólita e desafiadora, isso implica, normalmente, certo grau de desconforto.

Se você fizer exercícios braçais com um lápis em vez de com um halteres de 10 quilos, é improvável que consiga desenvolver bíceps sólidos e volumosos. Se você fizer um passeio a pé, isso não lhe beneficiará tanto o coração quanto uma caminhada vigorosa ladeira acima. Até certo ponto, a frase "quem não trabalha, não come" aplica-se a todo empreendimento importante de sua vida.

Ao músculo, é necessária a imposição de um desafio para que seu desenvolvimento seja estimulado. Sem desafio, não há possibilidade de nenhum progresso, desenvolvimento, consecução de objetivos. Como adultos, todos nós sabemos disso, mas lhe opomos resistência inconscientemente, com mais ou menos vigor.

É aí que o Condicionamento do Equilíbrio Emocional pode cumprir o seu papel. Ele lhe proporciona a força moral para suportar os sentimentos desagradáveis durante um período de tempo suficiente para permitir que a adaptação e a evolução pessoal ocorram. As Técnicas de Treinamento funcionam independentemente, mas em harmonia, para desenvolver sua CISS, de tal modo que você consiga reagir positivamente a desafios. Esse recurso pode ser muito útil tanto no âmbito pessoal, quanto no profissional.

Leslie, gerente de relações públicas de um museu de arte, gostava de redigir comunicados à imprensa e não se interessava por tarefas administrativas. Mas sempre ficava nervosa ao ter de manter contato telefônico com os meios de comunicação para promover a cobertura das exposições do museu. Quando os repórteres e editores lhe diziam que estavam ocupados demais para conversar ou rejeitavam suas idéias sobre a cobertura, ela achava isso desgastante e desanimador.

Essa faceta de seu trabalho era crítica, já que, sem os telefonemas, o pessoal da imprensa jamais daria importância à matéria proposta por ela em meio à enxurrada de informações que recebiam. Apesar disso, Leslie sempre adiava a realização dos telefonemas e, assim, perdia a chance de receber a cobertura de seu trabalho.

Por meio do treinamento com o CEE, Leslie aprendeu a identificar e suportar os sentimentos incômodos que os telefonemas lhe causavam. Todas as manhãs, começava o dia com uma sessão de Equilíbrio Emocional pela Meditação em que, entre outras coisas, afirmava: "Sinto-me segura quando faço telefonemas. Meu embaraço pode ser superado." Ela criou para si um plano de Visualização do Equilíbrio Emocional que se iniciava pela evocação de sensações causadas pelo repouso do corpo nas areias de uma praia, em total relaxamento. Depois, ela transferia essas sensações de relaxamento para situações imaginárias em que mentalizava a realização dos telefonemas.

Leslie aprendeu também, com o treinamento do CEE, a usar sua aparência para adquirir mais confiança em si mesma. Descobriu que, depois da aula de ginástica que freqüentava durante o almoço, voltava para o escritório sentindo-se otimista e confiante. Quando fazia seus telefonemas a essa hora do dia, transmitia entusiasmo e firmeza tais que acabava conseguindo obter respostas positivas. Depois de quatro meses de treinamento com o CEE, Leslie conseguiu dobrar a divulgação de seu trabalho com o museu nos veículos de imprensa e, com isso, manteve o emprego.

EXERCÍCIO COMPORTAMENTAL DO CEE: COMO ENTENDER A QUESTÃO DA EVITAÇÃO

1. Em seu Diário do Equilíbrio Emocional, escreva três objetivos ou tarefas cuja realização você adia sempre.
2. Ao lado de atividades específicas, escreva o que sente quando pensa em realizá-las. Não se satisfaça com a exposição de motivos superficiais, tais como "que o tempo é insuficiente" ou "que não tenho os meios apropriados". Vasculhe profundamente seu universo íntimo e tente identificar com precisão os sentimentos que estão obstruindo o seu caminho.
3. Avalie esses sentimentos. Eles têm relação com algo que lhe aconteceu no passado? Com algum sistema religioso? Com alguma realidade?
4. Se conseguisse suportar esses sentimentos, haveria outra coisa que o impediria de prosseguir no esforço de consecução de seu objetivo ou de completar sua tarefa?

À medida que desenvolver sua CISS, aprenderá a suportar sentimentos penosos e a prosseguir com determinação e segurança.

A CISS E A DEPRESSÃO

Apesar do fato de vivermos numa sociedade de "confissões sinceras", muitas pessoas não têm ninguém com quem possam discutir honesta e seguramente os próprios sentimentos. É comum sentirem vergonha deles e raiva de si mesmas por nutrirem sentimentos negativos. Quando essa raiva se entranha, pode, muitas vezes, causar depressão.

A depressão é quase sempre definida como um sentimento de vacuidade íntima e desesperança. As pessoas deprimidas podem ser tão afetadas por sentimentos dolorosos que os isolam ou recalcam no íntimo, criando em si uma espécie de anestesia contra eles. Os sentimentos recalcados resultam no fardo psíquico de energia reprimida e inércia.

O treinamento com o Condicionamento do Equilíbrio Emocional, mormente no âmbito do desenvolvimento da CISS, pode ajudá-lo a desafogar-se de sentimentos recalcados, o que resultará na extinção da depressão.

Além disso, as Técnicas de Treinamento podem influenciar direta e positivamente o humor, sob vários aspectos.

Por si só, o Programa do Condicionamento do Equilíbrio Emocional não cura a depressão, que pode resultar de fatores múltiplos, inclusive biológicos e circunstanciais. Toda pessoa que sofre dessa complexa doença deveria conjugar esforços com o médico para determinar o melhor tratamento a ser adotado. Contudo, as Técnicas de Treinamento do CEE podem ser muito úteis como terapia auxiliar da depressão, principalmente se houver acompanhamento especial da evolução da CISS.

A CISS E AS DOENÇAS FÍSICAS

Limitações na esfera da Capacidade de Identificar e Suportar Sentimentos podem contribuir para o desenvolvimento de doenças físicas. Pesquisadores atuantes no campo da psiconeuroimunologia (PNI) têm obtido evidências de que sentimentos negativos e tensão crônica podem diminuir a imunidade corporal, o que resulta em maior suscetibilidade a muitos tipos de males.

Quando passa a sofrer de tensão, o corpo se prepara para "lutar ou fugir", conforme nos elucida o dr. Hans Selye, ganhador de um prêmio Nobel, em seu trabalho sobre a síndrome de reação à tensão. Essa reação de luta ou fuga aumenta o número de batimentos cardíacos e a pressão sangüínea. O fluxo sangüíneo para os órgãos da digestão é limitado, e a taxa de açúcar no sangue aumenta. Os músculos se apresentam quase sempre retesados, como que em eterna expectativa para cumprir solicitações de realização de movimentos ou para a proteção do corpo.

Essa "síndrome de adaptação" fora útil mecanismo de sobrevivência na época em que as pessoas, literalmente, precisavam encarar o inimigo e lutar ou virar-se e fugir como reação a uma ameaça. Não obstante, na sociedade hodierna, há poucas maneiras aceitáveis de reagir fisicamente à tensão. Se seu chefe o pressiona para o cumprimento de um prazo, você não pode lançar-se pelos bosques para aliviar-se da aceleração de seus batimentos cardíacos e as conseqüências disso. Quando o governo anuncia aumento de impostos, você não pode golpear alguém na cabeça com um galho de árvore para desafogar-se da tensão muscular. Aliás, sabe-se muito bem que situações estressantes imaginárias podem acelerar o batimento cardíaco e aumentar a tensão muscular, pois o corpo pode continuar a agir como se essas situações fossem reais.

Quando os efeitos bioquímicos e musculares não têm nenhum meio de escape, continuam a agir no corpo por longo período, causando tensão e desgaste nas sinergias do corpo. O resultado disso pode ser dores nas costas, dor de cabeça, pressão sangüínea alta, maior risco de ataques cardíacos ou maior vulnerabilidade a qualquer tipo de doença.

A força do CEE está no fato de que ele lhe oferece canais de alívio desses problemas com base no desenvolvimento do equilíbrio emocional, com o que você se torna capaz de lidar com sentimentos dolorosos ou desagradáveis, inclusive com a tensão. As Técnicas de Treinamento oferecem meios positivos de expressão, alívio e enfrentamento de sentimentos incômodos. Isso limita e diminui a influência prejudicial que a tensão pode exercer em seu equilíbrio físico e mental.

CONDICIONAMENTO DO EQUILÍBRIO EMOCIONAL PELA MEDITAÇÃO E A CISS

A técnica do Condicionamento do Equilíbrio Emocional pela Meditação o ajudará a fomentar sua capacidade de identificar intuitivamente e entender seus sentimentos. Essa Técnica de Treinamento o ajudará também a suportar sentimentos penosos, tais como de ansiedade, raiva, impaciência e frustração. Fará com que você tenha mais força para suportar a tensão, o que aumentará sua sensação de bem-estar. Quando passar a praticar a meditação regularmente, desfrutará de maior capacidade para controlar seus sentimentos e conseguirá lidar com eles mais proveitosamente.

Como ponto de partida, a meditação em si constitui excelente fator de desenvolvimento da capacidade de persistir na superação de sentimentos desagradáveis. Quando você começa a meditar, não é incomum o fato de ficar inquieto, receoso ou, simplesmente, entediado. Se conseguir continuar a respirar e concentrar-se adequadamente até o término da sessão de 20 minutos, já estará aumentando sua CISS.

Assim que der um passo adiante e formular suas afirmações para usá-las nas sessões de meditação, poderá passar a obter o máximo de benefícios. Sugestões objetivas sobre o desenvolvimento de sua CISS podem ser incutidas em seu subconsciente, onde deitarão raízes e florescerão. Você pode criar uma sugestão de natureza abrangente, como: "É bom para mim identificar e reconhecer os meus sentimentos." Ou você pode afirmar a sua capacidade de suportar um sentimento específico, como, por exemplo: "Quando eu me sentir ansioso, devo respirar lenta e calmamente. Isso me fará sentir seguro e tranqüilo."

Talvez você descubra que, à medida que desenvolve a sua CISS pela meditação, passa a desfrutar de mais saúde física. Estudos orientados pelo dr. Herbert Benson, que levou o recurso da meditação a grande número de pessoas com sua obra revolucionária *The Relaxation Response*, têm demonstrado que a meditação pode ajudar pessoas com problemas de dores musculares, dores de cabeça, insônia e muitos outros.

A meditação tem sido usada também pelo pesquisador e cardiologista Dean Ornish como parte de seu programa de medicina holística para a recuperação de portadores de doenças do coração. O programa do dr. Ornish, que se fundamenta na intervenção no estilo de vida do paciente, tem atraído muita atenção, pelo controle ou até mesmo pela reversão que possibilitou das condições dos males das artérias coronárias dos participantes. Um dos fatores fundamentais da recuperação do paciente é aprender a lidar com a tensão mais eficazmente, o que tem relação direta com a Capacidade de Suportar Sentimentos.

No campo da psicologia, a meditação está sendo usada cada vez mais amplamente como parte de um tratamento complexo para ajudar os pacientes a lidarem com acessos de pânico/ansiedade e psicose maníaco-depressiva. Os pacientes desse programa estão aprendendo a desenvolver sua capacidade de suportar sentimentos excessivamente desagradáveis com sessões regulares de meditação.

A CISS E A VISUALIZAÇÃO DO EQUILÍBRIO EMOCIONAL

Algumas pesquisas indicam que a mentalização, ou Visualização do Equilíbrio Emocional, exerce enorme influência na saúde do corpo e da mente. Essa influência é atribuível, em parte, à oportunidade de mentalização de resultados desejáveis e de expressão de sentimentos positivos durante as sessões de visualização.

Estudo feito no Instituto de Neuropsiquiatria da UCLA [University of California em Los Angeles] revelou que a visualização gera transformações positivas nas funções imunológicas do corpo. Os pesquisadores acreditam que esse resultado está relacionado com a oportunidade de exprimir sentimentos, bem como com a formação de imagens mentais voltadas especificamente para as funções imunológicas em si. Ainda segundo o estudo, a visualização tem sido a espinha dorsal de tratamentos de base cognitiva e comportamental, e também de outros tipos de tratamentos, de uma multiplicidade de doenças psíquicas.

Você verá que a técnica da Visualização do Equilíbrio Emocional é poderoso instrumento de cura nas lides contra os males da mente e do corpo. Ela aumentará sua capacidade de suportar todos os tipos de sentimentos e lhe proporcionará uma sensação de domínio das situações mais díspares, com a restauração e o revigoramento do amor-próprio.

Rhonda, mãe divorciada, 42 anos de idade, tinha sérios problemas com o controle de sentimentos de raiva relacionados com seu ex-marido, John. Dado que tivessem a guarda conjunta dos dois filhos, Rhonda tinha de avistar-se com John todo fim de semana. Às vezes, não conseguia controlar sua raiva e explodia em invectivas contra John quando ele ia pegar as crianças. Depois disso, passava o resto do fim de semana sentindo-se culpada por expor os filhos a essa situação.

Como parte de seu Programa CEE, Rhonda criou uma série de situações imaginárias em que se figurava controlando sua raiva. Para se pôr em estado receptivo, praticava de cinco a dez minutos de exercícios respiratórios e relaxantes. Em seguida, concentrava-se numa das situações concebidas para sua sessão de Visualização do Equilíbrio Emocional:

São 18 horas, sexta-feira, e estou aprontando as crianças para o fim de semana com o pai. Posso ouvir-lhes as palavras animadas e os passos enquanto brincam. Agora, ouço a campainha soar.

Sinto a raiva no estômago que sempre sinto quando estou prestes a ver John. Paro durante alguns minutos antes de descer as escadas, sento-me na cama e fecho os olhos. Inspiro profundamente. Solto o ar lentamente, como que exalando a raiva. Inspiro e expiro. Inspiro e expiro. Isso me faz sentir-me melhor.

Desço as escadas com os sacos de dormir das crianças. Digo olá a John e chego mesmo a sorrir. Pergunto-lhe o que farão nesse fim de semana e ele me fala a respeito de planos de passeio. Ele parece surpreso com minhas respostas afáveis e com o fato de que não lhe arremesso ditos mordazes. Sinto-me melhor com isso também. As crianças parecem aliviadas com a impressão de que não haverá discussão dessa vez. Elas ficam excitadas com a presença dele. Independentemente do que houve entre nós, tenho de admitir que John tenta ser um bom pai e que as crianças o amam. Sinto a raiva diminuir um pouco ao pensar nisso.

Quando saem, sinto-me aliviada e contente comigo mesma. Sei que a raiva que sinto por John ainda existe, mas eu a mantenho sob controle e isso parece bom. Mereço uma recompensa.

Entro numa bela banheira para um banho quente e preparado com óleo de ervas aromáticas. Inspiro e expiro, deixando que meus músculos relaxem na água tépida. A respiração é mesmo relaxante. Sinto-me solta e aquecida e bem.

Rhonda descobriu que fazer esse tipo de visualização à noitinha, antes de John chegar para pegar as crianças, ajudava a preparar o terreno para um encontro mais civilizado com ele. Caso sentisse a raiva brotar-lhe das entranhas quando ele chegava, retirava-se durante alguns instantes e ia para o outro quarto. Lá, fechava os olhos, respirava fundo e passava alguns minutos evocando a sensação relaxante proporcionada pela visualização. Depois, conseguia voltar mais calma e senhora de si. E se sentia bem ao ver que os filhos podiam começar o fim de semana sem presenciar cenas angustiantes.

A CISS E O DIÁRIO DO EQUILÍBRIO EMOCIONAL

A escrita pode ser um meio de autocura, com muitas das mesmas qualidades curadoras da terapia convencional. Assim como a terapia, o ato de escrever ajuda a descobrir os sentimentos existentes por trás de seus pensamentos, estados de humor e atitudes. A identificação desses sentimentos pode libertá-lo de seu poder negativo. Você adquire uma sensação de controle sobre as próprias emoções assim que tenham sido identificadas e reveladas.

Quanto tempo, em meio à vida ativa que leva, você dedica à identificação de seus sentimentos? A escrita é um meio especial de cultivar o valioso, porém quase sempre negligenciado, hábito da introspecção. É um porto seguro para a exploração dos próprios sentimentos, sem qualquer julgamento.

A única regra a obedecer ao usar a Técnica da Capacidade de Identificar e Suportar Sentimentos no seu diário é a da "Proibida Toda e Qualquer Censura". O seu Diário do Equilíbrio Emocional deve ser mantido em lugar seguro, de modo que você possa identificar seus sentimentos sem receios. Ele é o seu canal pessoal de desafogo do mundo íntimo.

Em meu trabalho, passo a maior parte do dia ajudando outras pessoas a aprender a identificar e suportar os próprios sentimentos. Mas não tenho muito tempo para devassar minhas próprias emoções, das quais, às vezes, não me dou conta, mesmo com minha experiência profissional. O diário constitui-se, para mim, precioso lugar para o desafogo de meus sentimentos e valioso instrumento para o desenvolvimento de minha CISS.

Eis, a seguir, uma das anotações de meu Diário do Equilíbrio Emocional, feita alguns anos atrás:

> *Levei minha esposa e meus filhos a uma peça teatral e, depois, para jantar ontem. Eu estava muito irritado antes de sairmos, mas relaxei um pouco durante a noite. Quando chegamos em casa, senti grande alívio.*
>
> *Tudo me pareceu extremamente familiar, mas vago. Para ser honesto, quando penso nisso agora, a sensação é a de que tive uma grande responsabilidade pesando-me como um fardo sobre as costas, como seja o de sair com a família para fazer algo diferente, perguntando-me se ela gostaria do que eu tinha em mente, se o sacrifício valeria a pena. Isso me fez sentir-me fraco e inseguro. Detesto sentir-me assim.*
>
> *É como tentar adquirir habilidade com algo novo. Você se sente muito inseguro. E é assim que me sinto. Acode-me, agora, a idéia de que, provavelmente, sempre evitei todo tipo de experiência nova por não suportar sentir-me inseguro comigo mesmo, e até mesmo fraco.*
>
> *Mas, à medida que escrevo isto, começo a sentir-me melhor e mais forte. A impressão que tenho é de que preciso insistir em expressar minha própria sensação de insegurança e acreditar que é normal sentir isso às vezes.*

Tenho a esperança de que, se eu reconhecer honestamente a existência em mim desses sentimentos e aceitá-los, posso começar a fazer coisas diferentes sem me preocupar com qualquer laivo de ansiedade latente. De certo modo, sinto-me, ao escrever isto, mais livre e fortalecido.

A CISS E O EXERCÍCIO DO EQUILÍBRIO EMOCIONAL

O Exercício do Equilíbrio Emocional influencia duplamente a CISS. Primeiro, ele aumenta consideravelmente sua capacidade de suportar sentimentos penosos, tais como ansiedade, tensão, raiva e depressão. Segundo, ele pode gerar sentimentos de bem-estar, em razão do aumento da oxigenação do corpo e da ação das endorfinas e dos neurotransmissores.

Assim como no caso da meditação, o cumprimento fiel de um plano de exercícios é, em si, lição aprendida com a técnica da Capacidade de Suportar e Identificar Sentimentos. À medida que for superando a dificuldade inerente ao estágio inicial de seu plano de exercícios, você adquirirá confiança em sua capacidade de triunfar sofre os desafios das lutas contra as próprias emoções, bem como na de superação das barreiras das limitações físicas pessoais. O grau de sua Capacidade de Suportar Sentimentos sofrerá prodigioso aumento.

O exercício físico pode servir como eficaz instrumento de ajuda aos que desejam desenvolver a capacidade de suportar até mesmo estados emocionais extremamente dolorosos, tais como depressão profunda. Veja, por exemplo, o caso de pacientes depressivos sob tratamento psiquiátrico ambulatorial que participaram de um programa de caminhadas e corridas como parte do estudo feito pelo dr. John Greist e seus colegas na University of Wisconsin. Os pacientes que se dedicaram a sessões regulares de corrida apresentaram rápido e notável grau de melhora. Vários outros estudos, juntamente com testemunhos verbais, indicam que o exercício aeróbico pode exercer sobre o praticante efeito antidepressivo.

Outra faceta da saúde mental em que o exercício tem efeitos bem documentados é a da diminuição da tensão. O exercício fornece um valioso canal de desafogo de alguns dos produtos gerados pela sinergia física da tensão. A natureza cadenciada do exercício harmoniza-se com seu batimento cardíaco e o funcionamento de seu sistema nervoso, ao passo que a movimentação do corpo diminui a tensão muscular.

O exercício funciona, ao mesmo tempo, como tranqüilizante e estimulante naturais – com a melhor das propriedades de ambos. Exerce influência imediata em sua capacidade de controlar e suportar todo tipo de sentimento que faça parte de uma existência emocionalmente equilibrada.

A Capacidade de Identificar e Suportar Sentimentos (CISS)

> ## EXERCÍCIO COMPORTAMENTAL DO CEE: COMO ESTABELECER OS OBJETIVOS DA SUA CISS
>
> 1. Em seu Diário do Equilíbrio Emocional, liste os três objetivos principais de sua vida atualmente. Eles podem dizer respeito tanto à sua vida pessoal, quanto à profissional.
> 2. Até que ponto sua capacidade de identificar e suportar sentimentos ajuda ou atrapalha seu progresso atual em direção a esses objetivos?
> 3. Como o aumento de sua CISS o ajudaria a atingir esses objetivos?
>
> *À medida que praticar as Técnicas de Treinamento, você descobrirá que a CISS desenvolvida pode ajudá-lo a atingir seus objetivos mais importantes.*

quatro

A Empatia

O segundo componente fundamental do equilíbrio emocional é a Empatia: a capacidade de identificar, entender e respeitar os sentimentos de outrem. A Empatia é fundamental para estabelecer relacionamentos sociais saudáveis, tanto no próprio lar e no ambiente de trabalho quanto no mundo como um todo. Sem ela, não haveria nenhum tipo de comunidade, nem famílias nem nenhuma chance de sobrevivência. A Empatia é a graça de salvação da sociedade humana como um todo, bem como das relações íntimas.

A Empatia é quase sempre interpretada, erroneamente, como simpatia ou compaixão, ou com elas confundida, as quais, aliás, são qualidades admiráveis, embora mais limitadas em essência. A simpatia e a compaixão consistem no compartilhar a tristeza ou o sofrimento de outrem e na tentativa de aliviá-los, se possível. A Empatia é a capacidade de identificar *toda a variedade de sentimentos*: de alegria, júbilo, satisfação e confiança, bem como de raiva, medo e tristeza.

A pessoa que sabe sentir ou manifestar Empatia tem a mente aberta, abstém-se de julgar os outros e conhece todos os cambiantes do espectro emocional. Ela sabe ir além da emoção óbvia que se estampa no rosto de alguém e dar-se ao trabalho de considerar seu significado mais profundo.

Esse tipo de pessoa é hábil também na percepção de sinais sutis: tom de voz, sons inarticulados, linguagem corporal e expressões faciais. Os pesquisadores da linguagem estimam que 90% ou mais da mensagem emocional é expressa por sinais não-verbais. A Empatia o ajuda a perceber esses sinais, que podem ser mais significativos do que palavras.

A Empatia, quer pela palavra articulada, quer por outros meios, tem fundo alcance das significações latentes. Ao desenvolver a Empatia com o Condicionamento do Equilíbrio Emocional, você pode usar essa qualidade com todas as pessoas de sua esfera de relações e provocar um efeito em cascata. Quando você trata as pessoas com Empatia, a sensação de serem compreendidas lhes fortalece o íntimo e as faz usar de Empatia com os outros também. Dessarte, quer com as pessoas de seu círculo de relações, quer com as de seu país, quer mesmo com as de outro, você estará tornando o mundo um lugar melhor com suas atitudes de Empatia desenvolvida.

A EMPATIA É IMPARCIAL

A Empatia implica imparcialidade, compreensão e tolerância. Ser empático não significa, contudo, que devamos endossar ou ignorar comportamento inaceitável nos outros. A Empatia, como Componente Fundamental, permite que você entenda e, possivelmente, discorde, mas sem julgar.

Logramos tomar atitudes de Empatia quando consideramos as circunstâncias do quadro psicológico/emocional da outra pessoa. Por exemplo:

- *O atendente de uma loja lhe parece indiferente ou antipático quando você lhe pede atenção. Ao invés de ir correndo à gerência para reclamar, você percebe que, provavelmente, o atendente é mal remunerado ou está excessivamente cansado.*
- *Você está ávida para conversar com o seu marido assim que ele chegar em casa do trabalho, mas primeiro ele quer assistir ao jornal na TV. Ao invés de considerar isso rejeição pessoal, você reconhece que ele precisa de meia hora de "fôlego" antes que possa voltar a relacionar-se com os que o cercam.*
- *Seu assistente não terminou de fazer o relatório antes do início de importante reunião. Ao invés de intimidá-lo com dura reprimenda, você percebe que ele está tendo dificuldades para estabelecer prioridades e precisa de mais orientação.*

É cada vez maior o número de empregadores, gerentes e consultores comerciais que reconhecem a importância da Empatia no ambiente de trabalho. O método do "domínio pelo medo" resulta em produtividade de longo prazo muito menor do que o de gerenciamento pela Empatia. Ela é a chave do trabalho de equipe, da lealdade e da motivação. Do tratamento cotidiano dos empregados a benefícios como seguro de vida, licença-maternidade e flexibilidade de horários, as manifestações empresariais de Empatia estão em tudo que nos cerca.

Uma vez que a força de trabalho está cada vez mais diversificada, muitas empresas se têm conscientizado da necessidade do treinamento da sensibilidade para diminuir ao máximo conflitos entre as pessoas de sexo, raça e nacionalidade diferentes. As iniciativas atinentes à multiplicidade de fatores no ambiente de trabalho e ao aprimoramento da sensibilidade ganham relação direta com a Empatia, já que fomentá-la significa desenvolver a capacidade de entendimento entre pessoas de antecedentes e tradições diferentes.

Em princípio, a Empatia não é eletiva, mas, em verdade, quase sempre o é. Na maioria das vezes, é um pouco mais fácil sentir Empatia para com as "pessoas do nosso próprio meio". Não carecemos de cabedais de notável Equilíbrio Emocional para manifestar Empatia a alguém com quem temos muito em comum. O Treinamento do CEE o ajudará a ampliar essa aptidão. Assim, pois, você poderá aprender a ter mais Empatia tanto para com as pessoas que lhe são afins, como para com as que você considera diferentes.

A maioria de nós acha muito difícil ter Empatia para com as pessoas que praticam atos que julgamos imorais. Ao nos defrontarmos com esse tipo de desafio, é fundamental termos em mente que Empatia não implica, necessariamente, perdão ou aceitação. Empatia consiste na compreensão de como e por que a estrutura emocional da pessoa a leva a ter esse ou aquele tipo de comportamento, quer você o aprove, quer não.

Tive uma lição inesquecível de Empatia quando, no início de minha carreira, trabalhei com pacientes encaminhados a mim pelo Departamento de Suspensão de Pena e Livramento Condicionais, julgados culpados da prática de crimes violentos. Foi necessária boa dose de paciência – e alguma orientação de um mentor – para que eu aprendesse a manter atitudes de Empatia para com pessoas que não tinham Empatia ou mesmo um senso básico de moral elas próprias. Contudo, se não me houvesse expressado com Empatia, teria sido incapaz de ser útil a esses pacientes.

Para desincumbir-me de minhas responsabilidades de terapeuta, eu precisava parar de classificar esses homens com base nos crimes que haviam cometido. Assim, aprendi a ver primeiramente suas qualidades essencialmente humanas e, depois, a considerar as forças sociais, ambientais e familiares que os formou. Desse modo, pude relacionar-me com esses homens sem os condenar pelos crimes cometidos e ter a esperança de fazê-los progredir nas sessões de terapia.

A EMPATIA E A ARTE DA CURA

Se você já se submeteu a sessões de terapia, sabe que a Empatia é a base do processo terapêutico. A manifestação de Empatia autêntica e a expressividade empática do terapeuta o faz sentir que alguém se importa com o seu bem-estar e que é compreendido, e essa experiência o ajuda a tratar as outras pessoas com a mesma Empatia.

Carl Rogers, um dos mais influentes psicólogos do século XX, foi o criador da "terapia centrada no paciente" e o farol do Movimento do Potencial Humano. Rogers acreditava que a Empatia é o elemento mais importante nos relacionamentos terapêuticos e, conseguintemente, em todos os outros relacionamentos humanos.

Rogers afirmou que, em essência, o objetivo precípuo do esforço terapêutico era procurar entender exatamente o que a outra pessoa estava tentando dizer. Ele achava fundamental a necessidade de o terapeuta ter e manifestar Empatia, consideração incondicional e positiva e calor humano pelo paciente. Com esse exemplo do terapeuta, o paciente poderia aprender a arte da comunicação sensível e aplicá-la aos outros relacionamentos de sua vida.

Mais recentemente, Heinz Kohut, psicanalista de Chicago e criador da moderna *self-psychology*, ressaltou também o potencial da Empatia. Ele escreveu que, para que as pessoas se completem verdadeiramente, precisam sentir que seus pontos de vista são entendidos com sensibilidade e sem julgamento. Somente assim serão capazes de amadurecer e transmitir aos outros o resultado dessa demonstração de Empatia.

Tanto para Rogers quanto para Kohut, a importância fundamental da Empatia em seus esforços terapêuticos atesta seu caráter também fundamental em todo tipo de relacionamento. Kohut afirma ainda que a Empatia não é, necessariamente, um dom natural; as pessoas podem desenvolver e fortalecer essa aptidão para tornar todos os seus relacionamentos mais satisfatórios.

E não são apenas os profissionais da saúde mental os que usam a Empatia como instrumento de cura. O arguto médico de família que cuida de seus membros e os conhece bem combina Empatia com a transmissão de segurança e conhecimento. A enfermeira que faz um hospital ficar mais suportável tem enorme cabedal de Empatia. O massagista ou o professor de ginástica que sabe sintonizar-se com o estado físico de seu aluno, identifica a tensão e a elimina está usando de Empatia.

Certamente, você não precisa ser um profissional da área da saúde mental para usar o poder curativo da Empatia. Você pode ser um pai ou uma mãe que beija o cotovelo esfolado do filho para fazê-lo "ficar bom", ou um amigo de alguém em luta contra uma doença grave. Numerosos estudos têm revelado que as pessoas que podem contar com a ajuda de amigos e familiares apresentam índices muito maiores de recuperação de várias doenças graves. Assim, talvez, não há quem possa exagerar ao falar do poder curativo da Empatia.

> **EXERCÍCIO COMPORTAMENTAL DO CEE:**
> **COMO CULTIVAR A EMPATIA**
>
> 1. Em seu Diário do Equilíbrio Emocional, relacione três qualidades ou atitudes que gosta que as outras pessoas lhe manifestem mais freqüentemente (por exemplo, paciência, afeição ou o reconhecimento de seus feitos).
> 2. Escolha três pessoas importantes em sua vida. Escreva a respeito da maneira pela qual você pode manifestar a essas pessoas mais das qualidades/atitudes que deseja que outros, por sua vez, tenham para com você.
>
> *A Empatia gera resultados positivos. Na maioria das vezes, eles voltam para você, de uma forma ou de outra.*

A EMPATIA, A SOCIEDADE E A CULTURA MODERNA

Ao longo de toda a história da civilização, a Empatia tem sido um dos mais admirados traços da personalidade, inspirador de muitos dos mais importantes movimentos religiosos do mundo. Os atributos curativos e empáticos de Jesus constituem um dos mais sublimes temas do cristianismo. O Buda exemplifica também o espírito de Empatia. O judaísmo sempre ensinou que a Empatia é dever fundamental do devoto.

Um dos mais importantes preceitos cristãos é a quinta-essência da Empatia: "Faça aos outros aquilo que gostaria que fizessem a você." Entre os Dez Mandamentos, há também a preceituação da necessidade de tratarmos os outros com respeito e Empatia. Esse Componente Fundamental transcende o escopo da conquista do Equilíbrio Emocional e influencia ingentemente o espírito humano e a própria sociedade.

No que respeita à sociedade, sem Empatia, não haveria comunidade. Desde os primeiros trogloditas que compartiam seu alimento com os membros mais fracos da tribo ao homem hodierno que cede o assento a uma anciã num trem lotado, a Empatia é o atributo que torna civilizada a nossa civilização.

Assim que começar a pensar na Empatia sob a luz destas considerações, você verá inúmeros exemplos de como ela é o fio que mantém íntegro o tecido da sociedade. Sem Empatia, jamais seríamos capazes de manter, em termos gerais, uma sociedade de homens cumpridores das leis. Não haveria matrimônio, família, governo ou vida comunitária. Nem escolas, hospitais, vizinhança. A existência de Empatia na sociedade não é sinal de fraqueza; é fonte de força e componente necessário à sobrevivência das civilizações.

Aliás, até mesmo as formas superiores da vida animal revelam a existência de Empatia em si, as quais a manifestam tanto aos membros da própria espécie, quanto aos humanos. Segundo consta, houve situações em que golfinhos empurraram para a praia pessoas em situações de afogamento. Alguns chimpanzés foram vistos estendendo a mão para ajudar outros a pegar água e pondo os braços no ombro de um amigo ferido numa luta. Talvez os cães sejam "o melhor amigo do homem" por causa de sua capacidade instintiva de manifestar Empatia a uma pessoa que esteja triste ou em mau estado de espírito, e também de reconhecer estados de contentamento com reações lúdicas.

A Empatia desperta simpatia nos mais variados âmbitos, inclusive no das multidões. Os apresentadores de programas de entrevista e os repórteres televisivos transmitem Empatia pela mídia eletrônica. Os superastros do cinema e da música popular tentam transmitir Empatia no exercício de seus misteres. Os artistas mais populares mundialmente são, em geral, aqueles com os quais nos sentimos em relação de Empatia, pois parecem expressar para nós nossas próprias idéias e sentimentos.

Um famoso estudo de mais de sete mil casos feito por Robert Rosenthal, psicólogo de Harvard, revelou que as pessoas que têm grande capacidade de discernir os sentimentos de outrem por meio de indícios não-verbais costumam ser mais populares, afáveis e equilibradas. Esse estudo confirma aquilo que qualquer arguto observador do comportamento humano é capaz de perceber.

A maioria de nós prefere trabalhar com colegas que nos ajudem a superar obstáculos, se solidarizem com as pressões sofridas por nós e aplaudam nossos êxitos. Nossos amigos e parentes diletos são os que compartilham nossos momentos de alegria, tristeza e esperança. Aprendemos a amar as pessoas que manifestam Empatia e elevamos à conta de tesouro a existência dessa qualidade em nossos companheiros.

A EMPATIA MELHORA A VIDA ÍNTIMA

Preston, 28 anos de idade, considerava-se um homem atraente e esforçara-se arduamente para obter mestrado em administração comercial e um cargo seguro na área bancária. Ele sabia que era considerado um "bom partido", e muitas mulheres demonstravam interesse por ele. Mas ele não estava à caça de um "troféu"; estava procurando uma mulher inteligente, atenciosa, que desejasse criar filhos, alguém que o fizesse sentir-se amado e seguro. Queria uma mulher que não o fizesse lembrar-se da mãe colunável, da qual se ressentia por tê-lo isolado num internato, para que não lhe interrompesse o atendimento da agenda social referta.

Preston tinha namorado dezenas de mulheres com o passar dos anos. Mas não conseguia evitar que as mulheres pelas quais sentia mais atração rompessem o namoro com ele. Dado que as mulheres sempre se mostrassem vagas quanto suas próprias razões, Preston preocupava-se com o fato de que talvez não fosse um bom amante. Embora houvesse continuado a despertar o interesse das mulheres, tornou-se inseguro a respeito do próprio desempenho sexual.

Finalmente, Preston apaixonou-se por Susan, brilhante e jovial fisioterapeuta e mulher calorosa e encorajadora. Tudo parecia perfeito e ele começou a sonhar com um futuro junto dela, inclusive com crianças e uma casa no campo. Mas ficou arrasado quando Susan lhe disse que achava que o relacionamento deles não daria certo. Dessa vez, Preston pressionou Susan para que expusesse a razão do rompimento da relação. Susan disse a ele que achava que ele precisava procurar um terapeuta para a solução de seus problemas se quisesse preparar-se para um relacionamento duradouro.

Quando Preston passou a dedicar-se ao treinamento com o CEE, o resultado de suas Auto-Avaliações indicaram que sua maior dificuldade estava no Componente Fundamental da Empatia. Assim, ele começou a esforçar-se para desenvolver essa qualidade escrevendo a respeito de alguns de seus relacionamentos passados em seu Diário do Equilíbrio Emocional. Ao analisá-los, Preston percebeu que não sabia quase nada a respeito das mulheres que namorara – seus anseios, conflitos ou antecedentes pessoais. Ele havia gasto a maior parte de seu tempo com as mulheres em conversas sobre si mesmo, procurando desfrutar de sua atenção, assim como sua mãe, que se refocilara no turbilhão das luzes sociais e, ao mesmo tempo, o ignorara. Portanto, embora fosse muito inseguro, ele tentava parecer forte e confiante. O detalhe ausente no quadro que ele estava tentando pintar com perfeição era a Empatia.

Nas sessões de Equilíbrio Emocional pela Meditação, Preston procurou fazer com que seu subconsciente desenvolvesse e o ajudasse a ter e manifestar Empatia. Em suas sessões de Visualização do Equilíbrio Emocional, imaginou-se numa situação junto a Susan em que a estimulava a falar sobre si mesma. Ele usou a técnica da escrita do Ponto de Vista Duplo para escrever a respeito de seu relacionamento com ela considerado pelo ponto de vista de ambos.

Disposto a voltar a estabelecer contato com Susan, Preston sentia-se muito apreensivo com isso e também com o risco de sofrer rejeição. Para se preparar, esforçou-se no desenvolvimento de sua Capacidade de Identificar e Suportar Sentimentos pelas Técnicas de Treinamento do CEE. Quando achou que estava pronto, entrou finalmente em contato com Susan, e ela aceitou seu convite para jantar.

Quando Preston conversou com Susan a respeito de sua experiência com o CEE, ela se sensibilizou com o esforço dele para solucionar seus problemas emocionais e sua disposição de se despir da própria máscara e tornar-se uma pessoa mais aberta e acessível. Mas, ao invés de se demorar em conversas sobre as próprias lutas, Preston encorajou Susan a falar sobre a vida íntima dela. Porque passara a sentir-se segura com suas demonstrações de interesse por ela, Susan mostrou-se disposta a envolver-se com Preston novamente, dessa vez menos superficialmente.

Quando seu relacionamento íntimo foi restabelecido, Preston usou sua aptidão com a Empatia em seus momentos íntimos. Passou a prestar atenção nos nuances das reações de Susan ao fazer amor com ela e a encorajá-la a expressar honestamente o que ela desejasse. Porque atencioso agora para com os sentimentos dela, adquiriu mais confiança em suas qualidades de bom amante. Ele aprendeu a lidar com a sexualidade dela com mais sensibilidade e, com isso, passou a gerar mais prazer para ambos. Quando Preston presenteou Susan com um belo anel de noivado, sentiu-se confiante em que ela diria "sim", e foi o que ela fez.

A EMPATIA NO CASAMENTO E EM OUTROS RELACIONAMENTOS ÍNTIMOS

Em certo sentido, o casamento é um exercício vitalício de Empatia. Logo que a atração física inicial se estiole, a Empatia poderia ser cultivada durante toda a vida e, com isso, manter o casal em verdadeiro conúbio de amor. Sem Empatia, o casamento não pode ser realmente satisfatório e é improvável que dure para sempre.

(Quando, aqui, falo de "casamento" e ao longo de todo o livro, peço ao leitor considerar que o termo é aplicável a qualquer relacionamento íntimo e duradouro. Quer você seja homossexual, quer seja heterossexual, legalmente casado ou não, a essência do casamento está presente em todos os tipos duradouros de união amorosa.)

As pessoas estão sempre em busca do "segredo" de um casamento longo e feliz. Como alguém que trabalhou com centenas de casais, posso dizer-lhe que a Empatia é a chave disso. Se você tem a sorte de ser feliz no casamento, provavelmente sabe que a Empatia é qualidade muito apreciada no cônjuge.

Um dos maiores objetivos da terapia envolvendo casais é ajudá-los a aprender a ter Empatia por seus consortes e a comunicar-se usando-a como apoio. O fomento dessa aptidão é essencial para a extinção de conflitos matrimoniais e para a mudança de padrões de relacionamentos mórbidos. Quando você começa a dedicar-se seriamente à prática das Técnicas de Treinamento do CEE para desenvolver sua capacidade de sentir e manifestar Empatia, colhe resultados os mais surpreendentes.

Allan, advogado eminente, começou a submeter-se a sessões de terapia depois que sua esposa, Jeannette, ameaçou divorciar-se dele. Estava atormentado com a idéia de ver o mundo exterior considerá-lo um fracassado no casamento e com a perspectiva de dissipação do lar, da família e dos investimentos que fizera neles. Queria evitar também o divórcio porque amava sinceramente a esposa, embora ao ouvir-lhe as ameaças ele não a deixara entretever quase nenhum sinal de afeto.

Jeannette dizia que não suportava mais as críticas constantes de Allan. As roupas que ela escolhia não eram apropriadas; a comida que preparava era criticada; sua maneira de lidar com os filhos era depreciada; e até mesmo suas idéias para a decoração da casa eram ridicularizadas. Depois de ser considerada incapaz de satisfazer os padrões perfeccionistas do marido durante anos, tivera as próprias forças tão minadas que passou a sentir-se completamente inadequada para ele. O marido, por sua vez, apontava-lhe a insegurança como prova de que ela era imatura e incompetente.

Mas, por meio do Condicionamento do Equilíbrio Emocional, Allan logrou reconhecer que precisava ter urgentemente mais Empatia pela esposa se quisesse salvar seu casamento. A compulsão de vencer todas as discussões litigiosas funcionava em sua profissão, mas era-lhe prejudicial no casamento. Suas atitudes críticas estavam afastando a esposa, tornando-a uma pessoa dominada por um sentimento de raiva crônico e criando no lar um ambiente repleto de tensão.

Para gerar em si mais Empatia para com a situação da esposa, Allan foi estimulado a escrever sobre sua experiência como jovem sócio de um escritório de advocacia, no qual fora constantemente humilhado por um dos sócios majoritários. Isso o fez conscientizar-se de que estava seguindo o exemplo do pai exigente, pessoa respeitada, mas mui temido membro da magistratura. Então, Allan usou a técnica de Visualização do Equilíbrio Emocional para imaginar como sua esposa se sentia quando ele se lhe mostrava rigoroso e repreensivo. Além disso, ele combinou a meditação com sua sessão diária de corrida moderada, e, enquanto corria, afirmava que trataria a esposa com mais Empatia.

Com essas Técnicas de Treinamento, foi desenvolvendo, aos poucos, sua habilidade com a Empatia e conseguiu transformar sua atitude no trato com a esposa. Passou a frenar o impulso de criticá-la quando parecia prestes a fazê-lo e a pensar em como seria ser tratado assim. Demais, tornou-se menos crítico do gosto e das decisões da esposa. As pequenas providências começaram a surtir efeito, e Jeannette sentiu-se encorajada a salvar seu casamento com a tomada de mais decisões positivas a esse respeito.

A EMPATIA E A "GUERRA DAS TAREFAS DOMÉSTICAS"

A manifestação de sentimentos, atitudes e idéias que, comumente, seriam considerados negativos ou críticos preserva-se contra interpretações desfavoráveis quando isso é feito com Empatia. Esse é um princípio básico confirmado por casais submetidos a aconselhamento psicológico e presente em muitos livros sobre relações humanas e comunicação. Ele é aplicável quando você se encontra em situações de entendimento com o companheiro, quer seja de suma importância a questão em tela, quer seja banal.

Nos relacionamentos em que os dois consortes trabalham, podem ocorrer conflitos graves em torno das seguintes tarefas domésticas: o preparo da comida, a limpeza em geral e o cuidado com as crianças. Uma pesquisa de opinião de âmbito nacional feita pela Roper revelou que metade das esposas americanas se ressentia de seus maridos pelo fato de eles não se disporem a dedicar maior parcela de contribuição nos trabalhos domésticos. E que muitos homens, por terem sido criados por mães que não trabalhavam fora de casa, ainda consideram as tarefas domésticas "trabalho de mulher", até certo ponto. Claro está que ambos precisam ter mais Empatia nas dissensões domésticas, as quais podem transformar-se em rudes batalhas e causar insatisfação crônica.

Ao longo de seus 20 anos de casamento, Doreen, operária e mãe de três adolescentes, criara um padrão de relacionamento doentio com o esposo, Jack, eletricista. Ela cuidava integralmente do preparo da comida, da limpeza e dos cuidados com os filhos como se essas tarefas fossem responsabilidades suas somente. Então, quando sua frustração se tornava insuportável, ela ficava tão irritada que tinha um acesso de raiva e lançava contra Jack uma enxurrada de queixas. Ele reagia defensivamente a esses acessos, e tudo que Doreen estava tentando dizer se perdia no remoinho do conflito.

Doreen não via o divórcio como solução, mas estava começando a achar o casamento insuportável. Ela e Jack discutiam apenas por causa de questões que ela considerava fúteis, mas as dissensões eram constantes e implacáveis. Ela mal conseguia controlar a irritação e o ressentimento dissimulados e na iminência de atingirem o ponto máximo de tolerância.

Esporadicamente, embora durante anos, Doreen sugerira ao marido que procurassem aconselhamento psicológico para casais, mas Jack sempre se recusara a fazê-lo e dizia que não precisava de "psiquiatra". Corajosa, Doreen decidiu iniciar o processo de transformação sozinha.

À medida que foi conhecendo os Componentes Fundamentais do Equilíbrio Emocional, ficou claro para Doreen que ambos precisavam ter mais Empatia em seu relacionamento. Exercícios de desenvolvimento da Empatia, principalmente os da técnica da Visualização do Equilíbrio Emocional, ajudaram Doreen a fortalecer essa qualidade para que ela pudesse usá-la em seus entendimentos com Jack.

Primeiro, em vez de iniciar com acusações, Doreen iniciava as discussões munida de Empatia. Dizia que sabia que Jack estava sob grande pressão em seus negócios e que era difícil para ele dispor de mais tempo e força para ajudá-la nos trabalhos domésticos, mas também que, assim como ele, ela também tinha de arranjar-se com as obrigações do emprego em tempo integral e que apreciaria muito a prestação de um pouco mais de ajuda em casa.

Com o reconhecimento manifesto das pressões de Jack e a ausência de acusações, Doreen conseguiu estabelecer no clima doméstico a idéia de que eram uma equipe, em vez de adversários. Ela descobriu que, com esse tipo de abordagem da questão, Jack reagia muito mais favoravelmente às necessidades dela. E ficou gratamente surpresa quando ele se ofereceu para levar a roupa à lavanderia nos fins de semana.

Doreen aprendeu também a diferença existente entre a verdadeira Empatia e a projeção de seus próprios valores e idéias no marido. Com a continuação de suas conversas, ela percebeu que Jack não se importava tanto com o jantar à mesa todas as noites ou com o brilho impecável do piso da cozinha – esses eram valores dela, herdados da mãe. Jack estava muito mais interessado em se ver livre da inculpação e do ressentimento de Doreen. Estava plenamente disposto a parar em algum lugar e trazer comida pronta da rua ou preparar algum tipo de massa em algumas noites da semana e a tomar outras medidas para aliviar o fardo da esposa, se isso servisse para diminuir a tensão entre eles.

Quaisquer que sejam os problemas existentes entre você e seu companheiro ou companheira, a primeira providência a tomar é aprender a comunicar-se com sensibilidade e respeito para com os sentimentos dele ou dela. Esse é o único meio de poder ser ouvido e romper a barreira da raiva, do distanciamento afetivo e das disputas.

EXERCÍCIO COMPORTAMENTAL DO CEE: A EMPATIA COMEÇA EM CASA

1. Em seu Diário do Equilíbrio Emocional, escreva o nome de um membro da família com o qual você precisa ter mais Empatia.
2. Relacione os dois ou três tipos de comportamentos ou características das pessoas que mais o aborrecem.
3. Imagine a maneira pela qual você poderia conduzir com Empatia uma discussão sobre esses comportamentos. Construa a linha introdutória com teor o mais positivo e solidário possível. Continue a escrever sobre o que você poderia dizer para fazer com que a outra pessoa conseguisse entender o seu ponto de vista.
4. Como acha que ele ou ela se sentiria ou reagiria em relação a esse modo de você tratar a questão?

> À medida que aprender a se comunicar com mais Empatia, descobrirá que pode obter com isso reações admiravelmente mais positivas e que isso o ajudará a superar muitas barreiras em seus relacionamentos.

A EMPATIA E O PAPEL DOS PAIS

O exercício da paternidade e da maternidade requer o uso ilimitado da Empatia. Ele inicia no momento em que a criança nasce e prossegue pela vida inteira. Do impotente infante, que depende de alguém para a troca de fraldas, ao adolescente rebelde, cujos amuos precisam ser tratados com paciência, o cumprimento do papel dos pais exige deles grande porção de Empatia. Se você é pai ou mãe, o cultivo dessa qualidade em sua feição emocional tornará sua tarefa infinitamente mais fácil. O desenvolvimento da Empatia é uma das mais importantes dádivas com que você pode presentear a si mesmo e aos seus filhos.

Embora o exercício da paternidade ou da maternidade exija do ser maior cabedal de Empatia do que a realização de qualquer outra tarefa na vida, ele também promove naturalmente o desenvolvimento dessa qualidade em que o efetua. A maioria dos pais descobre em si a existência de enorme patrimônio de Empatia quando tem filhos, o que é um dos aspectos mais compensadores da paternidade e da maternidade.

A condição de pais nos dá também a oportunidade de termos Empatia para com os sentimentos de alegria e felicidade dos outros. Aliás, a experiência de sentirmos Empatia para com os prazeres e os triunfos de nossos filhos é um dos aspectos mais excitantes de nossa condição de pais. A mãe que folga em ver o filho distrair-se com um brinquedo novo ou o pai que se emociona ao assistir à apresentação do grupo de dança do filho estão manifestando Empatia para com os interesses e esforços dos filhos.

Geralmente, a Empatia flui do nosso íntimo mais facilmente quando nossas crianças são pequenas e inocentes. Quase todos os pais podem achar no coração Empatia para acalentar o bebê choroso ou a criancinha que precisa de consolo. Trazemos codificada na complexidade do cérebro Empatia para com os jovens – caso contrário, a espécie humana não sobreviveria.

A manifestação ou o uso da Empatia se nos torna um pouco mais difícil quando nossos filhos se transformam em petizes desafiadores ou, mais além, fervilham com os conflitos da adolescência. O processo de individuação na adolescência que gera o adulto jovem é acompanhado, na maioria dos casos, por certo grau de rebeldia. Durante esse processo, o adolescente costuma agir deliberadamente para esquivar-se de nossas demonstrações de Empatia. Ele precisa estabelecer a própria identidade e afirmar que seus sentimentos são unicamente seus, que é capaz de ter sentimentos próprios. Em sua introversão, muitos adolescentes insistem na idéia de que os adultos não podem entender os sentimentos deles e interrompem nossas tentativas de manifestar Empatia. Se você convive com um adolescente rebelde, as Técnicas de Treinamento do CEE podem ser para você uma fonte de ajuda muito valiosa.

Quando lidamos com crianças de qualquer idade, um de nossos maiores desafios é saber ter Empatia para com o que elas realmente estão sentindo, em vez de projetar nelas os valores e elementos educacionais ou tradicionais formadores da nossa idiossincrasia. Lembro-me perfeitamente de uma noite de verão de cerca de 17 anos atrás em que minha filha, então com 9 anos de idade, perguntou-me: "Como as pessoas respiram?" Sem refletir sobre seu estado emocional e porque estivesse preocupado com aquilo que eu estava fazendo naquele momento, disse-lhe em poucas palavras algo a respeito do mecanismo dos pulmões e do diafragma.

Pouco tempo depois, falei à minha esposa a respeito da pergunta que nossa filha me fizera, a qual, imediatamente, entabulou conversa com a menina e descobriu que ela estava se sentindo ansiosa com relação a uma discussão que tivera com um amigo no campo da colônia de férias. A ansiedade que ela estava sentindo provocara-lhe ligeira oxidação do sangue, o que fazia com que nossa filha se sentisse apreensiva com a própria respiração. Mas ela passou a sentir-se bem melhor quando lhe explicamos como poderia relaxar e fazer com que sua respiração voltasse ao ritmo normal. Além disso, nós a convencemos a falar a respeito dos sentimentos que a afligiam, como resultado da discussão que tivera com o amigo.

Nessa ocasião, aprendi outra lição relativa à necessidade de estarmos sempre prontos para ceder algum tempo às pessoas indistintamente, para ouvirmos com Empatia a elas também, e não apenas os nossos pacientes. E, mais uma vez, tive a oportunidade de contemplar os dotes de Empatia inata de minha esposa, pelo que sempre a amei.

O DESENVOLVIMENTO DA EMPATIA

A Empatia é fundamental para a eficácia da comunicação. Da aula de catecismo à prateleira dos livros de auto-ajuda, somos prodigalizados com lembretes sobre a importância da Empatia. Contudo, ainda temos dificuldade para nos comunicarmos invariavelmente com Empatia, principalmente quando sentimos raiva e medo ou nos defendemos contra algo. Mesmo quando estamos bem conscientes de que a Empatia produz o melhor dos resultados em todos os tipos de relacionamentos, é quase sempre difícil manter atitudes de Empatia. É possível que saibamos o que é correto, mas simplesmente não temos o Equilíbrio Emocional para pôr em prática o nosso discernimento.

A Empatia   85

Por que é difícil manter atitudes de Empatia, mesmo quando a entendemos intelectualmente? Geralmente, a dificuldade se origina de nossos relacionamentos familiares e nossas experiências na infância.

A Empatia surge em nós em mui tenra idade e é moldada pelas primeiras relações de nossa existência. Profissionais da psicologia evolutiva têm observado que os bebês manifestam Empatia logo após alguns meses do nascimento por meio da reação ao choro de outros bebês. Entre o primeiro e o terceiro ano de vida, costumam imitar as atitudes de outrem que demonstre algum tipo de sofrimento, comportamento chamado de "pantomima motora". À medida que a criança desenvolve sua individualidade, a pantomima motora desaparece e o seu grau de Empatia começa a aumentar, o que ocorre bem variadamente, de criança para criança.

Quando os pais reconhecem com Empatia toda a gama de sentimentos da criança, o desenvolvimento dessa aptidão é estimulado na personalidade nascente. Essa oportunidade de fomento da Empatia ocorre em dezenas de relações singelas durante todo o dia, e não apenas quando a criança chora ou precisa de ajuda. Por exemplo, o uso que fazemos daquilo que se conhece por meia-língua ou "fala de criança" é uma reação empática natural, um expediente de que nos valemos para nos harmonizarmos com a fonação primitiva da criança. Quanto mais compreendida a criança se sentir em todos os cambiantes de seus sentimentos, mais capaz será de desenvolver a virtude inabalável de ter e manifestar Empatia.

Quando os pais se mostram indiferentes ou reagem inadequadamente às emoções do filho, este pode começar a evitar expressar os sentimentos que não lhe são correspondidos. A criança pode aprender a evitar exprimir sentimentos de ansiedade, ou curiosidade, ou afeição. Não apenas a expansão de seu leque de emoções será restringida, mas também sua capacidade de ter e manifestar Empatia poderá ser limitada em fase posterior de sua vida.

A ausência de Empatia nos pais durante os anos de formação da individualidade do ser pode gerar profundos distúrbios da personalidade, até mesmo de feição criminosa. Estudos feitos com criminosos violentos demonstraram que muitos deles haviam sido criados ou em orfanatos ou por pais adotivos ou por famílias desequilibradas, nas quais receberam poucas demonstrações de Empatia quando crianças. Muitas pessoas com personalidade anti-social e criminosa são formadas em meio à frieza emotiva, em lares em que a Empatia não é manifestada nem ensinada.

Em alguns casos de maus-tratos psíquicos e/ou físicos, a criança pode desenvolver, como conseqüência, um padrão de reação paradoxal. Alguns jovens vítimas de maus-tratos se adaptam profundamente aos sentimentos inconstantes de outras pessoas, como um mecanismo de sobrevivência que os faculte perceber sentimentos capazes de gerar atos de violência. Se isso se transforma num grau exagerado ou obsessivo de Empatia, pode causar grandes dificuldades mais tarde na vida, principalmente no círculo de relacionamentos.

A Empatia, assim como os outros Componentes Fundamentais do Condicionamento Emocional, precisa ser equilibrada e moderada. Se vivêssemos em estado de total Empatia, seríamos esmagados pelas emoções das outras pessoas e acharíamos impossível agir. Precisamos equilibrar a Empatia com a Afirmação e a atenção realista aos nossos próprios sentimentos.

Algumas pessoas obcecadas pela Empatia se preocupam tanto em se solidarizar com os outros que negligenciam suas próprias necessidades emocionais. Ou chegam mesmo a usar a Empatia como meio de dissimulação das preocupações e sentimentos que as afligem. Esses desequilíbrios podem ser a imitação do comportamento dos pais ou a compensação da Empatia que não receberam em qualidade e quantidade suficientes na infância.

A maioria de nós foi criada por pais ou por mentores situáveis num ponto mediano na escala de aferição da Empatia genuína – nem perfeitamente sintonizados com nossos sentimentos, nem totalmente indiferentes a eles. Provavelmente, o grau de Empatia com que fomos tratados oscilava de situação para situação, de um dia para o outro. Não é fácil para os mentores ou os profissionais da infância manterem a manifestação de altos graus de Empatia quando, ao mesmo tempo, precisam lidar com suas próprias preocupações e vidas atarefadas.

Se você teve pais profundamente empáticos, dispõe de uma vantagem nesse particular. Mas, se não teve, o passado não pode limitar-lhe o futuro. Qualquer que tenha sido o grau de Empatia com que o trataram na infância, e que você seja capaz de manifestar como adulto, ele não foi engastado numa rocha. Com sua participação no Programa de Condicionamento do Equilíbrio Emocional, você pode assumir o controle do solo fértil que existe em seu íntimo e cultivar a semente da Empatia que lhe jaz no seio para transformá-la conscientemente em árvore frondosa e robusta. As Técnicas do CEE operam nos domínios do inconsciente, do intelecto e do corpo físico para ajudá-lo a desenvolver a Empatia e lograr a conquista de relacionamentos mutuamente satisfatórios em todas as esferas da vida.

O CONDICIONAMENTO DO EQUILÍBRIO EMOCIONAL PELA MEDITAÇÃO E A EMPATIA

O Condicionamento do Equilíbrio Emocional pela Meditação estimula o desenvolvimento da Empatia através de canais multíplices. Ela o põe num estado de mais harmonia consigo mesmo e com os outros, o ensina a ser paciente e aumenta sua sensibilidade e tolerância. A prática dessa técnica diminui a tensão, a frustração e a ansiedade, o que torna mais fácil para você manter atitudes de Empatia. E o ajuda também a ativar o hemisfério direito do cérebro e ligar-se à consciência profunda, na qual jaz abundantemente o potencial de Empatia de todos nós.

Nas tradições orientais iogues e nas espirituais, o objetivo precípuo da meditação é o da produção de uma sensação de "unicidade" com todos os outros organismos do planeta. Quando ocorre a iluminação, o isolamento do praticante transmuda-se em profunda consciência do mundo como um todo, com o que toda pessoa, animal, planta e célula vital se lhe mostra como elemento de uma entidade complexa. Pelo modelo iogue de meditação, essa experiência funciona como fator de despertamento da Empatia e do dinamismo pessoal para a prática de ações de ajuda aos outros.

Talvez isso lhe pareça um pouco difícil de entender, caso você seja noviço na prática da meditação. Não se preocupe, aqui não haverá pressão para que você se torne um ser plenamente iluminado, como um monge budista que traz na bagagem de seu psiquismo dez anos de meditação, em sessões de seis horas por dia. Tudo o que você precisa fazer é sentar-se durante 20 minutos, 3 vezes por semana, e concentrar-se em sua respiração, ou numa palavra-chave, conforme aprenderá a fazê-lo no capítulo 8. A Empatia começará a desenvolver-se paulatinamente com a prática da meditação em si, e você se sentirá estimulado a prosseguir.

Na prática do Condicionamento do Equilíbrio Emocional pela Meditação, ajudamos o avanço natural do processo com o acréscimo de afirmações que estimulam o desenvolvimento da Empatia. A respiração profunda e as ondas alfa produzidas pelo cérebro durante a meditação induzem as sinergias cérebro-mentais a fixar fundamente a essência dessas afirmações nos recessos de sua mente consciente e inconsciente.

Independentemente de suas inclinações espirituais, a meditação o ajudará a diminuir a tensão nervosa e muscular e a usar de equilíbrio ao lidar com as exigências do cotidiano. Quando você se sente melhor consigo mesmo, mais calmo e mais otimista, é certamente mais fácil ter e manifestar Empatia para com os outros.

A VISUALIZAÇÃO DO EQUILÍBRIO EMOCIONAL E A EMPATIA

A Visualização permite que você adapte seu treinamento com o CEE para desenvolver Empatia voltada para o trato com pessoas específicas de sua vida. Você pensa em determinada pessoa com a qual deseja estabelecer um relacionamento caracterizado por mais Empatia. Em seguida, você se senta num lugar confortável e silencioso e inicia um sessão de exercícios de respiração de alguns minutos para a criação de um ambiente e de um estado de espírito propícios.

Primeiro, você mentaliza a pessoa com o máximo de fidelidade. Em seguida, você se imagina como participante de detalhada relação com essa pessoa. Ali, você se vê reagindo com mais compreensão e sensibilidade do que o normal para com ela. Você visualiza a reação positiva da pessoa a essa sua atitude e percebe a sensação de orgulho que você sente com o aprimoramento de sua capacidade de manifestar Empatia. Você pode usar a visualização também para tentar entender o ponto de vista dela e conhecer-lhe o Padrão Idiossincrático.

Veja, por exemplo, o caso seguinte, no qual uma mulher dedicada às práticas das técnicas do CEE queria ter mais Empatia no convívio com um parente irritante e teimoso. Sua idosa tia recusava-se a mudar a alimentação apesar de ter diabete, tomava insulina esporadicamente e insistia em que não havia nada que alguém pudesse fazer por sua saúde: tudo dependia do destino.

Como parte de um plano para a prática da técnica da Visualização do Equilíbrio Emocional, a mulher imaginou esta situação:

> *Vejo-me sentada com minha tia em seu apartamento. Estamos à mesa e posso ver os detalhes conhecidos do apartamento. O cheiro de comida paira no ar. Posso ver o rosto de minha tia bem na minha frente, e muito enrugado e envelhecido, mas seus olhos azuis ainda são encantadores. Algum dia, ficarei velha como ela.*

> *Pergunto à minha tia por que ela acha que não vale a pena dar-se ao trabalho de tentar cuidar de sua saúde. Ela me responde que sempre se ocupara em tomar conta dos filhos e do marido. Ela está tirando o anel de casamento. Seus dedos estão inchados, por causa da artrite. Dou-lhe um tapinha na mão e ela sorri.*

> *Acabei conseguindo entender que, para ela, a boa esposa e mãe é aquela que se preocupa com a família e não consigo mesma. Pergunto-lhe a respeito do marido e ela começa a falar sobre quanto o amou até o fim. Seus olhos parecem contemplar algo distante.*

> *Acho que minha tia tem tido um pouco de depressão desde a morte do marido. Aquilo do que ela realmente precisa é mais envolvimento com a vida, em vez de referências à sua doença.*

> *Passo a mentalizar uma situação em que a levo para almoçar, e, precisamente, o lugar em que iremos e o que comeremos. Fico alguns minutos imaginando-me presente com ela em meu restaurante favorito e a observo saborear excelente refeição. Depois, imagino-me levando-a à minha casa para uma visita aos meus filhos... ela adora criança. Vejo-me expondo-lhe mais razões para que ela queira cuidar de si mesma e ter uma vida mais longa.*

Essa sessão de visualização estimulou a geração de Empatia – verdadeira compreensão do estado emocional de outra pessoa – em vez da simpatia ou pena que costumamos sentir pelos idosos ou doentes. Ela a ajudou a entender de que tipo de ajuda sua tia realmente precisava e a tomar a providência apropriada.

Você pode concentrar o recurso do Condicionamento do Equilíbrio Emocional pela Visualização em situações de sua vida envolvendo seu companheiro, filho, parente, amigo íntimo, colega de trabalho ou qualquer outra pessoa. Você prepara o texto, atua como diretor e participa, em "co-estrelato", de uma encenação mental com a pessoa que precisa de sua Empatia.

Passado algum tempo, a vida começará a imitar a arte. Você se verá pondo em prática o comportamento e as atitudes empáticas que mentaliza. Você será capaz de manifestar mais Empatia e desfrutará do amor-próprio e da paz de espírito que essa qualidade proporciona.

O DIÁRIO DO EQUILÍBRIO EMOCIONAL E A EMPATIA

O Diário do Equilíbrio Emocional serve como um instrumento de devassa íntima e honesta dos sentimentos que você nutre por pessoas que cumprem um papel relevante em seu círculo de relações. Com ele, você pode dar vazão para raiva, ressentimentos e desilusões. Pode usá-lo também para versar o de que mais gosta nas outras pessoas. Nesse sentido, todo uso que você fizer dele servirá para fazer brotar-lhe a Empatia no íntimo e também mais compreensão a respeito das outras pessoas e de si mesmo.

A raiva e o ressentimento bloqueiam os canais de efluição da Empatia. A escrita é um porto seguro para o descarrego da raiva, das dores emocionais e de outros sentimentos que lhe possam ser assaz danosos para exprimir oralmente. Com ela, você tem a possibilidade de desenterrar as emoções recalcadas e reconhecê-las de frente – um processo terapêutico e higiênico. Assim como a psicoterapia, a escrita pode ajudá-lo a dissipar as nuvens tétricas das emoções negativas por meio do processo franco e sincero da expressão pela palavra escrita.

À medida que avançar em seu programa do Condicionamento do Equilíbrio Emocional, você pode usar o Diário também para escrever sobre o ponto de vista de outrem com o intuito de aprimorar sua Empatia. Certa mulher adepta do Programa CEE estava passando por um momento de conflito com o marido com respeito ao anseio de que ele lhe telefonasse para avisá-la sempre que fosse sair tarde do trabalho. Com o diário e por meio da Escrita do Ponto de Vista Duplo, ela desenvolveu sua Empatia. Essa técnica consiste simplesmente em escrever sobre seu próprio ponto de vista e o ponto de vista, suposto ou reconhecido, da outra pessoa envolvida na questão. Eis o exemplo da mulher:

Meu ponto de vista: *No começo, fico ensandecida, pois telefonar é bem simples e isso significa muito para mim. E acho também que é uma questão de controle. Isso me faz sentir-me como se eu não tivesse nenhum controle sobre nossa vida conjugal. Sinto-me como uma adolescente, aguardando eternamente o telefonema do namorado convidando-me para sair. Sinto-me rejeitada, abandonada.*

Contraria-me o fato de serem incertas as horas de trabalho do meu marido. Meu pai estava em casa para jantar às 18h30 todos os dias quando eu era criança. Claro, eu compreendo, meu marido tem uma profissão diferente, com carga horária diferente, mas, ainda assim, isso me faz sentir-me insegura. E se, de fato, ele se demora e não telefona, começo a pensar no pior: um acidente de carro ou um assalto. Não sei se fico triste ou enraivecida.

O ponto de vista do meu marido: *Em geral eu chego tarde porque freqüentemente tenho uma tarefa por terminar ou preciso participar de reuniões. Não posso parar e telefonar para minha mulher; isso não seria profissional e me faria parecer um babão romântico. E não gosto de sentir-me controlado. Não quero que minha esposa aja como minha mãe e tente me controlar.*

Sempre me explico com minha esposa. Ela deveria confiar em mim. Depois de dez anos de casados, deveria considerar que sempre chego em casa cedo quando posso. Ela se preocupa demais com coisas ínfimas. Ela tem de aprender a relaxar e a não se preocupar tanto.

Exercícios com a técnica da Escrita do Ponto de Vista Duplo podem servir para conscientizá-lo de seus sentimentos em relação a problemas de relacionamento e aumentar sua compreensão dos sentimentos de outrem. Embora você jamais consiga saber perfeitamente o que a outra pessoa esteja sentindo ou pensando, sua Empatia se desenvolve quando você se esforça para considerar uma determinada questão com base no ponto de vista dessa pessoa.

O EXERCÍCIO FÍSICO DO EQUILÍBRIO EMOCIONAL E A EMPATIA

É difícil ser um manancial de paciência, compreensão e Empatia quando você está irritado ou exausto. Quando goza plenamente de suas forças e recursos psicofísicos, você tem algo para dar. E quando dispõe de um canal para o alívio da tensão, você consegue ser mais maleável e tolerante. O Exercício do Equilíbrio Emocional é imprescindível na criação de um estado de espírito propício ao desenvolvimento da Empatia. Além disso, a fidelidade a um plano de exercícios regulares adestra-o no uso da paciência e na superação do desconforto, instrumentos valiosos na manutenção de relacionamentos.

Quanto à espiritualidade, o Exercício do Equilíbrio Emocional e da Empatia tem um aspecto intrigante. Muitas pessoas acham que sua espiritualidade inata é estimulada por certas formas de exercício, tais como a caminhada, corrida, dança e ioga. Talvez isso se deva, em parte, à natureza rítmica do exercício e ao canal de ligação com nossa consciência profunda que ele fornece.

A produção de endorfinas e outras alterações fisiológicas suscitadas pela ação das sinergias corpóreas podem gerar também sentimentos de expansividade para com as outras pessoas e ajudá-lo a agir com Empatia. O objetivo precípuo do exercício do desenvolvimento da Empatia está na idéia de que, quando você se sente vigoroso e equilibrado, é muito mais fácil ter e manifestar Empatia.

EXERCÍCIO COMPORTAMENTAL DO CEE: COMO ESTABELECER SEUS OBJETIVOS DE EMPATIA

1. Em seu Diário do Equilíbrio Emocional, relacione os nomes de duas ou três de suas amizades mais importantes e deixe espaço entre cada um deles para poder escrever algo sobre elas.
2. Ao lado do nome de cada pessoa, escreva a respeito das formas pelas quais você poderia manifestar mais Empatia para com ele ou ela.
3. Se você conseguisse agir com mais Empatia, como isso influenciaria essas amizades?

À medida que o treinamento com o CEE ajudá-lo a aumentar sua capacidade de agir com Empatia, você passará a receber também mais do que precisa das pessoas de sua esfera de relações.

cinco

A Introspecção

O terceiro componente fundamental do equilíbrio emocional é a Introspecção, ou senso psicológico. Essa aptidão essencial consiste na compreensão das forças psicológicas e emocionais que geram seus pensamentos, sentimentos e comportamentos. Ela diz respeito também à arte da evolução do entendimento das ligações entre o seu passado e a sua vida presente.

A Introspecção alça-o a um nível superior do Equilíbrio Emocional, pois que lhe faculta o dom de enxergar por debaixo dos substratos da mente e de entender por que você se sente e age desse ou daquele modo. Em muitos casos, isso o faz remontar aos fatores psicológicos de sua família de origem e à conseqüente natureza de seu Padrão Idiossincrático. O seu Padrão Idiossincrático é o seu modelo de vida inveterado, a forma pela qual, inconscientemente, você percebe, organiza e realiza sua experiência de vida.

Embora o Padrão Idiossincrático se forme em mui tenra idade, permanece acessível a novas informações e modificações. Pelo Condicionamento do Equilíbrio Emocional, você pode remodelar os componentes de seu Padrão Idiossincrático e, com isso, criar novos modelos de pensamento e comportamento. Pelo treinamento com o CEE, a Introspecção gera o potencial para a renovação e a evolução pessoais.

O desenvolvimento da Introspecção permitirá que você se veja com mais clareza e objetividade, principalmente no que se refere aos aspectos de sua personalidade que não sejam muito agradáveis ou fáceis de reconhecer. Quando aprimorar sua Introspecção, você conquistará a auto-aceitação e mais Empatia para si mesmo. A auto-aceitação prepara o caminho para a conquista de sublimado amor-próprio. Assim que compreender os sustentáculos psicológicos de suas emoções e ações, achará mais fácil perdoar a si mesmo e transpor os óbices da autocensura e dos sentimentos de culpa, em busca de um estado de aceitação mais amorosa de si mesmo.

A auto-aceitação estimulada pela Introspecção não tem nada que ver com a permanência passiva do ser em estados mórbidos ou desequilibrados. Na verdade, livre da raiva dirigida a si mesmo, você terá mais energia para realizar transformações desejáveis em sua vida. Outro benefício resultante disso será a diminuição da ansiedade ou da depressão.

A Introspecção o ajudará a reconhecer a motivação psicológica das outras pessoas, bem como a sua. Quando a desenvolve, você consegue, na maioria das vezes, discernir as razões das idéias, palavras, estados de humor e ações das outras pessoas. Isso serve como preparativo para o uso de comunicação e Empatia aprimoradas em sua vida de relação. Aquilo que começa como esforço de evolução pessoal pode expandir-se e influenciar positivamente muitas outras pessoas em seu mundo.

A INTROSPECÇÃO COMO OBJETIVO TERAPÊUTICO

A idéia clássica que se faz do tratamento psicoterápico é a do paciente deitado num divã em sessões que, como um todo, se estendem por dez anos, com ele falando incessantemente sobre os pais, enquanto o terapeuta pergunta: "Como você se sente a respeito disso?" Mas, na verdade, hodiernamente são raros os casos de terapia de longa duração, devido a limitações de tempo e dinheiro. Hoje, o psicoterapeuta concentra-se, tão brevemente quanto possível, na solução de crises e de outros problemas, na extinção de conflitos de relacionamento e nas lides com outras questões práticas. Todavia, independentemente de como sejam as terapias de curta duração e com base em atitudes práticas, a Introspecção ou senso psicológico ainda é um objetivo essencial. Você jamais consegue saber aonde está indo sem alguma compreensão de onde esteve e por quê.

A psicoterapia baseada na Introspecção provém da tradição freudiana, com ênfase na compreensão, por parte do paciente, de suas motivações inconscientes como a chave da solução de problemas emocionais. O famoso "ato falho" foi um esforço primário para tentar tornar acessível à pessoa comum o desenvolvimento do senso psicológico. Atos falhos são erros – lapso verbal, etc. – que revelam a manifestação de motivações inconscientes. Um exemplo comum é o da pessoa que está conversando sobre o consorte, mas, inadvertidamente, substitui a palavra "mãe" por "esposa" ou "pai" por "marido".

O objetivo principal da abordagem freudiana, que, mais tarde, evoluiu para a psicologia psicodinâmica ou profunda, é orientar o paciente na superação de comportamento compulsivo e maquinal, na direção da consciência plena, da intenção consciente e da reflexão. Contudo, nos métodos terapêuticos cognitivos e comportamentais modernos, a ênfase recai sobre formas de ajudar o paciente a aprender a lidar com sentimentos penosos e a remediar comportamentos malsãos.

Parafraseando Lawrence Wolberg, autor do clássico *The Technique of Psychotherapy*, na descrição dos métodos introspectivos ou psicodinâmicos de terapia, eu diria: Se você trata a pessoa como um todo, os sintomas desaparecem e ela melhora. E, com respeito aos métodos comportamentais e cognitivos, eu afirmaria: Se você tratar os sintomas ou padrões de pensamentos destrutivos diretamente, a pessoa se beneficiará integralmente.

O curioso é que Wolberg adverte ainda que, apesar das diferenças teóricas, tanto a terapia psicodinâmica quanto a comportamental tentam fazer o paciente aprender a entender a si mesmo e a adquirir a consciência das forças subjacentes em ação em sua vida emocional. Embora as diferentes escolas da psicoterapia usem linguagem diversa para a descrição desse processo, a Introspecção é sempre um componente essencial do esforço terapêutico.

Suponha, por exemplo, o caso de uma pessoa que tivesse muito medo de viajar de avião, mas que, para progredir em sua carreira, precisasse fazê-lo. Uma abordagem psicodinâmica desse caso poderia consistir na perquirição do passado dessa pessoa. Talvez ocorresse o afloramento da lembrança de ter sido entrevada na cama de um hospital, como medida preventiva antes de ser submetida a pequena cirurgia. O paciente acabaria entendendo que seu medo de viajar de avião está relacionado com um receio inconsciente de entravamento, dor e perda do controle de si mesmo.

A abordagem comportamental ajudaria o paciente a aprender técnicas de relaxamento para lidar com sentimentos de ansiedade relacionados com seu medo de avião e a conseqüente antecipação da sensação de confinamento. Pela abordagem cognitiva, o terapeuta pediria que ele analisasse suas idéias relativas à sensação de confinamento e a forma pela qual seu diálogo íntimo resulta em pânico. Em muitas clínicas psicoterapêuticas, inclusive na minha, predomina o uso de uma abordagem eclética, resultante de certa variedade de valiosos métodos terapêuticos.

O Programa CEE também é, deliberadamente, eclético, pois que incorpora as mais úteis técnicas e recursos de tratamento de muitas escolas da psicologia clínica. O Programa CEE aproveita a essência das diferentes abordagens ali concebidas, ao passo que as Técnicas de Treinamento facilitam a descoberta autônoma, por parte do paciente, de novos processos terapêuticos.

À medida que você avança no CEE em seu esforço no campo da Introspecção, você aprenderá a ver o que há por trás de seus pensamentos, sentimentos e comportamento. Qualquer recesso nebuloso ou obscuro começará a iluminar-se e você poderá enxergar as profundezas do mundo íntimo.

DAS EXPLICAÇÕES SUPERFICIAIS PARA AS PROFUNDAS

A conquista do verdadeiro Equilíbrio Emocional requer o abandono da comodidade das explicações superficiais em proveito das explicações profundas pelo uso da Introspecção. Isso implica a necessidade de vararmos a superfície em que se mostram os nossos pensamentos, sentimentos e comportamentos em demanda das raízes profundas das motivações e dos nutrientes que os fazem nascer. Para lograr compreender claramente por que você se sente e age dessa ou daquela maneira, você precisa saber como o seu passado influencia o presente e conhecer as forças que ainda estão influenciando sua vida atual.

Examinemos o problema rotineiro da dificuldade de levantar-se da cama de manhã. Talvez, quando o alarme soa, você aperte instintivamente o botão, o que o deixa dormir mais um pouco. Depois, como conseqüência, você tem de se apressar para chegar a tempo ao trabalho, ou talvez tenha menos tempo para fazer todas as coisas que queira nesse dia. Uma possível explicação superficial para isso seria o fato de que, simplesmente, você gosta de dormir. Outra, também superficial, estaria no fato de que você não está conseguindo dormir bem e ainda se sente cansado ao acordar.

Contudo, se começar a procurar uma explicação profunda para o fato, é possível que descubra que o sinal do despertador o faz lembrar-se das ocasiões em que era acordado por sua mãe durante os anos extremamente estressantes do início do curso ginasial. No que lhe diz respeito, esses anos evocam fortes sensações de pressão e tensão, assim como ocorre com o seu trabalho atualmente. Ao se aprofundar um pouco mais na questão, você percebe que o trabalho tem algumas semelhanças desagradáveis com a escola, com os supervisores (professores), companheiros de classe (colegas de trabalho) facciosos e exames de arruinar os nervos (avaliações de desempenho profissional).

Assim que estabelece essa ligação, você pode começar a elaborar um plano de ação com base nas técnicas do CEE para lidar com o comportamento indesejado de permanecer na cama além do possível. Nele, você poderia incluir a afirmação oral e a mentalização de situações em que se veja como pessoa adulta agora, como alguém competente, forte, seguro e perfeitamente capaz de lidar com o seu trabalho. Ou, ainda, fazer a inclusão de um exame mais profundo das realidades de suas condições de trabalho atuais, juntamente com as das várias oportunidades profissionais existentes no momento.

Em muitas situações, a consecução da simples ligação entre seu comportamento/sentimentos atuais e o passado pode fazer brotar-lhe no íntimo o impulso para as transformações. Muitas vezes, assim que você entende as razões profundas de suas atitudes e sentimentos, elas começam a perder a força que exercem sobre você.

Jim, 48 anos, gerente de uma loja comercial, tinha tanta dificuldade de levantar-se a tempo para trabalhar, que chegava constantemente atrasado, o que lhe punha em risco de perder o emprego. Ele já havia experimentado alguns recursos para fazer com que saísse da cama prontamente, mas até mesmo o mais barulhento dos despertadores posto na outra extremidade do quarto não serviu para ajudá-lo. Ele se levantava, desativava o alarme e voltava para a cama sem que se visse livre de seu estado de sonolência. O problema se agravou tanto que Jim procurou um médico para fazer um exame clínico geral e saber se alguma doença lhe estava causando excesso de sono, mas uma bateria de exames não revelou nenhum problema orgânico.

No caso de Jim, foi necessário o recurso das Técnicas de Treinamento do CEE para que conseguisse transcender o terreno das explicações ligeiras em benefício das explicações profundas. O Diário, em especial, o ajudou a reconhecer que sua sonolência tinha relação com uma paralisante sensação de fraqueza e vulnerabilidade. Esse problema tinha origem na infância, no convívio com a mãe, que era propensa a fases de depressão, nas quais ela permanecia na cama a maior parte do dia com a porta do quarto fechada para impedir que os filhos a incomodassem.

Jim lançou mão de todas as Técnicas do CEE para aprender a suportar seus sentimentos, sem recorrer ao padrão de comportamento prejudicial do sono excessivo. Com ênfase, inicialmente, na CISS, ele desenvolveu a força emocional para fazê-lo sentar-se na cama assim que o alarme soasse. Depois, passou a fazer alguns exercícios de flexão da cabeça e dos ombros para livrar-se da sonolência, seguidos por uma sessão de prática do Condicionamento do Equilíbrio Emocional pela Meditação. Com o uso do Diário e da técnica da Visualização do Equilíbrio Emocional, ele conseguiu reduzir um pouco a força da herança dolorosa deixada pela mãe depressiva. Um plano de Exercícios do Equilíbrio Emocional cumprido na academia de ginástica local aumentou-lhe o vigor físico e mental.

Embora Jim continuasse a ter alguma sensação de vulnerabilidade, passou a conseguir controlar os próprios sentimentos e ter uma vida de relação com mais Equilíbrio Emocional. O esforço duplo de Jim, no desenvolvimento concomitante da Introspecção e da CISS, demonstra a sinergia existente entre os vários Componentes Fundamentais. Essa característica desses recursos fez com que lhe brotasse no íntimo amor-próprio e confiança cada vez maiores. Ele passou a conseguir levantar-se da cama prontamente de manhã, fortalecido pelo sentimento de que era capaz de enfrentar o dia.

EXERCÍCIO COMPORTAMENTAL DO CEE: DAS EXPLICAÇÕES SUPERFICIAIS ÀS PROFUNDAS

1. Mencione o padrão de comportamento de sua vida que você gostaria de modificar.
2. Relacione, superficialmente, as razões pelas quais você se comporta dessa maneira.
3. Escreva um parágrafo explicando como esse comportamento se originou. Qual era a sua idade então? Você aprendeu a comportar-se assim pelo exemplo de alguém ou imita o comportamento de alguma pessoa? Em que situações você costuma comportar-se assim atualmente?
4. Estabeleça a livre associação de idéias do que poderia ser a explicação profunda ou as possíveis razões psicológicas do fato de você continuar a comportar-se de forma indesejada.

Na maioria das vezes, o exame do passado pode facultar-lhe a percepção dos fatos ou das realidades necessária à sua libertação dos padrões de comportamento prejudiciais do presente.

AS ORIGENS DA INTROSPECÇÃO

Os primórdios da capacidade de Introspecção remontam aos primeiros meses de vida. Os bebês e as crianças de pouca idade têm capacidade cognitiva limitada e são incapazes de entender as forças psicológicas e emocionais que lhes orientam o comportamento. Mas, a seu modo, no âmbito de suas possibilidades, já em mui tenra idade a criança tem uma forma primitiva de capacidade de Introspecção. Ela resulta da compreensão de seu próprio mundo, das pessoas que fazem parte dele e, principalmente, de seu próprio papel no desdobramento do drama da vida.

Inicialmente, o infante vê e sente o ambiente que o cerca, inclusive as próprias pessoas que cuidam dele, como se fossem parte dele mesmo. Aos poucos, desponta no infante a noção de que é um ser independente do ambiente de que faz parte. Eis os rudimentos da capacidade de Introspecção, importante elemento do desenvolvimento da cognição como um todo. Nessa fase primordial, o infante tem consciência apenas dos fenômenos sensoriais e motores.

Em pouco tempo, contudo, ele vai ficando mais consciente do ambiente que o cerca e das pessoas que o integram. Com base no relacionamento com os pais ou as primeiras pessoas dedicadas aos seus cuidados, ele começa a formar imagens mentais atinentes a relações de causa e efeito. Essa compreensão primitiva dos fenômenos da vida começa com o estabelecimento da ligação entre os fatos relacionados com a experiência do prazer em confronto com a da dor. O choro atrai o consolo de um seio aconchegante ou da mamadeira. O paliativo do dedo dos pais ou de outra pessoa em sua boca produz sensação de prazer. Mais tarde, o fenômeno se estende aos objetos nas imediações. Tocar o móbil lúdico e atraente que lhe pende sobre o berço de certo modo pode fazer com que suas partes tilintem melodiosamente.

A motivação emocional fundamental do infante é estabelecer uma ligação segura com a mãe ou com outro adulto encarregado de seus cuidados. Isso é essencial para a própria sobrevivência. Aos poucos, o bebê aprende a chamar a atenção dos pais pelo sorriso, olhar, choro e outras ações. Nesses primeiros ensaios de Introspecção, o infante descobre quais reações suas ações provocam. Ao mesmo tempo, por meio de suas reações às manifestações da criança, os pais lhe transmitem um modelo de compreensão dos fenômenos da vida.

Outro desafio crítico que o infante enfrenta é aprender a suportar separar-se da pessoa incumbida ou que se incumbe de cuidar dele. O dr. Anni Bergman, profissional da psicologia evolutiva e pesquisador da área da psicanálise infantil que estudou crianças numa faixa de vida do nascimento aos 3 anos de idade, descobriu que esse processo é "negociado" entre a criança e o adulto durante o seu relacionamento. A criança é um elemento ativo e decisivo nesse processo, ao invés de cumprir o papel de componente passivo, conforme presumido anteriormente pelos pesquisadores da psicologia infantil.

Por exemplo, a criança de 2 anos de idade cuja mãe sai para trabalhar pode agarrar-se-lhe à perna e, lançando mão do expediente do choro, suplicar-lhe que fique. A mãe, por sua vez, lhe faz carícias, lhe dá ternos tapinhas nas costas, lhe assegura que voltará logo e a consola. A criança reage a esse encorajamento e consolo, se acalma e aceita que a mãe vá para o trabalho, o que encerra o processo de negociação. Os detalhes que participam do desdobramento prolongado desse relacionamento é que traçam as linhas básicas do Padrão Idiossincrático.

À medida que a criança cresce e vai ficando cada vez mais capaz de se expressar, desenvolve a capacidade de pensar por meio de símbolos ou metaforicamente. Esse processo cognitivo começa a mudar por volta dos 12 anos, fase em que a maioria das crianças consegue se expressar usando termos abstratos e entender até certo ponto sua experiência emocional. Mais ou menos nessa faixa etária, a criança que pôde desfrutar de condições de desenvolvimento saudáveis conquistará alguma capacidade de Introspecção ou de compreensão de fatos e suas relações psicológicas, em conformidade com sua idade e o estágio de seu desenvolvimento emocional e intelectual.

São muitos os fatores que influenciam a capacidade de Introspecção que a criança consegue alcançar. Certamente, cabedais de inteligência inata e capacidade cognitiva são fatores de estímulo nesse processo. A evolução da Introspecção é também objeto de maior estímulo se houver o envolvimento da criança num sistema familiar continuamente solidário e ativo, movido por influências recíprocas. Outras contribuições fundamentais ao desenvolvimento da Introspecção residem na exposição da criança a uma esfera social mais ampla, inclusive à da educação formal. Onde quer que existam oportunidades para o aprendizado do sentimento e da emoção, existe também o potencial para o fomento da Introspecção. Não obstante, as oportunidades mais promissoras estão no crisol da família.

Quando a criança convive com pais e professores que oferecem à sua experiência de vida reações e explicações sadias e imbuídas de conteúdo psicológico, é mais provável que ela venha a ter ampla capacidade de Introspecção. Imagine três duplas de meninotes de escola primária que estejam sempre brigando. A mãe do primeiro grupo ameaça: "Parem de brigar, senão vão sentir o gostinho de minha mão." A outra mãe adverte: "Fiquem quietos, vocês dois, se não quiserem ir direto para o quarto e ficar sem TV." A terceira propõe: "Crianças, vocês não precisam brigar para chamar minha atenção. Amo os dois e tenho tempo para todos", e também ajuda os petizotes a resolver o conflito um com o outro. Não é difícil adivinhar quais dessas crianças terão possibilidade de apresentar sensibilidade introspectiva mais apurada.

Nos casos em que a criança esteja se sentindo indisposta ou doente, muitas podem ser as reações adequadas a seu estado de saúde ou de espírito, dependendo de sua idade ou das circunstâncias. A simples tentativa de "procurar fazer tudo de um modo melhor" pode ser excelente. Com crianças de idade um pouco mais avançada e de maior capacidade de expressão, talvez seja conveniente tentar desenvolver-lhes a capacidade de Introspecção procurando descobrir os motivos subliminares do problema. Embora ambas as abordagens da questão sejam amáveis e naturais, a investigatória, pelo menos ocasionalmente, costuma desenvolver na criança uma capacidade de Introspecção mais arguta.

Outro meio pelo qual os pais podem estimular a Introspecção na criança é por meio do uso judicioso de explicações baseadas no que eu chamo de "atavismo psicológico". Isso consiste em dizer a uma criança, por exemplo, que ela age ou se sente desse ou daquele modo porque seus pais ou seus avós agiam ou se sentiam assim também. Portanto, a criança é induzida a pensar que "Sou quem sou por causa de minha origem familiar", o que constitui uma forma simples de Introspecção. Essas explicações são especialmente valiosas para a formação da criança quando servem para estimular condutas positivas e são feitas com Empatia.

Por exemplo, um dos pais poderia dizer ao filho: "Quando eu tinha a sua idade também gostava mais de ficar num canto e ler do que ficar lá fora jogando basquete." A criança então achará que sua preferência natural é aceitável porque é semelhante à dos pais, mesmo que isso a torne diferente de alguns de seus colegas.

Todavia, o atavismo psicológico pode ser uma faca de dois gumes, um instrumento potencialmente útil ou prejudicial. Se for mal usado, ou seja, se as explicações forem dadas para aventar raiva ou criticar, pode desencorajar a Introspecção e diminuir o amor-próprio da criança. O pai ou a mãe que diz "Você é incorrigivelmente teimoso, igual ao seu pai" está limitando a capacidade da criança para entender e modificar a própria atitude.

Mesmo quando o uso do atavismo psicológico é bem-intencionado, isso pode ser prejudicial às vezes. Uma menina séria e tímida pode sentir-se bem inicialmente quando sua mãe lhe disser que ela era assim também. O problema é que essa criança poderia passar a crer que todas as meninas de sua família tenham essas qualidades e a crença nisso pode fixar-se na idéia que ela tem de si mesma.

Muitas vezes, essas atitudes inibidoras dos pais dão origem a uma espécie de "mitologia pessoal" que cumpre o papel de elemento essencial do nosso Padrão Idiossincrático. A mitologia pessoal é o elemento do nosso Padrão Idiossincrático que influencia fortemente o modo pelo qual enfrentamos os desafios da vida e nos definimos. Crescemos dominados por algumas idéias aprendidas em nosso ambiente familiar, relativamente ao que somos e ao que não somos, o que podemos fazer e o que não somos capazes de fazer. Essas idéias podem transformar-se em mitos pessoais, ou idéias fictícias adquiridas, de feição negativa e psiquicamente inibidoras. Quando nos definimos com base em critérios inibitórios e nos estereotipamos, podemos criar certas tendências ou preconceitos contra nós mesmos que nos limitam a vida.

Um dos mitos mais insidiosos que, às vezes, os pais incutem na mente da criança é o relativo à questão da incapacidade para isso ou para aquilo, a idéia de que a criança não "tem o que é necessário" para cumprir certas funções ou papéis na vida. Essa atitude diante do problema em tela pode ser suscitada na criança por pais bem-intencionados, porém superprotetores e excessivamente solícitos, os quais atrapalham o desenvolvimento da capacidade da criança de solucionar problemas. Pode também originar-se de pais demasiadamente críticos, que raramente elogiam ou estimulam a criança, ou de pais perfeccionistas, que nunca estão satisfeitos com nada. Ou, ainda, pode provir dos pais que se sintam incompetentes e inseguros.

O Programa CEE o ajudará a descobrir a fonte dos fatores inibidores de sua mitologia pessoal e a aumentar a compreensão de seu Padrão Idiossincrático e sua capacidade de Introspecção. Feito isso, e assim que você se tornar mais emocionalmente equilibrado, você poderá começar a livrar-se dos

A Introspecção   101

grilhões de todos os mitos pessoais inibitórios. Logo que souber discernir as origens desses mitos, poderá remir-se da influência perniciosa de quaisquer fatores que estejam agindo contra você.

EXERCÍCIO COMPORTAMENTAL DO CEE: COMO ENTENDER SUA MITOLOGIA PESSOAL

1. Em seu Diário do Equilíbrio Emocional, relacione três dos mais importantes elementos de sua mitologia pessoal – como você se vê, define e inibe – que acha que podem impedi-lo de alcançar seus objetivos.
2. Como e quando os elementos de sua mitologia pessoal começaram a manifestar-se? Alguém lhe disse que você era assim ou assado?
3. Escreva sobre situações especiais de sua vida atual em que você se sente inibido por esses mitos pessoais e o modo pelo qual você poderia modificar esses mitos para torná-los benéficos ou menos prejudiciais.

Quando aumentar sua capacidade de Introspecção, você será capaz de livrar-se dos elementos inibitórios de sua mitologia pessoal.

O SEU PADRÃO IDIOSSINCRÁTICO

Se você usa um processador de texto, talvez esteja familiarizado com os modelos ou formatos padrão de arquivos embutidos no programa para facilitar ou acelerar a realização de determinadas tarefas. Por exemplo, muitos programas de transmissão de fac-símile por computador trazem em si uma espécie de formulário padrão, com espaços para a inclusão do nome e do número de telefone do destinatário, do seu nome, da quantidade de páginas, e um campo para inclusão de texto corrido. O formulário é programado de modo que, quando você aperta a tecla "Tab", o cursor – pequeno indicador, piscante, vertical e retilíneo, presente no espaço ou campo em que você está digitando ou deseja digitar – se mova automática e seqüencialmente de um campo para o outro para facilitar o fornecimento dos dados. Você pode modificar esses formulários padrão, mas isso pode ser problemático, pois você precisa conhecer profundamente o uso do programa.

Também assim, a mente humana tem o que chamo de Padrão Idiossincrático. É uma forma estabelecida e padronizada de ver o seu mundo, organizar e selecionar ou filtrar suas experiências, e reagir com base em idéias, sentimentos e comportamentos característicos.

Na personalidade adulta, o Padrão Idiossincrático já está formado e estabelecido, e alguns acham que ele é inalterável. Contudo, em razão de minha experiência pessoal e profissional, sei que *o Padrão Idiossincrático não é uma estrutura imutável.* Ele é plasmável por fatos de grande impacto, bem como pela psicoterapia, pelo Programa do Condicionamento do Equilíbrio Emocional e por outras experiências de aprendizado profundo. Quando nos familiarizamos com a matéria bruta, ela se nos torna mais maleável.

O Padrão Idiossincrático se forma na primeira infância, pela combinação de sua predisposição genética, de suas características inatas e de suas primeiras relações familiares. Desde o nascimento, você começa a assimilar informações sobre seus pais, seus irmãos, os que lhe prestam cuidados e qualquer outra pessoa que entre em seu pequeno mundo ou dele participe. Você observa e absorve a essência de suas reações e a maneira pela qual eles tratam uns aos outros e a você mesmo. Todas essas informações são gravadas no Padrão Idiossincrático em tenra idade. As observações dessa fase de sua vida de relação foram incorporadas, num campo abaixo do consciente, na esfera de seu filtro de impressões emocionais e se tornaram expectativas e padrões latentes de relacionamento com tudo que o cerca.

Nos primeiros anos de vida, os seres humanos são completamente dependentes e vulneráveis. Para a criança impotente, cuja vida depende dos cuidados alheios, todo relacionamento interpessoal é fator de poderosa influência. A essência dos primeiros relacionamentos molda o Padrão Idiossincrático que permanecerá conosco até a vida adulta. E tudo isso acontece antes que tenhamos desenvolvido a capacidade de cognição.

No passado, os profissionais da psicologia evolutiva achavam que a personalidade humana estaria formada por volta dos 6 anos de idade. Mas, com base em estudos feitos nas duas últimas décadas, o consenso atualmente é de que ela se forma próximo dos 3 anos. Isso não quer dizer que você não seja profundamente influenciado pelos fatos que acontecem depois em sua vida. Entretanto, a forma básica, o Padrão Idiossincrático, é estabelecida antes mesmo que você possa ter consciência dela.

Na verdade, alguns componentes de sua personalidade e de seu Padrão Idiossincrático se formam antes mesmo de você nascer. O corpo humano tem cerca de 100 mil genes, dos quais de 50 mil a 70 mil estão relacionados com as funções cerebrais. Com números como esses, não pode haver dúvida de que a genética cumpre importante papel em sua constituição emocional básica. Todavia, muitos especialistas da evolução humana acreditam que os genes apenas favorecem o desenvolvimento de certos traços da personalidade, e não que eles sejam o fator infalível e garantido do fenômeno. Os genes se relacionam com o ambiente em que o ser estagia, sofrem a influência do primeiro, mas pode ser necessário que sejam ativados depois do nascimento. Traumas muito profundos e tensão extrema são possíveis ativadores de genes latentemente relacionados com o medo, a timidez e algumas doenças mentais.

De um modo geral, houve uma trégua na polêmica disputa para determinar qual dos elementos – se o da hereditariedade ou o do ambiente – predomina como fator de influenciação do ser. A maioria dos especialistas em evolução concorda que a personalidade resulta de um esquema genético que é alterado e influenciado pela educação e experiência, principalmente nos primórdios da vida de relação do ser. Alguns pesquisadores estimam que 50% da personalidade da criança é formada pela carga genética e 50% pela experiência/ambiente. Outros calculam que até 90% dos traços da personalidade da criança são formados pelo ambiente.

O CEE se funda no reconhecimento criterioso de que a genética, o ambiente, a educação, a experiência, todos são fatores de formação do Padrão Idiossincrático, cada um com força e função diversas em pessoas diferentes. Não há como definir precisamente o fator predominante, nem há necessidade disso. Segundo indicam as pesquisas da área da psicologia evolutiva, sempre haverá alguma variação desconhecida no grau de influência dos elementos que formam a personalidade e a vida emocional.

Embora a compreensão da educação recebida seja sempre útil, não é necessário conhecer todos os cambiantes do que o fez ser o que você é hoje. Basta tomar consciência da forma básica de seu Padrão Idiossincrático e aprender como torná-lo mais flexível e preparado para evoluir. Feito isso, você pode usar as Técnicas de Treinamento do CEE para conhecer e remodelar todos os elementos de seu Padrão Idiossincrático que possam estar lhe prejudicando ou impedindo de progredir.

A INTROSPECÇÃO E AS RELAÇÕES HUMANAS

Joannie, representante de vendas de 29 anos de idade, entretivera, durante um bom tempo, um padrão de relacionamentos com homens que, a não ser ao que respeita às impressões meramente carnais, não faziam a mínima idéia do verdadeiro prazer a dois. Ela era seletiva em suas escolhas e evitava a promiscuidade. Mas, quando decidia envolver-se com um homem, "empenhava-se" nos momentos íntimos, nos quais simulava orgasmos e se dedicava à satisfação do companheiro. Ela jamais permitiu que seus namorados a conhecessem emocionalmente, por crer que "fugiriam de medo" caso revelasse seus verdadeiros sentimentos, inseguranças e esperanças.

Joannie acreditava que suas necessidades não interessariam nem um pouco aos homens e que eles queriam apenas ser "servidos". Ela nunca conseguia manter os namorados, o que não admira, e seus relacionamentos fracassavam, o que a tornava ainda mais cínica e vazia do que antes.

A data de seu trigésimo aniversário se aproximava e Joannie se sentia cada vez mais insatisfeita com seus relacionamentos superficiais. Sua irmã, a pessoa com quem ela era plenamente sincera, a encorajou a procurar aconselhamento psicológico, o que acabou resultando na adoção do Programa CEE.

Por meio do Diário, Joannie acabou percebendo que, até certo ponto, seu padrão de relacionamento se originara do pai, médico de muitos compromissos com a profissão. Não era, propriamente, resultante de maus-tratos, mas de negligência involuntária. Como a caçula dos outros três irmãos, Joannie sempre achara que tinha de empenhar-se para chamar a atenção do pai. Quando menina, empenhar-se significava fazê-lo prestar atenção numa redação que lhe valera um prêmio na escola, ou tentar tornar-se boa esquiadora para que ele sentisse orgulho dela nas montanhas. Apesar de todas as suas tentativas de atrair o amor e a atenção do pai, pouco sobrava ao médico, esgotado pelas exigências da profissão, para ofertar em casa.

Foram necessários vários meses de esforço com o CEE para que Joannie pudesse entender toda a contextura de seu padrão de relacionamento adulto e sua ligação com o passado. Contudo, aos poucos, Joannie conseguiu perceber que não precisava tentar conquistar o amor de um homem procurando empenhar-se na cama para satisfazê-lo, e que era mais seguro e conveniente mostrar-se integralmente, como uma mulher complexa e inteligente. Com o recurso à Técnica de Treinamento da Visualização do Equilíbrio Emocional, Joannie transformou sua índole. Ela concebeu uma situação mental em que procurava sentir-se amada pelo que era e se via preparada para fruir disso na realidade.

A Introspecção é fundamental para o estabelecimento e a fruição de relacionamentos saudáveis e duradouros. Quando compreende suas motivações e as causas profundas de sua atração por certas pessoas, você dispõe de melhores meios para fazer opções emocionalmente equilibradas.

Na maioria dos casos, as pessoas desprovidas de senso psicológico se sentem atraídas por partidos que recriam as circunstâncias de sua infância, principalmente no que toca às questões não-resolvidas. Uma pessoa sóbria que tenha tido pai ou mãe alcoólatra pode sentir-se atraída por um beberrão. Aquela cujos pais a criticavam ou eram perfeccionistas pode acabar casando-se com alguém que tenha essas qualidades. Em psicanálise isso é conhecido como compulsão – a impulsividade de repetir sempre aspectos de questões problemáticas pretéritas. Sem a Introspecção, podemos nos fadar à sina de repetir os erros das gerações anteriores.

"O amor é cego" e "o amor é um mistério" são belas frases para a composição de canções populares. Mas, no mundo real, se você deseja ter um relacionamento longevo e referto de possibilidades para sua evolução pessoal, é mais sábio recorrer à Introspecção, juntamente com o atendimento do apelo do coração, antes de se envolver muito com alguém. O Condicionamento do Equilíbrio Emocional lhe facultará discernir as causas subjacentes do porquê de sua atração por certas pessoas e o ajudará a evitar o cometimento de erros.

Além disso, o treinamento da Introspecção lhe proporcionará uma percepção mais ampla e profunda de seu relacionamento atual. Você conseguirá ter uma visão mais clara dos sentimentos e das reações que tem em relação a esse relacionamento. E, como benefício adicional, passará a ter a capacidade de entender mais profundamente as outras pessoas de sua vida de relação.

Provavelmente, é mesmo verdadeira a idéia de que ninguém consegue saber perfeitamente o que outra pessoa pensa ou sente. Contudo, no convívio íntimo com alguém, você pode aumentar sua capacidade de discernir o Padrão Idiossincrático, os sentimentos e o comportamento dele ou dela. O desenvolvimento da Introspecção ou do discernimento, combinado com a adoção de atitudes de Empatia, pode aumentar ingentemente sua capacidade de relacionar-se e comunicar-se. E, assim que você consegue entender as causas profundas do comportamento de alguém, é mais fácil ter Empatia para com essa pessoa e perdoá-la e ajudá-la a aprender e evoluir.

INTROSPECÇÃO E A MUDANÇA DE COMPORTAMENTO

Quase todas as pessoas já tiveram um lampejo de lucidez intuitiva, momento revelador que rompe barreiras. De repente, sabemos o *porquê* e, em seguida, o *como* de determinada realidade. Essa percepção súbita pode encorajar-nos a modificar comportamentos indesejáveis, desde o hábito incômodo ao vício grave.

Nos grupos de ajuda mútua, tais como o dos Alcoólicos Anônimos, os membros transmitem suas descobertas aos recém-chegados para ajudá-los a entender o processo do vício e indicar-lhes o caminho da sobriedade. Muitas vezes, as pessoas que abusam do álcool e de outras substâncias recorrem à medicação de si mesmas para evitar enfrentar a realidade de sentimentos dolorosos. O desenvolvimento da introspecção pode trazer à tona as realidades pessoais, possibilidade atemorizante em alguns casos. Mas, ao escutar os colegas na revelação de suas histórias num ambiente estimulante e solidário, os recém-chegados a esses grupos começam a sentir-se à vontade com o exame íntimo e a conveniência de falar de si mesmos, e aprendem que a Introspecção é um recurso seguro e saudável. Nisso, encontram um canal de desafogo de seu transtorno emocional e um meio de superação dos problemas sem recorrer ao uso de substâncias entorpecentes.

No Condicionamento do Equilíbrio Emocional, a Introspecção capacita-o a mudar padrões de pensamento e comportamento dos mais variados matizes. Ela pode libertá-lo da armadilha do paradoxo da neurose – a situação em que você sabe o que é bom para você, mas não consegue realizá-lo e continua a comportar-se de um modo que prejudica a si mesmo. O primeiro passo no caminho da solução desse problema é a conquista do conhecimento de si mesmo, ao qual se seguirá o desenvolvimento da Empatia por si próprio e a capacidade de perdoar. Assim que conseguir perceber os motivos subjacentes de suas idéias e atitudes, você achará muito mais fácil perdoar a si mesmo por ser uma pessoa falível e humana. Com as Técnicas de Treinamento da Introspecção, você aprenderá a permitir-se a possibilidade de ser imperfeito, incoerente e inseguro.

Contudo, a aceitação de si mesmo não é o mesmo que compactuar com a atitude, por exemplo, de lançar as mãos para o alto e dizer: "É, eu sou assim mesmo e agora sei por que e está tudo bem." O CEE é um plano de ação e transformação, cujos meios, as Técnicas de Treinamento, foram elaborados visando à realização plena de sua verdadeira potencialidade.

Além de facultar-lhe uma percepção mais clara de suas fraquezas, a Introspecção também fará que lhe aflorem à luz da consciência os seus pontos fortes. Em minha clínica, os meios de consecução desse processo têm sido reforçados pela minha experiência nos trabalhos com muitos aposentados do Sul da Flórida. Muitas vezes, as pessoas idosas acham que seus problemas são insuperáveis e acreditam que lhes seria impossível aprender novos meios de lidar com suas dificuldades. Essa atitude exacerba sentimentos de impotência e depressão.

Um dos expedientes de que me utilizo nos trabalhos com pessoas idosas é o de ajudá-las a identificar os recursos e a capacidade de adaptação que as fizeram transpor uma longa série de anos de vida. Eu as estimulo a lembrarem-se da força, sabedoria e perseverança de que se valeram ao longo de anos de trabalho árduo, educação dos filhos e enfrentamento de adversidades, além de outros feitos que lograram realizar. O objetivo ali é reativar-lhes o gosto por suas qualidades humanas básicas, as quais muitos de nós prezam bastante. Assim, elas conseguem sentir-se revigoradas e prontas para empenhar-se na prática das Técnicas de Treinamento do CEE para promover transformações em si mesmas.

O CONDICIONAMENTO DO EQUILÍBRIO EMOCIONAL PELA MEDITAÇÃO E A INTROSPECÇÃO

A Introspecção é o exame que fazemos de nosso universo íntimo visando ao estabelecimento de relações lógicas entre aspectos emocionais e psicológicos. A meditação também nos pode valer para estabelecer relações ou ligações – entre a mente e o corpo, entre o consciente e o inconsciente e entre as funções do hemisfério cerebral direito e as do esquerdo. A meditação amplia-nos a consciência do elo existente entre as funções fisiológicas, tais como a respiração, e nossos sentimentos e estados de espírito.

Quando você se afinar com as sutilezas da sinergia mente-corpo, passará a deixar de se valer, automática e intuitivamente, das explicações ligeiras, para beneficiar-se das profundas. Por exemplo, é possível que, a partir de então, você perceba eventualmente que a dor que tem no pescoço é devida ao fato de sentir-se sobrecarregado de responsabilidades e, intuitivamente, que uma sessão de Equilíbrio Emocional pela Meditação, seguida pelo Exercício do Equilíbrio Emocional, lhe aliviará a dor. Ou, ocasionalmente, você pode atinar subitamente com o fato de que sua respiração está sendo a causa da sua ansiedade e, assim, você começa a praticar técnicas de respiração profunda em meio a situações de tensão.

A meditação também pode ser um meio de alívio das idéias obsedantes e torturantes que muitas vezes nos dominam a mente. Num recinto cheio de tosca vozearia, o sábio de fala mansa não será ouvido. No cérebro carregado de preocupações, lampejos de lúcida intuição terão poucas chances de romper a trevosidade da mente. Na maioria das vezes, quando você medita e abafa o clamor das idéias cotidianas, descobertas profundas lhe acodem ao íntimo e você tem a oportunidade de ouvir as freqüências sutis do eu superior, aspecto reconfortante e mais sábio da natureza humana.

A INTROSPECÇÃO E A VISUALIZAÇÃO DO EQUILÍBRIO EMOCIONAL

Por consistir no uso deliberado da criatividade e de imagens mentais, a Visualização desenvolve a meditação. Com a Visualização do Equilíbrio Emocional, você pode explorar o labirinto de sua mitologia pessoal e descobrir as origens de seu Padrão Idiossincrático. Você pode lançar a luz dessas figurações mentais sobre os rincões sombrios de sua vida: aspectos obscuros do mundo íntimo que deseja conhecer, entender melhor e transformar.

Uma jovem mulher, grávida do primeiro filho, tinha conflitos emocionais relacionados com a maternidade, caso também de muitas mulheres. Ela e o marido queriam ter filhos, mas ela se sentia receosa disso, já que achava que não era competente e bastante forte para ser uma boa mãe. Vista à luz de sua mitologia pessoal, ela era inteligente, mas desorganizada e nem um pouco vigorosa. Essa imagem de si mesma era reforçada pelo tipo de pessoa que sua mãe fora, uma mulher fisicamente frágil e dependente.

Com o recurso a uma série de figurações mentais em sessões de Visualização do Equilíbrio Emocional, para fixar uma imagem positiva de mãe em si mesma, a futura mãe preparou-se emocionalmente. Ao invés de tentar incluir todos os detalhes da maternidade próxima numa única imagem mental, ela procurou visualizar à parte cenas imaginárias específicas das várias lides ou situações da condição de mãe e ensaiou mentalmente o conteúdo de cada uma delas durante várias semanas, até que ficassem firmemente estabelecidas em seu psiquismo. Eis a seguir uma de suas visualizações:

> *Estou dormindo e o choro do bebê me acorda. Seu choro é forte e penetrante. Sinto-me pesada e aquecida na cama, como se não tivesse vontade de me mover. Mas sei que tenho força suficiente para cuidar de meu filho. Respiro fundo, estendo os braços para cima e levanto-me.*
>
> *Entro em seu quartinho. Acendo a luz e ponho o bebê nos braços. Ele é gracioso e fofinho. E cheira tão bem... Sinto tanto amor por ele, que uma onda de calorosa emoção parece percorrer-me o corpo todo. Tenho muito orgulho de ter dado à luz uma linda criança.*
>
> *Sento-me na cadeira de balanço com ele ao colo. Ele parece sequinho; não há necessidade de trocar-lhe a fralda. Beijo-lhe a bochecha. Como é macia e quentinha... Dou-lhe tapinhas suaves nas nádegas e embalo-me com ele na cadeira. O balouço é reconfortante para nós dois. Ele pára de chorar.*
>
> *Sinto-me invadida por uma grande alegria com a ligação que existe entre nós. Meu simples toque tem o poder de fazê-lo acalmar-se. Jamais me senti tão poderosa antes. Todas as outras coisas que fiz parecem muito insignificantes comparadas com a condição de mãe. Sinto-me muito realizada, completa. Eu seria capaz de ficar ali segurando-o, fazendo-lhe carícias, embalando-o, para sempre.*

A INTROSPECÇÃO E O DIÁRIO DO EQUILÍBRIO EMOCIONAL

O Diário do Equilíbrio Emocional é, na maioria dos casos, o meio mais direto e eficaz para estimular o desenvolvimento da Introspecção. A escrita serve como substituto da terapia pela persuasão, como um porto seguro para a descarga emotiva e a exploração do passado e os efeitos produzidos por ele em sua vida atual.

Ao longo do Programa CEE, propomos exercícios com o Diário concebidos para ajudá-lo a conhecer o seu Padrão Idiossincrático, entender sua família de origem e determinar a feição de seus mitos pessoais. Esses exercícios o orientarão metodicamente na investigação da relação existente entre os primeiros anos de sua vida e o estado atual de sua Saúde Emocional.

Você terá também a opção de estabelecer livre associação de idéias – escrever sobre qualquer coisa que lhe vier à mente e ver aonde ela o conduz. Freqüentemente, com esse tipo de expressão das coisas íntimas, relações lógicas e *insights* nos acodem o esforço mental espontânea e inesperadamente.

Eis, a propósito, o caso de Maria, dona de casa de 35 anos de idade, que queria saber discernir o receio que tinha de ser abandonada. Embora hou-

A Introspecção

109

vesse sete anos que vivia um casamento feliz, não conseguia livrar-se do receio de que o marido abandonaria o lar repentinamente. E também não conseguia identificar a origem desse receio, já que não fora filha de pais divorciados nem tinha antecedente de abandono conhecido.

A seguir, relacionamos trechos das anotações que fizera em seu Diário pela livre associação de idéias relativamente ao receio de ser abandonada pelo marido:

1. *Não entendo por que sinto tanto receio de que meu marido faça as malas e me abandone de repente. Ouvi falar sobre casos desse tipo e os vi em programas de TV, logicamente, mas não conheço ninguém cujo marido tenha abandonado o lar. E meus pais ainda estão casados. Meu pai jamais nos abandonou. Esta insegurança me faz ficar furiosa comigo mesma. Faz com que me sinta fraca e neurótica.*

2. *É, eu tive um namorado no colégio que de repente rompeu o namoro comigo, depois que tínhamos namorado seriamente por mais de um ano. E eu achava que estávamos realmente apaixonados um pelo outro. Agora entendo que isso não passou de um namorico imaturo, ou paixão de adolescentes, mas, então, fiquei realmente muito chocada com o fato de ele ter rompido o namoro comigo tão repentinamente. Logicamente, na verdade eu não tinha nada em comum com aquele rapaz, a não ser atração física. Não é como eu e o meu marido. Meu marido é meu melhor amigo. Se ele me deixasse, esse abandono seria ainda mais grave.*

3. *Mamãe e eu fomos visitar hoje o filho recém-nascido de meu irmão. Depois disso, almoçamos e começamos a conversar a respeito das fases pelas quais as crianças passam. Ela disse que passei por uma fase em que eu chorava histericamente toda vez que ela saía do quarto. Mamãe sempre cuidou bem de mim, mas, com outros dois filhos para criar, ela tinha que me deixar sozinha às vezes. Ela disse também que meus irmãos nunca reagiam tão veementemente quando ela saía do quarto. Talvez esse tenha sido o início de meu receio de abandono. É possível que toda vez que ela saía do quarto eu me sentisse abandonada, impotente.*

4. *Acho que o meu medo de abandono poderia ser também receio de perder o controle sobre situações e pessoas. Assim como na minha fase de bebê, na qual não podia ter controle sobre as saídas de minha mãe do quarto. Ou como na adolescência, na qual não tive nenhum controle sobre o que aquele meu namorado me fez. Naturalmente meu marido não gosta de ser controlado. Geralmente ele é bastante compreensivo e colaborador, mas sempre deixa claro o desagrado que sente quando tento controlá-lo muito. Preciso afirmar que sou capaz de me sentir segura mesmo sem poder regular sempre a vida das pessoas. Eu posso respeitar a liberdade das pessoas a quem amo e das quais preciso e elas não me abandonarão. Vou acrescentar algumas afirmações ao texto de meu plano de meditação.*

A INTROSPECÇÃO E O EXERCÍCIO DO EQUILÍBRIO EMOCIONAL

O Exercício do Equilíbrio Emocional costuma aumentar cada vez mais a sensibilidade da pessoa quanto à relação existente entre a atividade física e os sentimentos. Ele lhe proporciona uma experiência direta de quanto a força, a flexibilidade e o vigor físico influenciam o seu estado psicológico. Isso resulta em mais respeito e em mais sensibilidade pela sinergia mente-corpo.

Quando você passar a fazer exercícios aeróbicos, descobrirá que eles aumentam sua capacidade de solucionar problemas, pois que lhe oferecem muitas soluções. Nem sempre é necessário concentrar-se num dado problema ou numa determinada questão quando você está se exercitando. A solução ideal surge à luz da consciência sem muita concentração ou esforço. A natureza rítmica do exercício, conjugada ao aumento da circulação sangüínea no cérebro e em todo o corpo, suscita novas formas de pensar.

Exercícios de flexibilidade que também sejam potencialmente indutores de estados de meditação, tais como os de alongamento e a ioga, também podem desenvolver a Introspecção. Quando seus músculos e suas articulações são submetidos a relaxamento, sua mente se abre para novas idéias, o que prepara o caminho para a Introspecção e os *insights*. Seu raciocínio, juntamente com o seu corpo, se tornará mais vigoroso e flexível.

EXERCÍCIO COMPORTAMENTAL DO CEE: ESTABELECENDO SEUS OBJETIVOS DE INTROSPECÇÃO

1. Em seu Diário do Equilíbrio Emocional, relacione duas ou três áreas de sua vida em que você vem tendo dificuldades há muito tempo. Elas poderiam ser a dificuldade de expressar suas necessidades em relacionamentos, de Afirmações no ambiente de trabalho ou em decidir-se a enfrentar novos tipos de desafios.
2. Qual o papel de seu Padrão Idiossincrático e de sua mitologia pessoal no que se refere à existência dessas dificuldades?
3. Uma vez desenvolvida a Introspecção e, conseqüentemente, conquistado mais conhecimento de si mesmo, visualize situações imaginárias em que você se vê superando essas dificuldades.

De fato, quando você desenvolver a Introspecção, poderá romper barreiras e progredir no enfrentamento de alguns de seus mais íntimos problemas.

seis

A Afirmação

O quarto componente fundamental do equilíbrio emocional é a Afirmação. A conquista dessa qualidade essencial requer uma visão realista e equilibrada dos seus direitos razoáveis e legítimos. Requer também a consideração dos direitos das outras pessoas. Uma vez que seja capaz de entender bem isso, você pode afirmar-se de uma maneira saudável e apropriada e estabelecer fronteiras para o respeito de sua individualidade e feições justas e convenientes de suas atitudes e de seu comportamento.

Muitas pessoas nutrem sentimentos diversos para com a Afirmação porque confundem Afirmação com agressividade. Elas podem acreditar que a Afirmação legítima não passe de comportamento egoísta, arrogante e radical. Mas, na verdade, a agressividade e o egoísmo são a antítese da Afirmação sadia.

A agressividade se caracteriza pela invasão de alguém na esfera dos direitos de outrem; a Afirmação não. A atitude de Afirmação serve para promover a igualdade, ao passo que a agressividade é fruto do egoísmo, da falta de tato e da insensibilidade para com as necessidades dos outros. E, embora a agressividade possa levar, às vezes, as pessoas à "vanguarda" de certos campos da atividade e dos cometimentos humanos, é fonte de conseqüências negativas e de efeitos perniciosos. A agressividade anula a Empatia e promove mais agressividade. É sempre um sinal de imaturidade emocional e de desequilíbrio, não de saúde.

O uso da Afirmação é algo positivo no trato das coisas da vida, pelo que, sempre que possível, é causa de situações em que todos se beneficiam. A Afirmação promove a igualdade das relações humanas, pois aquele que a usa pondera bem os seus direitos e os direitos dos outros. A Afirmação, que se vale do apoio em atitudes e na comunicação imbuídas de Empatia, o encoraja na defesa de seus direitos legítimos e na expressão honesta de seus sentimentos.

As diferenças existentes entre a Afirmação, a agressividade e a passividade se tornam óbvias quando consideramos o simples ato de dirigir. Se você está tentando entrar numa rodovia movimentada e espera passivamente a passagem de cada um dos carros que a vista alcança, você jamais sairá do lugar. Os motoristas dos carros atrás do seu ficarão muito irritados, e você também poderia causar um acidente por causa de sua hesitação. Se você for demasiadamente agressivo e entrar abruptamente na pista quando outro carro esteja muito próximo, isso será também problemático e perigoso. Para entrar na rodovia sem problemas, você precisa fazer uma avaliação judiciosa e segura.

A chave do sucesso da Afirmação está no desenvolvimento de uma noção sadia dos direitos individuais, e não no egocentrismo, que é uma forma exagerada de vindícia; muito menos na resignação – nas pessoas que a ela se afeiçoam o senso de reclamo dos direitos individuais não se desenvolveu, praticamente. A noção sadia dos direitos individuais consiste na posse de uma visão sensata de suas necessidades, de seus desejos e do que você pode ou deve conceder aos outros. A compreensão disso permite que você seja deferente e positivo e, ao mesmo tempo, sadia e naturalmente impositivo, em vez de grosseiro, radical ou mesmo serviçal.

Imagine uma longa fila de pessoas aguardando atendimento numa agência de correios lotada. De súbito, uma mulher entra pelo estabelecimento e avança apressadamente para o início da fila. Ela diz ao atendente que precisa apenas de alguns selos e que ninguém se importará se ela furar a fila. Quando o atendente pondera que ela precisa entrar na fila, ela o insulta e se retira fumegante.

Eis, pois, um exemplo de noção mórbida de direitos individuais. Certamente a política de atendimento da instituição confere aos seus clientes o poder receber ou comprar selos rapidamente, mas a essa mulher não foi facultado legitimamente o direito de ignorar os das outras pessoas que aguardavam na fila. Se ela tivesse mais sensibilidade emocional, poderia ter perguntado às outras pessoas na fila se elas se importavam que ela lhes passasse à frente para comprar rapidamente os selos de que precisava. Ela poderia ter obtido Empatia da parte delas explicando que estava atrasada no cumprimento de alguma obrigação e ter conseguido o que desejava. Ao invés disso, numa atitude arrogante, ela acabou provocando ressentimentos e não conseguiu o que pretendia.

Embora essa mulher possa ter pensado que estava sendo simplesmente uma pessoa desenvolta, na verdade ela estava sendo agressiva, ainda que não tenha havido violência física ou verbal na situação em que se envolvera. A agressividade anula os direitos dos outros, seja de um jeito, seja de outro. E, geralmente, numa sociedade civilizada, isso gera o oposto do que se pretende.

A Afirmação   113

No Treinamento com o CEE, todos os Componentes Fundamentais se conjugam para ajudá-lo a estabelecer para si uma noção equilibrada de seus direitos pessoais. O desenvolvimento da Empatia aumenta sua capacidade de discernir os sentimentos das outras pessoas, de modo que você consiga evitar a violação dos direitos delas. A Introspecção aprofunda-lhe a compreensão de como o seu Padrão Idiossincrático e a educação que você recebeu influenciam a sua Afirmação. O desenvolvimento da Capacidade de Identificar e Suportar Sentimentos faculta-lhe reconhecer os sentimentos que o incomodam e o ajudam a agir positiva e seguramente.

EXERCÍCIO COMPORTAMENTAL DO CEE: COMO CONHECER A SUA CAPACIDADE DE AFIRMAÇÃO

1. No seu Diário do Equilíbrio Emocional, escreva um parágrafo sobre a idéia geral que você tem do grau de sua capacidade de Afirmação.
2. Classifique suas qualidades no que se refere às áreas abaixo relacionadas, com base numa escala de 1 a 10, em que com 1 você se considera tímido ou passivo, com 5 você se acha uma pessoa decidida ou que sabe se impor e com 10 você se vê como alguém muito exigente ou agressivo.

   Como você classificaria seu grau de Afirmação no trabalho?

   Em suas relações íntimas?

   Em suas relações ocasionais?

Talvez haja alguma diferença entre o grau de Afirmação de sua vida pessoal e de sua vida profissional. Algumas pessoas têm mais dificuldade de se impor nos relacionamentos íntimos do que na vida de relação como um todo, enquanto, para outras, ocorre justamente o contrário. Essas diferenças existem principalmente por causa de nossas experiências familiares e a influência que estas exercem em nosso Padrão Idiossincrático.

AS ORIGENS DA AFIRMAÇÃO

Geralmente, o esforço para adquirir uma noção sadia de Afirmação se torna mais óbvio por volta dos 2 anos de idade. Contudo, assim como no caso dos outros Componentes Fundamentais, as origens dessa qualidade se evidenciam também durante a infância.

O infante tem consciência elementar de suas necessidades, as quais consistem em impressões psíquicas e fisiológicas relacionadas com a dor, o prazer, o conforto, o desconforto e o instinto de sobrevivência. Geralmente, a criança que ainda não sabe falar tenta manifestar a urgência da satisfação de suas necessidades chorando bem alto. A Afirmação permite que o infante obtenha comida, a troca de suas roupas, consolo e outras coisas necessárias à sua vida de ser dependente. Sem a aptidão inata para a Afirmação de suas necessidades, a sobrevivência do infante estaria sob constante perigo.

À medida que a criança se desenvolve, gestos e balbucios relacionados com a Afirmação se tornam mais complexos. Nesse processo, os pais ou as pessoas que cuidam dela conseguem, felizmente, interpretar o que a criança quer e atendem às suas necessidades satisfatoriamente. Reações equilibradas e coerentes estimulam o desenvolvimento de uma noção sadia de Afirmação, pois transmitem à criança a segurança de que obtém o que merece.

Excesso e falta de solicitude ou muita inconstância nas manifestações de atenção para com as necessidades da criança podem resultar no começo das dificuldades com a Afirmação na personalidade em desenvolvimento. Reagir solicitamente a todas as expressões da criança pode incutir nela uma noção exagerada de posse de direitos pessoais. Reagir precariamente às suas manifestações pode tornar-se causa de desenvolvimento tanto de uma personalidade passiva, quanto de uma personalidade agressiva. A inconstância no trato com a criança pode formar uma pessoa que se sinta profundamente insegura quanto ao que esperar das outras pessoas e que, ao mesmo tempo, seja inconstante e imprevisível em suas reações.

Assim como no caso de outros traços da personalidade, certamente a carga genética também desempenha um papel na propensão da criança ao desenvolvimento de atitudes de Afirmação, agressividade ou timidez. Por exemplo, pesquisadores descobriram que as pessoas com uma variedade maior de genes dos receptores de dopamina-4 têm mais possibilidades de serem pessoas intrépidas, pois esses genes as tornam menos sensíveis a dores. Essas pessoas ganharam a denominação de indivíduos do "Tipo T"*, ou seja, que gostam de aventuras, de emoções fortes. A criança portadora desse gene pode gostar de esmurrar objetos rijos, ato que poderia caracterizar uma personalidade agressiva. Contudo, em face da existência de certas limitações, essa criança pode aprender a modificar essa atitude. A educação influencia constantemente a genética, e vice-versa, no espetáculo contínuo da evolução.

O dr. Jerome Kagan, pesquisador da evolução humana junto à Harvard University, identificou sinais de timidez em bebês mesmo antes do nascimento. Ele descobriu que fetos que se tornavam crianças tímidas tinham o batimento cardíaco mais rápido do que o de outros, o que indicava que elas eram altamente impulsivas e propensas à ansiedade. Todavia, depois de acompanhar o desenvolvimento de mais de 500 crianças durante 17 anos, Kagan descobriu também que, na maioria das vezes, essas predisposições podiam ser modificadas se os pais procurassem, gentil mas firmemente, tornar os filhos menos sensíveis a situações causadoras de ansiedade.

---

* De [t]hrill-seeking personalities ou "personalidades [afeiçoadas] à busca de aventura, emoção". (N. do T.)

Num quadro de desenvolvimento normal, próximo aos 2 anos de idade a criança consegue manifestar sua Afirmação por meio da linguagem. Pirraças, choro, gritaria, pancadas em objetos e outras atitudes agressivas podem fazer parte do cabedal de manifestação da Afirmação da criança.

Basicamente, a luta que se trava nessa fase entre o adulto e a criança tem algo que ver também com a definição de limites. A criança está tentando definir-se como ente à parte do mundo em que estagia, com necessidades, sentimentos, idéias e atitudes inteiramente pessoais. O papel dos responsáveis pelos cuidados com a criança é ajudá-la a fixar no próprio imo as atitudes e as manifestações pessoais social e culturalmente aceitáveis e a limitar ou suprimir as indesejáveis.

Ao mesmo tempo em que ocorre a eclosão da Afirmação verbal, há uma pressão crescente sobre a criança para que se atenha aos ditames do processo de socialização. A criança deve aprender a usar o penico; a refrear o impulso de agredir, morder e cuspir; a compartir os brinquedos com outras crianças; e a cumprir outras exigências. Inevitavelmente, isso desencadeia uma reação contra as limitações impostas, com a qual a criança tenta contrapor sua vontade de satisfazer o que deseja e a maneira pela qual e o momento em que isso lhe convém.

Nessa fase, os pais costumam dizer "não" o tempo todo, para ensinar à criança o que é conveniente e aceitável. Ao mesmo tempo, a criança pode dizer em essência: "Não, não quero fazer isso ou aquilo", "Não, não gosto disso ou daquilo", como irritante manifestação de teimosia. Nessa fase crítica do desenvolvimento emocional, de um processo de auto-afirmação aparentemente infindável, a Afirmação está relacionada com a tentativa da criança de definir-se como ente separado de seu mundo perceptivo.

Se os pais reagirem com paciência e Empatia ao comportamento auto-afirmativo da criança, esta aprende que um certo grau de Afirmação é aceitável. E se, ao mesmo tempo, o adulto estabelece limites razoáveis ao comportamento da criança para impedir que ela transgrida os direitos dos outros, é provável que ela, ao invés de se tornar uma pessoa agressiva, se transforme em alguém que saiba impor-se sensatamente.

Infelizmente muitas crianças não são submetidas aos cuidados de pessoas coerentes e que reajam adequadamente aos seus esforços de Afirmação. Outro fator de formação da personalidade da criança é o fato de que ela costuma assimilar a natureza da Afirmação do adulto. Se seus pais manifestam, como característica pessoal, agressividade ou passividade, a criança pode apresentar essas qualidades em sua vida de relação. Essas dificuldades da primeira infância, relacionadas com a Afirmação, podem contribuir para o desenvolvimento de dois tipos básicos de personalidade: a do narcisista (ou egoísta) e a do co-dependente.

O PERSONALISMO NARCISISTA

Com o significado básico de "amor por si mesmo", o termo *narcisismo* deriva do mito grego em que Narciso é condenado a contemplar eternamente a própria imagem nas águas de uma fonte. O amor-próprio em si pode ser saudável, desde que no sentido de interesse e apreço por si próprio legítimos e sensatos. Todavia, quando essa palavra é usada como referência a narcisismo, tem a conotação de egocentrismo e egoísmo.

A Saúde Emocional requer o equilíbrio entre o amor-próprio e a Empatia, o que significa que você deve preocupar-se com suas necessidades próprias, mas também precisa ser sensível aos sentimentos e direitos dos outros. O egoísmo ou personalismo narcisista é a sustentação tenaz do exclusivismo dos próprios interesses e desejos, em detrimento e pouca ou nenhuma consideração dos direitos e desejos alheios.

Todos nós convivemos com pessoas excessivamente exigentes, egocêntricas e insensíveis. Na maioria dos casos, essas pessoas foram objeto de solicitude exagerada da parte dos que cuidaram delas na infância. Foram levadas a crer que o mundo existia por causa delas e de suas necessidades. Possivelmente, seus pais tiveram dificuldade para estabelecer e manter limites razoáveis em seu comportamento e relutaram em dizer "não" e reagir à desobediência a isso.

A criança também pode desenvolver o personalismo narcisista em imitação do comportamento dos adultos. Ela pode crescer achando que tem de procurar "ser sempre o número um" para obter o que deseja das outras pessoas e da vida. A personalidade da pessoa exigente pode ser também uma forma de compensar a pouca atenção e solicitude recebidas dos pais, talvez pessoas egocêntricas.

Embora o narcisista possa parecer muito egoísta, o comportamento que o caracteriza é, na maioria dos casos, frágil máscara com que encobre uma vida íntima de insegurança e pouco amor-próprio. Por isso, a pessoa narcisistamente personalista pode ser propensa ao vício do álcool e de outras substâncias entorpecentes e também a distúrbios de comportamento, tais como ao da compulsão por compras ou pela jogatina. Dado que seu narcisismo resulta da sensação desesperadora de que jamais consegue o de que precisa, recorre aos vícios para preencher seu vazio íntimo e evitar o enfrentamento de suas próprias inseguranças. Enceguecida, passa a concentrar-se no esforço de tentar suprir a própria indigência psíquica com o sustento de seus vícios, pouco considerando quanto seu comportamento fere as outras pessoas.

Além do viciado, há muitos outros tipos com personalidade narcisista, alguns dos quais conseguem até muito sucesso no mundo material. Existe o tipo petulante, exigente, implacável, que consegue o que deseja pela intimidação e crueldade, um indivíduo com a personalidade conhecida como "Tipo A". O "artista temperamental", que usa seus dons criativos como engodo para a satisfação de seus interesses egoístas e para aproveitar-se dos sentimentos dos outros, enquanto anela constantemente a afeição e a aprovação do público. Na extremidade oposta, temos o tipo criminoso, que acredita que a agressão impiedosa é o único meio de conseguir o que deseja.

Na maioria dos casos, o narcisista alardeia vigor, energia e carisma. Ele consegue criar um clima de excitação e encanto que atrai admiradores para a sua esfera de influência. Geralmente, as pessoas com dificuldades na esfera do amor-próprio e da Afirmação são atraídas para o narcisista como a mariposa para a luz.

A CO-DEPENDÊNCIA

Originariamente, o termo "co-dependente" era usado para designar a pessoa envolvida num relacionamento com um alcoólatra ou um toxicômano. Esse tipo de relacionamento se baseava nos problemas do companheiro viciado, com os problemas do co-dependente sufocados e a importância deles minorada. O co-dependente "facilitava" a vida do companheiro viciado acobertando-lhe o vício, mantendo-o financeiramente solvente e fazendo outros esforços para solucionar problemas, o que deixava o co-dependente emocionalmente frustrado e esgotado.

No Condicionamento do Equilíbrio Emocional, o termo *co-dependente* é usado para designar as pessoas que, em razão de seu relacionamento emocional com alguém, anulam a satisfação de suas próprias necessidades, em prejuízo de si mesmas. O companheiro do co-dependente pode ser um narcisista, embora pareça senhor de funções psíquicas normais, ou uma pessoa que tenha algum vício ou outro problema grave que seja causa de um relacionamento doentio.

Muitas vezes, essa espécie de relacionamento é uma tentativa de recriar e resolver situações relacionadas com relacionamentos mórbidos havidos na infância. Geralmente faz parte dos antecedentes do co-dependente um pai ou uma mãe profundamente egocêntrico, egoísta e/ou que tinha algum vício. Aqui, a criança cresce achando que precisa contentar e apoiar o narcisista responsável pelos cuidados dela, para manter o relacionamento.

Em face de seu Padrão Idiossincrático, ela crê que não merece amor incondicional e que suas necessidades não são importantes. Ela acha que tem de conquistar e manter o amor pelo sofrimento e pela doação de mais do que recebe. Ela acredita que dar, suportar e sofrer é o preço do amor e que isso é necessário para estabelecer e sustentar uma ligação emocional, da qual muito precisa.

O filho do alcoólatra pode acostumar-se a sufocar a satisfação de suas necessidades para acalmar o pai agressivo. Na idade adulta, resvala facilmente para o papel de co-dependente de um companheiro ou companheira viciada em drogas.

Teríamos, ainda, o filho de um narcisista que assimilou o padrão de comportamento dos pais e que se sente atraído por uma mulher que consegue dominar facilmente.

A variedade de tipos é grande, mas o processo dinâmico básico é o mesmo. Uma das partes tem uma personalidade com fronteiras frágeis e a crença básica de que suas necessidades não serão atendidas. A outra parte está inteiramente preparada e disposta a transgredir essas fronteiras e absorver a energia do co-dependente para a satisfação de suas necessidades insaciáveis.

Esses tipos de relacionamentos podem ser muito apaixonados, fortes, absorventes e até mesmo viciosos. Mas, em última análise, são aviltantes, desgastantes, frustrantes e fartos de dores emocionais. Raramente o narcisista se sente agradecido ou satisfeito com os esforços do co-dependente. Aliás, quase sempre as tentativas do co-dependente de oferecer-lhe cuidados e controlá-lo de algum modo provocam ressentimento e ódio. E, uma vez que as fronteiras pessoais do co-dependente são facilmente violáveis, ele pode tornar-se alvo de maus-tratos físicos e psicológicos.

Se você estiver envolvido num relacionamento de co-dependência com um companheiro que tem algum vício, ou que o tem maltratado de alguma forma, recomendo-lhe instantemente que procure ajuda com um especialista ou um terapeuta. Os grupos de ajuda mútua, tais como os Alcoólatras Anônimos, são também de grande ajuda nesses tipos de circunstâncias. Por si só, o Programa CEE não basta para lidar com elas. Contudo, as Técnicas de Treinamento do CEE podem ser um poderoso mecanismo de apoio enquanto você procura a ajuda de um especialista.

A AFIRMAÇÃO NAS RELAÇÕES ÍNTIMAS

Muitas pessoas enfrentam problemas sutis com a questão do uso da Afirmação em sua vida de relação, sem que, não obstante, possam ser classificadas na categoria de co-dependentes ostensivos. Por exemplo, você pode ter dificuldade para pedir ao seu companheiro o apoio emocional que deseja obter dele. Talvez, de um modo geral, seu relacionamento seja feliz e, portanto, você tenha receio de colocá-lo em risco tentando promover transformações para estreitar-lhe os laços. Ou talvez tenha dificuldade para expressar honestamente as suas necessidades nos momentos íntimos.

Muitas pessoas confiantes e seguras no mundo exterior ainda lutam com a questão da Afirmação na delicada esfera das relações românticas e se-

A Afirmação

xuais. Aqui, elas podem prender-se aos aspectos negativos da Afirmação: risco de rejeição, de prejudicar o ego do companheiro ou de não obter o que desejam mesmo se o pedirem. Até mesmo com os companheiros que amam e em quem confiam, muitas pessoas acham difícil ser inteiramente honestas a respeito de suas verdadeiras necessidades sexuais.

Se você tem problemas de Afirmação relacionados com a sexualidade, o Treinamento com o CEE pode ajudá-lo a superar as barreiras da comunicação franca e honesta. Com a escrita, a visualização e outras técnicas, você ganhará confiança em sua capacidade para pedir o que deseja. E, na maioria das vezes, a expressão de suas necessidades com empatia e sinceridade é tudo o de que você precisa para gerar a transformação desejada.

Outro aspecto da dificuldade que algumas pessoas têm com a Afirmação é o fato de acharem que devem submeter-se sexualmente para obter aprovação, aceitação e amor. Geralmente isso começa na adolescência e pode prejudicar o florescente amor-próprio e o tipo de Afirmação do jovem. Essa dificuldade pode constituir-se a causa do envolvimento da pessoa com um grande número de parceiros sexuais e de sua participação em atividades sexuais que consideram incômodas. Com o recurso às Técnicas de Treinamento do CEE para desenvolver a Afirmação, muitas pessoas obtêm a força de que precisam para livrar-se de comportamento sexual prejudicial.

Eis, por exemplo, o caso de uma mulher na faixa dos 35 anos de idade e que tinha um relacionamento de dez anos com um homem narcisista que gostava de pornografia e variedade sexual. Ela se enleara no cipoal da co-dependência e tentava contentá-lo participando de atos sexuais pervertidos, os quais ela considerava repugnantes e aviltantes. Quando ela passou a valer-se do Programa CEE, as Técnicas de Treinamento desenvolveram sua noção dos limites que importa estabelecer para a preservação da personalidade, encorajando-a a adotar atitudes de Afirmação.

Nesse caso extremo, a mulher teve que se mudar para outro Estado e fugir desse relacionamento desgastante para iniciar outra vida. Segundo ela mesma, as Técnicas de Treinamento lhe serviram como uma fonte de poderosa força durante essa fase difícil de sua vida. Quando passou a freqüentar um grupo de ajuda mútua, incentivou os colegas a adotar as Técnicas do CEE, inclusive a da visualização e a da escrita, em seus esforços para desenvolver a Afirmação.

EXERCÍCIO COMPORTAMENTAL DO CEE: PROBLEMAS DE RELACIONAMENTO ENVOLVENDO A AFIRMAÇÃO

1. Em seu Diário do Equilíbrio Emocional, escreva sobre suas relações pessoais mais íntimas no que se refere a questões de narcisismo/co-dependência. Há indícios disso em seu relacionamento? Qual a magnitude deles? Que papel você costuma assumir?
2. Se você costuma ser egoísta ou personalista, escreva a respeito de quanto isso afeta a pessoa com a qual você esteja envolvido(a). Você está disposto(a) a renunciar a um pouco desse desequilíbrio e prestar mais atenção nas necessidades de seu(ua) companheiro(a)?
3. Se você estiver envolvido com alguém exigente e egocêntrico, relacione três providências que você poderia tomar para transformar sua relação num relacionamento mais justo.
4. Quais riscos ou receios possíveis o estão impedindo de tomar essas providências?

Tenha sempre em mente que correr riscos sensatos e sadios nas relações pessoais servirá para edificar o seu amor-próprio, mesmo que isso as ponha um pouco em risco.

AS FRONTEIRAS PESSOAIS

Gozar de equilíbrio no âmbito da Afirmação significa ter sólidas fronteiras para a manutenção da integridade da individualidade e que você está sempre disposto a assumir uma atitude de preservação desses limites. Com elas, você não permite ser ignorado, insultado, aviltado, humilhado ou corrompido; você sabe como tomar atitudes civilizadas e sensatas para impedir que seus domínios pessoais sejam violados. Ao mesmo tempo, você conhece e respeita as fronteiras pessoais de outras pessoas.

Lawrence, analista de sistema de 36 anos de idade, contava oito anos de casamento com Jessica, mulher profundamente possessiva e exigente. Ela subestimava Lawrence e lhe dava muitas "alfinetadas" durante todo o dia, além de ordens constantes. Amigos e parentes ficavam embaraçados quando Jessica ordenava ao marido que fizesse isso ou aquilo e o criticava, e perguntavam a si mesmos como ele conseguia suportar esse tipo de tratamento.

Na verdade, o relacionamento tinha outro lado, que o casal ocultava. A cada um ou dois meses, Lawrence caía na farra da bebedeira e despejava sobre a esposa um caudal de raiva e vitupérios. Depois disso, dormia para descarregar-se da bebedeira e voltava à sua passividade, desesperança e resignação. As barreiras de sua individualidade eram frágeis e expugnáveis e sua noção de direitos pessoais saudáveis era fraca demais para que ele conseguisse impor-se apropriadamente.

Inicialmente, na busca da solução de seus problemas, Lawrence submeteu-se a tratamento psicoterápico, mas, depois, começou a interessar-se pelo Programa CEE, pois sua esposa ficou alarmada com suas bebedeiras e seus acessos de raiva. Mas logo ficou claro que a bebedeira era o sintoma, em vez da causa, dos problemas que lhe transtornavam o casamento. Debaixo do verniz de resignação, Lawrence estava atulhado de raiva pela esposa e pela mãe, a qual atormentara o pai durante os 50 anos de um casamento infeliz. Lawrence sentia também muita raiva por si mesmo pelo fato de ser submisso e carecer de saudável amor-próprio.

Em seu treinamento com o CEE, Lawrence concentrou-se no desenvolvimento da Afirmação. Ele usou o Diário do Equilíbrio Emocional para procurar identificar e entender os direitos legítimos que lhe assistiam em sua vida matrimonial. E começou a praticar a técnica do Condicionamento do Equilíbrio Emocional pela Meditação para diminuir a tensão, o que serviu para enfraquecer-lhe o impulso na direção da bebida.

Para grande espanto da esposa, Lawrence tornou-se sócio de um clube sem consultá-la e começou a praticar *racquetball** três vezes por semana como seu Exercício do Equilíbrio Emocional. Isso serviu para fixar-lhe no íntimo a idéia de que assumira o controle do próprio tempo e melhorar a imagem de si mesmo, à medida que foi adquirindo boa forma física. Com a Visualização do Equilíbrio Emocional, imaginou cenas em que se via defendendo a aceitação de seus direitos lídimos perante a esposa. Além disso, começou a ler livros sobre técnicas de persuasão verbal, os quais considerava úteis.

Inicialmente, Jessica ficou confusa com as tentativas de Afirmação de Lawrence e tentou minar seus esforços. Mas Lawrence manteve-se firme e a fez entender que seu casamento tinha que passar por uma transformação, pois, em caso contrário, estaria acabado.

Aos poucos, Jessica aprendeu a suavizar o tom de voz ao falar com ele e tornar-se um pouco menos exigente. Foi um processo lento, mas o amor-próprio de Lawrence fortaleceu-se cada vez mais à medida que recorreu a atitudes de Afirmação, ao invés de se comportar com passividade ou agressividade. Ele se sentiu encorajado a correr riscos saudáveis em sua vida matrimonial para melhorar seu relacionamento e incentivou a esposa a buscar a solução de suas questões não-resolvidas.

---

* Esporte popular nos Estados Unidos, semelhante ao *squash*, em que as raquetes têm o cabo menor e cujas regras e configurações da quadra de jogo são diferentes das daquele. Pode ser praticado em simples e em duplas. (N. do T.)

RISCOS EMOCIONAIS SAUDÁVEIS

Atitudes de Afirmação implicam a solicitação do que você deseja obter e a defesa ou preservação daquilo em que você acredita, mesmo que isso signifique correr o risco de rejeição, enfrentamento de conflitos ou transformações. O risco pode consistir na necessidade de você pedir ao companheiro que mude seu comportamento, com o que você demonstrará que não está inteiramente satisfeito com o relacionamento. Pode ser também a ocasião em que você pensa em dizer ao patrão que está pronto para assumir mais responsabilidade no trabalho e que, por isso, merece aumento de salário. Ou uma conversa com os filhos em que você os adverte que não tolerará mais certos tipos de comportamento e pela qual poderia despertar-lhes a rebeldia.

As decisões arriscadas que você toma conforme vai procurando afirmar mais os seus direitos podem encontrar, no início, alguma resistência e causar desconforto ou ansiedade a ambas as partes. Às vezes, essas "dores da evolução" são inevitáveis e necessárias para promover sua vida pessoal ou profissional.

Como psicólogo, sempre fiquei intrigado com o fato de que, no sistema lingüístico chinês, o ideograma usado para designar "transformação" é a combinação de dois outros, que indicam "perigo" e "oportunidade". Essencialmente, a palavra "transformação" encerra a idéia de oportunidade de evolução e de risco ou "perigo" de conflito e dor. A preocupação com a subjetiva conotação de perigo ou risco dessa palavra pode induzi-lo a um estado de prevenção e mantê-lo preso aos grilhões da inércia. Por outro lado, à medida que você desenvolver sua capacidade de Afirmação, aprenderá a concentrar-se na conotação de evolução e oportunidade que a palavra transformação pode encerrar. Assim considerada, ela o fará avançar imbuído de expectativas positivas. Vi isso acontecer com as pessoas que participam do Programa CEE, e eu mesmo passei por essa experiência em minha vida.

Quando eu era estudante universitário, muito antes de começar a praticar as Técnicas de Treinamento do CEE, eu tinha enorme dificuldade para sentir-me no direito de pedir o que desejava. Esse problema atingiu seu ponto crítico quando eu estava preparando-me para o meu doutoramento. Fui incumbido de escolher uma banca de avaliadores e seu presidente para orientar, supervisionar e julgar a qualidade de minha tese. Isso significava a necessidade de pedir a intelectuais brilhantes e atarefados, alguns dos quais eu não conhecia muito bem, que me cedessem seu tempo, atenção e apoio. Com a débil noção de amor-próprio que eu tinha então, achei que todos eles se recusariam a ajudar-me.

Mas, por fim, superei o meu receio e, com esforço, fui ao Departamento de Psicologia procurar as mais eminentes pessoas das quais eu ouvira falar. Acabei conseguindo formar uma banca imensamente encorajadora e estimulante, o que começou a desenvolver minha capacidade de Afirmação e meu sentimento de competência na esfera do profissionalismo.

Quase 20 anos depois, deparei-me com outro desafio marcante na fase da decisão de apresentar ao mundo editorial a proposta de meu livro do CEE. Havia quase uma década que eu estivera praticando as Técnicas de Treinamento do CEE e tinha transformado sistematicamente aspectos do meu Padrão Idiossincrático em que se haviam fixado expectativas de fracasso. Durante todo o processo de elaboração do livro, lancei mão da técnica da Visualização do Equilíbrio Emocional e de outras para criar em mim uma expectativa de sucesso.

Sem as Técnicas de Treinamento do CEE, duvido que eu teria tido a coragem e a convicção necessárias para apresentar meu livro ao mundo editorial. Novamente, assim como eu fizera com minha tese, eu estava pondo à prova o produto de meu maior esforço. Mas, dessa vez, entreguei-me ao cometimento procurando entrever sucesso, em vez de fracasso.

Todos nós temos expectativas fixadas em nosso Padrão Idiossincrático que guiam nossas ações. Às vezes, elas são causa de inércia ou receios quando se trata de pedir o que desejamos, pois podemos achar que jamais o obteremos. Assim, consideramos mais conveniente não pedi-lo.

Quando, por meio do Programa CEE, você conquistar um alto grau de força emocional, você conseguirá transpor as limitações que você mesmo se impõe. A Capacidade de Identificar e Suportar Sentimentos o ajudará a conhecer bem a natureza do incômodo que sente ao fazer pedidos legítimos e, ao mesmo tempo, a desenvolver sua capacidade de Afirmação. A Introspecção lhe fornecerá informações sobre a origem de suas dificuldades com a Afirmação e extinguirá o domínio que elas exercem sobre você. A Empatia lhe será de grande auxílio na compreensão do ponto de vista da pessoa ou pessoas envolvidas nas situações que demandem Afirmação de sua parte.

O DESENVOLVIMENTO DA CAPACIDADE DE AFIRMAÇÃO E O CEE

Na década de 70, quando os movimentos feministas e de promoção do potencial humano ganharam força, o Desenvolvimento da Capacidade de Afirmação tornou-se extremamente popular. Porque as mulheres começaram a participar da força de trabalho em grande número, muitas se sentiram atraídas pela possibilidade do Desenvolvimento da Capacidade de Afirmação para aprender novos meios de se adaptarem ao mundo profissional e transcender o papel que lhes fora ensinado como "próprio" da mulher decente.

Em certo sentido, o Desenvolvimento da Afirmação foi uma evolução natural dos movimentos pelos direitos civis e pelos direitos humanos que transformaram nossa sociedade nas décadas de 60 e 70. Esses movimentos conseguiram estabelecer, aos olhos da lei e da sociedade em geral, a igualdade de direitos. O Desenvolvimento da Afirmação ensinou às pessoas como desfrutar dos direitos que haviam sido conquistados.

Ainda na década de 70, um prestigioso trabalho sobre o aspecto cognitivo da Afirmação foi desenvolvido por Albert Ellis, pioneiro e farol do movimento de transformação do comportamento cognitivo. Em seu livro *Humanistic Psychotherapy: The Rational Emotive Approach*, de 1973, Ellis relacionou os objetivos positivos da saúde mental que considerava importante alcançar, tais como: 1) interesse por si mesmo; 2) orientação pessoal da própria vida; 3) tolerância; 4) aceitação de incertezas; 5) flexibilidade; 6) pensamento científico (racional); 7) responsabilidade; 8) aceitação de riscos; e 9) aceitação de si mesmo. Em essência, esses objetivos têm relação com uma noção sadia de direitos individuais, de amor-próprio e de Afirmação.

Ellis estabeleceu a idéia de que cuidar de nós mesmos e de nossas necessidades, sem que nos tornemos egoístas, é um objetivo legítimo da terapia. Sua School of Rational Emotive Therapy enfatizava o aspecto cognitivo e comportamental da Afirmação: a transformação das idéias inibitórias para que a pessoa conseguisse mudar seu comportamento.

Considerada com base nos objetivos do CEE, a Afirmação é, fundamentalmente, uma aptidão emocional. Antes de poder afirmar-se apropriada e positivamente, você precisa conquistar, no que atina aos sentimentos, uma noção sadia de sua habilitação para a obtenção do que deseja. Cumpre-lhe entender como a educação recebida na infância e suas experiências criaram suas expectativas e a feição de sua capacidade de Afirmação. Importa que você entenda bem e realisticamente as necessidades e os direitos razoáveis e legítimos que lhe assistem. Feito isso, você precisa de amor-próprio vigoroso o bastante para acreditar que merece satisfazer suas necessidades.

Por exemplo, se você é uma mulher que trabalha, talvez saiba que, sob o amparo da Lei da Paridade Salarial, uma lei federal, você tem direito a receber remuneração igual ao do colega que realiza o mesmo trabalho que o seu. Mas, a não ser que você se considere um trabalhador valioso, talvez não se sinta confiante para pedir aumento de salário. Da mesma forma, se você sofrer injustiças num relacionamento íntimo, precisa sentir-se emocionalmente segura antes de arriscar-se a tentar realizar alguma mudança.

As Técnicas de Treinamento do CEE têm a propriedade de fortalecer o aspecto emocional que seja o pré-requisito para o desenvolvimento da capacidade de Afirmação. Pelo Treinamento com o CEE, você irá muito além do aprendizado das técnicas de Afirmação oral e comportamental. Você assentará sua capacidade de Afirmação no firme terreno do Equilíbrio Emocional.

A AFIRMAÇÃO E O CONDICIONAMENTO DO EQUILÍBRIO EMOCIONAL PELA MEDITAÇÃO

No início talvez lhe pareça que a meditação e a Afirmação são recursos conflitantes. A meditação envolve passividade, ao passo que a Afirmação exige iniciativas diretas. Entretanto, em essência, a meditação é como uma atitude de afirmação.

Dar-se ao trabalho de se sentar para relaxar e meditar regularmente é, em si mesmo, um ato de afirmação. Ao reservar esse tempo para si mesmo, você está prestando atenção nas suas necessidades e patenteando a posse de uma noção sadia de seus direitos. Você está afirmando que, apesar talvez de sua indisponibilidade de tempo, você é capaz de estabelecer sólidos limites pessoais com relação a isso e fazer um valioso investimento em si mesmo.

Outro ponto em que o Condicionamento do Equilíbrio Emocional desenvolve a sua capacidade de Afirmação é o que diz respeito ao recurso a afirmações específicas, como sejam as afirmações producentes, feitas a você mesmo, de consecução de objetivos ou de realização de seus anseios e necessidades. Suas afirmações assinalam o que você deseja para si mesmo e no que acredita que merece. O aumento da sugestionabilidade proporcionada pela meditação permite que essas asseverações se lhe fixem no íntimo. Você começará a ter e manifestar mais capacidade de Afirmação prática assim que tiver estabelecido firmemente no imo a crença em seu valor pessoal e em suas necessidades lídimas.

Outro benefício da meditação está no fato de que ela o ajuda a controlar a própria raiva, o que servirá para impedi-lo de simplesmente deixá-la fluir em forma de comportamento agressivo ou mesmo dissimulada e recalcada. Quando você se encontra numa situação que requer o recurso à Afirmação, você pode lançar mão da respiração ritmada que você pratica nas sessões de meditação como um expediente de controle da ansiedade e da raiva. Isso pode servir para preservar sua integridade física e sua saúde emocional.

As pesquisas indicam que a melhor reação contra a raiva é o recurso à Afirmação adequada, em vez da agressividade ou do recalque. O Western Collaborative Group Study acompanhou mais de três mil homens com idades entre 39 e 59 anos para colher informações sobre o papel da personalidade nos males do coração. Esse estudo revelou que os homens com personalidades do "Tipo A" – caracterizadas pelo espírito de competitividade e impaciência – mais suscetíveis a ataques do coração, expressavam excessiva e freqüentemente a própria raiva.

Por outro lado, alguns estudos demonstraram que pessoas que desenvolveram artrite reumática e que resvalaram para o estado de fadiga e depressão tinham, na maioria das vezes, dificuldade acentuada para aventar ou expressar sentimentos de raiva. Claro está, pois, que o melhor caminho é a

A VISUALIZAÇÃO DO CONDICIONAMENTO DO EQUILÍBRIO EMOCIONAL E A AFIRMAÇÃO

Afirmação equilibrada, que a prática da meditação e de outras Técnicas de Treinamento do CEE pode ajudá-lo a desenvolver.

A Visualização do Condicionamento do Equilíbrio Emocional permite que você lide com objetivos específicos no âmbito da capacidade de Afirmação. Ela é como um palco seguro e particular para o ensaio de atitudes de Afirmação que você deseja tomar para com determinadas pessoas e situações de sua vida e ganhar confiança para a efetivação delas. Assim que se vir agindo afirmativamente em suas visualizações, você descobrirá que se torna mais fácil transferir para o palco real da vida de relações as reações figuradas ali.

Logicamente, as visualizações podem ser adaptadas a qualquer situação em que você reconheça que precisa de mais capacidade de Afirmação, desde uma situação em que se dê um relacionamento íntimo até aquela em que se desenrole a relação com um colega de trabalho. Emily, 32 anos, secretária de um escritório de advocacia, usou essa Técnica de Treinamento do CEE para lidar com um problema profissional comum: aprender a dizer não a exigências injustas de um supervisor.

Emily trabalhava para dois advogados nesse escritório e estava sempre sobrecarregada de tarefas de ambos os chefes. Geralmente, saía tarde do trabalho, o que atrapalhava os planos da família e a fazia ficar ressentida. Para ensaiar atitudes de afirmação no enfrentamento dessa situação, ela criou a seguinte Visualização do Condicionamento do Equilíbrio Emocional:

Estou digitando no computador um longo requerimento para Michael que tem de estar pronto no fim do expediente. Tenho também algumas cartas dele que preciso transcrever. Já me sinto tremendamente sobrecarregada quando Justin entra com outro longo documento para editar no computador. Ele me diz que precisa dele no fim do dia, deixa-o sobre minha mesa e volta para sua sala sem sequer me perguntar se posso fazê-lo.

Sinto minha ansiedade aumentar. Ela vai subindo pelo estômago, como uma sensação desagradável e enervante, e meu coração começa a bater mais rapidamente. Prometi ao meu filho que estaria presente em sua partida de Tee-ball*, às 17h30, e não posso de jeito nenhum ficar aqui até tarde hoje.

Primeiro, preciso acalmar-me. Tiro os óculos durante algum tempo e fecho os olhos. Ajeito a postura na cadeira e ponho as mãos no estômago.

---

* Espécie de beisebol para crianças, praticado nos Estados Unidos. (N. do T.)

Encho-o de ar. Inspiro enquanto conto até oito e expiro da mesma forma. Faço isso oito vezes.

Quando me levanto, meu batimento cardíaco voltou ao normal e sinto-me aliviada. Bato bruscamente à porta da sala de Justin e entro, com seu documento nas mãos. Sento-me na frente dele de modo que possa mirar-lhe os olhos. Mantenho uma postura altiva. Sinto-me forte.

Em tom de voz calmo e suave, sem hesitação, explico a Justin que Michael já me tinha incumbido de realizar algumas tarefas prioritárias que me tomariam o resto do dia e que posso dar prioridade ao documento dele na lista de tarefas do dia seguinte, mas que não há como eu ficar até tarde hoje porque tenho um compromisso com o meu filho. Não me desculpo por isso. Sei que tenho direito a reservar algumas horas à minha vida pessoal.

Por causa do meu tom de voz, da minha postura e da minha atitude, Justin aceita a explicação respeitosamente. Chego mesmo a sugerir que uma solução para evitar esse tipo de problema no futuro poderia ser a contratação de uma secretária-assistente em regime de meio expediente, já que a empresa desfruta de boa saúde financeira e que nós estamos mais atarefados do que nunca. Ele diz que vai analisar minha sugestão.

Quando volto para minha mesa, sinto-me forte e recompensada. Agora, é mais fácil concentrar-me em meu trabalho. Sinto-me competente e equilibrada.

A AFIRMAÇÃO E O DIÁRIO DO
EQUILÍBRIO EMOCIONAL

O Diário do Equilíbrio Emocional é um meio direto de trazer à luz da consciência os seus objetivos, desejos e sentimentos mais profundos. É como um porto seguro para a descarga dos componentes de seu mais verdadeiro eu. Por meio da escrita, você pode devassar as fronteiras ou os bastiões da preservação de sua integridade psíquica e elucidar a natureza de seus direitos legítimos. Nele, você pode ventilar as iniqüidades que porventura existam em seus relacionamentos e elaborar um plano de remediação delas. Pode usá-lo também como instrumento de perquirição das formas pelas quais sua mitologia pessoal e as lições que você aprendeu na educação que recebera possam estar inibindo sua Afirmação.

A eficácia da Afirmação exige o concurso de uma capacidade de expressão vigorosa, mas sensível. Muitas pessoas desprovidas de capacidade de Afirmação ou têm dificuldade para expressar-se honestamente ou costumam exprimir-se áspera ou inadequadamente. Em ambos os casos, o Diário do Equilíbrio Emocional pode servir como meio de ampliar e apurar a capacidade de comunicação.

A Afirmação implica a expressão da verdade conforme você a vê, mas delicada e sensivelmente e com atitudes de Empatia, de modo tal que se levem em consideração os direitos legítimos e os sentimentos dos outros. O Diário do Equilíbrio Emocional é um instrumento que lhe pode valer para praticar esse tipo saudável de expressão e desenvolver sua capacidade de Afirmação. Apoiado nele, você pode cogitar diferentes maneiras de expressão pessoal e acumular conhecimentos dos métodos mais eficazes de Afirmação oral e verbal.

A AFIRMAÇÃO E O EXERCÍCIO DO EQUILÍBRIO EMOCIONAL

A Afirmação requer também equilíbrio emocional e a expressão sincera e honesta das coisas que nos dizem respeito. Uma vez que o corpo e a mente estão complexamente relacionados, o exercício físico edifica-lhe a força psicológica e, ao mesmo tempo, fortalece-lhe o corpo.

Desde a década de 70, leis federais estabelecem igualdade de oportunidades para atletas femininas nas escolas públicas americanas. Além de promover a saúde física do corpo, muitos educadores acreditam que o exercício físico estimula a evolução psíquica das mulheres, principalmente no âmbito da capacidade de Afirmação. A participação das mulheres em eventos desportivos desenvolve seu espírito de competitividade e firma-lhes no imo do ser a idéia de que têm o direito de serem fortes e se afirmarem. Quando as meninas e as jovens conquistam a idéia de que têm o domínio do próprio corpo, isso produz nelas e em sua vida de relação efeitos morais de grande importância. O desporto é um eficaz antídoto contra o veneno dos mitos da fraqueza e vulnerabilidade femininas, os quais podem minar-lhes a capacidade de Afirmação.

Independentemente de você ser homem ou mulher, jovem ou idoso, uma pessoa atlética ou sedentária, o exercício serve para aumentar sua capacidade de Afirmação. Pois o reservar algum tempo para exercitar-se revela a posse de uma consciência sadia dos direitos que lhe assiste. É como asseverar que você merece gastar tempo e energia na garantia de mais bem-estar pessoal.

O exercício é também um meio de consecução do bom equilíbrio na administração das múltiplas variáveis que podem influenciar a Afirmação. Ele pode servir como saudável canal de desafogo dos que se deixam inclinar para a manifestação de raiva e agressividade. E também pode desenvolver a sensação de força nos que costumam deixar-se chumbar à passividade e ao recalque das emoções fortes.

Assim que passar a dedicar-se a um programa de exercícios, você começará a desenvolver sua força física e a idéia de que tem um papel importante na vida. Você se convencerá de sua capacidade de vencer desafios e experi-

A Afirmação

mentará uma sensação de realização e segurança que valerá para edificar-lhe o amor-próprio, o qual é tanto fonte, como efeito da capacidade de Afirmação. Todas essas qualidades renovadoras e fortalecedoras do exercício o situarão positiva e vigorosamente diante do mundo, para que você manifeste atitudes de Afirmação nas principais circunstâncias de sua vida.

EXERCÍCIO COMPORTAMENTAL DO CEE PARA O ESTABELECIMENTO DOS OBJETIVOS DE DESENVOLVIMENTO DA SUA CAPACIDADE DE AFIRMAÇÃO

1. Relacione três de suas mais importantes necessidades sentimentais. Descreva, resumidamente, as situações em que essas necessidades são ou não são atendidas pelas pessoas mais importantes de sua vida.
2. Indique formas pelas quais a atitude de ser mais impositivo sensata e equilibradamente poderia resultar na satisfação de suas necessidades mais freqüentemente.
3. Indique três objetivos importantes relacionados com sua carreira ou outros empreendimentos ou projetos pessoais.
4. Uma vez desenvolvida a sua capacidade de Afirmação, como ela poderia ajudá-lo a alcançar esses objetivos?

A capacidade de Afirmação desenvolvida ajuda-o a agir e a correr riscos sadios para alcançar seus objetivos. Ela é fundamental para obter satisfação na vida amorosa e profissional.

---

sete

Como Iniciar seu Programa do Condicionamento do Equilíbrio Emocional

O Condicionamento do Equilíbrio Emocional é um sistema terapêutico voltado para ações práticas, de edificação da consciência e da fortaleza do estado psicológico. A compreensão dos Componentes Fundamentais e a forma pela qual eles influenciam sua vida pessoal e sua vida de relação é apenas o começo do processo de restauração do equilíbrio pessoal. O passo seguinte é ir além da esfera do entendimento puramente racional, em demanda do mundo do treinamento profilático do CEE.

Aqui é o ponto do processo em que você deve assumir a direção de si mesmo e procurar gerar mudanças substanciais em sua maneira de pensar, sentir e relacionar-se. Então, você começa a remodelar a feição de seu Padrão Idiossincrático, a deixar para trás os aspectos negativos de sua mitologia pessoal, e consegue romper limitações. Com as Técnicas de Treinamento, você vai aumentando paulatinamente seu Equilíbrio Emocional.

O Programa CEE fornece os meios e a base para a prática das Técnicas de Treinamento e para o fortalecimento dos Componentes Fundamentais do Equilíbrio Emocional. Ele é um programa de exercícios e aprimoramento da saúde psicológica, um plano de ação gerador de "efeitos colaterais" benéficos ao corpo físico.

Assim como todo cometimento realmente sério, a edificação do Equilíbrio Emocional requer a disponibilidade de uma certa quantidade de tempo e de esforço consistente. Não obstante isso, o Programa foi concebido para ajustar-se a vidas dinâmicas e de atividades múltiplas, de modo que não exigisse muito dos que o adotassem. Para adotá-lo, você precisa dispor de entre três e quatro horas por semana, já incluído aí o tempo para o exercício físico. Isso significa um investimento de tempo bem modesto se levada em conta a recompensa potencialmente muito valiosa que se pode obter.

PREPARO, DEFINIÇÃO, INÍCIO

O plano inicial deve equivaler a uma espécie de Programa Preparatório – com duração de uma semana –, seguido por quatro meses de prática das técnicas do Programa CEE. Comece pela definição de uma data de início inadiável do programa. Se possível, escolha uma data para iniciá-lo numa época em que você não tenha nenhum inconveniente ou distrações incomuns. Mas não espere até que esteja completamente livre de tensões e responsabilidades, já que esse momento pode não chegar nunca.

Assim que fixar uma data, anote-a em letras garrafais em seu calendário, em sua agenda e em seu Diário do Equilíbrio Emocional. Talvez lhe seja conveniente firmar uma espécie de contrato consigo mesmo, assumindo o compromisso de iniciar o Programa CEE em determinada data e de praticar as Técnicas de Treinamento regularmente. Feito isso, passe mesmo a considerar essa data uma obrigação e responsabilidade da mais alta seriedade. Trate-a com a mesma atenção com que trataria qualquer compromisso importante e tente não adiar a execução do objeto desse agendamento, a não ser que circunstâncias excepcionais sobrevenham.

EXERCÍCIO COMPORTAMENTAL DO CEE: SUA ATITUDE PARA MUDAR

Caso fique adiando o início do Programa CEE, você precisará examinar melhor suas disposições íntimas e sua atitude para mudar. Nesse caso, faça a si mesmo as seguintes perguntas:

1. O que realmente penso a respeito de devassar a minha própria vida emocional?
2. A idéia de mudar me incomoda?
3. Será que acredito que é melhor "não mexer em casa de marimbondos" no que respeita às questões emocionais?
4. Eu não estaria preocupado com a possibilidade de o Programa CEE afetar meus relacionamentos?
5. Será que estou receoso(a) de descobrir coisas a respeito de meu universo emocional e/ou de minha família de origem que possam ser dolorosas demais?
6. Acredito mesmo que o Programa CEE funcionará comigo?

Responder por escrito ou mesmo mentalmente a essas perguntas pode ajudá-lo a identificar e superar qualquer resistência pessoal a mudanças. Ou, ainda, suas respostas podem revelar o fato de que você se beneficiaria do apoio da psicoterapia durante o Programa CEE. Pode haver fatos relacionados com o seu passado ou com o seu estado emocional atual que sejam dolorosos ou complicados demais para serem enfrentados sozinho. Procure saber se a orientação de um terapeuta lhe facilitaria a adoção do Programa CEE.

Vários Componentes Fundamentais podem constituir óbices em sua luta para iniciar o Programa. A Capacidade de Identificar e Suportar Sentimentos é decisiva nesse processo. Muitas vezes, evitamos a realização de certas tarefas ou a tomada de algumas atitudes porque as consideramos desagradáveis, difíceis, dolorosas ou causadoras de ansiedade. A evitação do que nos cumpre ou convém realizar gera mais desconforto e o aumento da ansiedade. Na maioria das vezes, nosso receio ou nossa relutância não têm bases reais. A tarefa em si pode não ser tão penosa quanto a ansiedade gerada pela imaginação.

Reserve-se alguns minutos para refletir sobre a sua Capacidade de Identificar e Suportar Sentimentos e a sua disposição para iniciar o Programa CEE. Talvez você consiga escrever alguns parágrafos sobre a questão no seu Diário do Equilíbrio Emocional. Não seriam as Técnicas de Treinamento em si e o tempo necessário para praticá-las que geram a resistência ou relutância em iniciar o programa? Ou não seria a perspectiva de ter de enfrentar seus problemas emocionais e a necessidade de devassar o seu Padrão Idiossincrático, pois que, isso feito, o equilíbrio de forças de alguns de seus relacionamentos seria afetado?

Quando você reconhece a natureza dos próprios sentimentos, conforme lhe faculta o Programa CEE, chega a vez de lidar com o segundo componente da CISS: A Capacidade de Suportar Sentimentos. Para avançar, neste particular, talvez lhe seja necessário afirmar que você tem sentimentos dúbios em relação ao CEE, mas que está determinado a suportar esse desconforto e seguir em frente. Caso a idéia de iniciar o Programa o faça sentir-se um pouco nervoso, acabrunhado ou mesmo aflito, procure reunir toda coragem moral que lhe for possível para suportar esses sentimentos e iniciar o Programa, a despeito de tudo. A simples atitude de tomar coragem e iniciar o treinamento o faz desencadear o processo de desenvolvimento de sua CISS, pois que isso também ativa o Ciclo de Consolidação do Equilíbrio Emocional.

Outro Componente Fundamental que influencia o início e a adoção definitiva do Programa CEE é a Afirmação. Ao reservar o tempo necessário à prática das Técnicas de Treinamento, você está afirmando a legitimidade de seus direitos. A partir do momento em que se convence de que o Equilíbrio Emocional é um empreendimento valioso, você passa a estar consciente de seus direitos legítimos e certamente começa a agir para conquistá-los.

Caso adie o início do Programa ou alegue falta de tempo constantemente, você precisa refletir sobre seus problemas de Afirmação. Você deixaria de estimular alguém que ama a reservar-se algum tempo para a prática de atividades saudáveis e realizadoras? Se o programa fosse necessário ao bem-estar de alguém de sua família, você não arranjaria tempo para adotá-lo? Você concederia de má vontade a si mesmo o tempo que gastaria com outrem sem maiores problemas?

Se você acha difícil iniciar a prática das Técnicas de Treinamento ou manter-se fiel a elas em razão das exigências de outras pessoas, talvez lhe seja aconselhável assumir uma atitude de Afirmação mais saudável no que respeita à sua agenda. Pode ser-lhe necessário fixar limites às imposições de seu patrão ou às exigências de sua família no que toca à sua necessidade de dispor de mais tempo para si mesmo. Ainda que sua Afirmação esteja apenas ligeiramente desenvolvida ou fortalecida, você será capaz de dedicar entre três e quatro horas semanais ao cometimento que pode transformar profundamente a sua vida para melhor. E isso melhorará a vida dos que o cercam também.

Caso o Programa se lhe afigure algo maçante ou uma espécie de pressão ou obrigação, saiba que as Técnicas de Treinamento são, por si sós, suaves e gratificantes. Elas podem até mesmo ser consideradas divertidas e agradáveis na maioria das circunstâncias. Sua natureza repetitiva, rítmica, nutre e reconforta-lhe a mente e o corpo. Assim que se deixar envolver pela fluidez e cadência das Técnicas de Treinamento, você passará a surpreender-se pelo desejo de que chegue logo a ocasião da próxima sessão.

Quando você ficar mais hábil na prática das Técnicas de Treinamento, o Ciclo de Consolidação do Equilíbrio Emocional começará a produzir efeitos facilmente perceptíveis. Você passará a se sentir estimulado pelo salto qualitativo no grau de seu Equilíbrio Emocional e por surtos de força moral e lucidez. Assim, você se tornará mais positivo na atitude de Afirmação do lídimo direito de gastar esse tempo com a evolução pessoal. Você se sentirá motivado a prosseguir pelo prazer propiciado pela prática das técnicas e pelos resultados que passará a manifestar.

O TEMPO ESTÁ DO SEU LADO

Quando recomendo a prática das Técnicas de Treinamento aos meus clientes, quase sempre a resposta inicial é: "Mas, dr. Bergman, jamais terei tempo para isso." Embora eu reconheça que muitas pessoas estejam sempre com a agenda lotada e sejam obrigadas a realizar verdadeiros malabarismos para desincumbir-se de suas responsabilidades, não posso aceitar a desculpa da falta de tempo. Com um planejamento cuidadoso e interesse, é possível adaptar o Programa a praticamente qualquer estilo de vida.

Independentemente de você ser uma pessoa muito ocupada ou não, recomendo que reserve algum tempo para se sentar num lugar apropriado durante o Programa Preparatório a fim de planejar precisamente como e quando lhe será possível arranjar em sua agenda o tempo necessário para a prática das Técnicas de Treinamento. No que afeta às primeiras semanas do Programa, pode ser útil anotar em sua agenda o horário mais conveniente para o exercício das atividades do CEE em cada um dos dias da semana necessários à sua adoção. O agendamento desses "Compromissos com o CEE" o ajudarão a assentar definitivamente um plano de ação, de tal modo que você se sentirá menos inclinado a ficar adiando a prática das Técnicas de Treinamento ou dar prioridade ao cumprimento de outra responsabilidade.

Eis a seguir algumas sugestões para que você ache algum tempo em sua lotada agenda para a prática das Técnicas de Treinamento do CEE:

– *Acorde 20 minutos mais cedo que o normal para que possa iniciar o dia com uma sessão de meditação. O aumento da lucidez e da capacidade de concentração proporcionado pela meditação mais do que compensará um período de sono menor.*

– *Em dias alternados, na ocasião em que estiver praticando visualização, em vez de meditação, ajuste o alarme do despertador para que o acorde 20 minutos mais cedo, a fim de que possa praticar a Visualização do Equilíbrio Emocional. Isso servirá para diminuir seu grau de tensão, ajudá-lo a enfrentar suas responsabilidades e situações difíceis e estabelecer um padrão psíquico positivo para o resto do dia.*

– *Considere a conveniência de acordar 40 ou 60 minutos mais cedo que o normal para incluir em seu programa uma sessão de Exercício do Equilíbrio Emocional depois da sessão de meditação ou de visualização. Isso aumentará seu vigor físico e você se sentirá menos cansado no decorrer do dia, mesmo que tenha passado a dormir menos.*

– *Algumas pessoas acham conveniente e revigorante praticar uma das Técnicas de Treinamento do CEE no horário do almoço ou ao meio-dia. É um meio muito bom de recarregamento das forças vitais e serve para evitar "a languidez do meio da tarde".*

– *Um dos melhores momentos para a prática das Técnicas de Treinamento é depois do expediente do trabalho, mas antes do jantar. Uma sessão de exercícios, seguida por uma de meditação ou de visualização, pode extinguir a tensão acumulada durante o expediente e ajudá-lo a temperar-lhe positivamente o estado de espírito para passar a noite. Ele pode ser também uma boa ocasião para aventar seus problemas no Diário do Equilíbrio Emocional.*

– *A Escrita ou o uso do Diário pode ser feita em qualquer ocasião, inclusive até antes do momento de se deitar. Pode ser-lhe conveniente ter o Diário à mão para escrever mesmo quando estiver no ônibus ou no trem durante o percurso de sua casa para o trabalho e vice-versa, ou enquanto*

> estiver aguardando atendimento em algum lugar ou esperando alguém.
>
> – Se você for uma pessoa muito atarefada, considere a conveniência de deixar de ler diariamente o jornal ou de assistir ao noticiário televisivo durante os primeiros meses de dedicação ao Programa CEE, para que, assim, possa gastar esse tempo com uma sessão de treinamento. Essa pode ser um oportunidade para você examinar o mundo íntimo, ao invés de se deixar dominar completamente pelos problemas e pelas tragédias do mundo exterior. Se isso lhe parece egoísta, lembre-se de que você pode fazer um bem muito maior ao mundo por meio do desenvolvimento da própria Empatia do que absorvendo passivamente a infinda e repetitiva retórica noticiosa do dia-a-dia, principalmente as apresentadas pelos jornais sensacionalistas.
>
> – Procure identificar outras situações em que você desperdiça seu precioso tempo. Pode fazer parte delas o ato de assistir TV, confabular ao telefone ou passear no shopping. Não quero dizer com isso que você deveria abandonar seus meios de entretenimento ou suas formas de lazer, absolutamente. Aqui vai apenas a sugestão para que você veja se é possível tirar 20 minutos daqui e dali em seu dia-a-dia para usá-lo em seu Treinamento com o CEE, o qual, em última análise, lhe dará muito mais satisfação do que qualquer outra atividade.

Na maioria dos casos, as pessoas que têm filhos enfrentam os maiores problemas de falta de tempo. Sempre que possível, pratique as Técnicas de Treinamento quando o seu filho estiver dormindo, brincando com os amigos ou com os irmãos ou encontrar-se na escola ou a passeio.

Outra idéia é distrair a criança com uma boa fita de vídeo, um jogo de colorir ou algum tipo de brinquedo, e deixar claro que você precisa de algum tempo para si mesmo enquanto ela se diverte sozinha. Não há por que sentir-se culpado com a afirmação de seu direito de dedicar algum tempo a si próprio ocasionalmente. Aliás, essa pode ser uma oportunidade para o seu filho ver um exemplo de Afirmação saudável e aprender a reagir com Empatia. Lembre-se: pais emocionalmente equilibrados têm mais possibilidade de criar filhos emocionalmente saudáveis.

Se possível, lance mão de sua Afirmação para pedir que seu companheiro tome conta das crianças durante o curto período de tempo que a prática das Técnicas de Treinamento requer. Com uma atitude de Empatia, explique-lhe que você sabe que ele está ocupado e que ele trabalha muito também, mas que você gostaria muito de aproveitar a oportunidade de fazer algo que é bastante importante para você. Ademais, o tempo que você dedicar ao Treinamento com o CEE o fará se sentir menos ansioso, mais paciente e afetuoso, o que beneficiará a família inteira.

UMA PALAVRA DE CAUTELA

Como reiteração das importantes precauções mencionadas anteriormente, permita-me notar o seguinte: *Se você tiver quaisquer dos distúrbios, problemas ou vícios discriminados abaixo, é altamente recomendável que procure adotar o Condicionamento do Equilíbrio Emocional somente sob a supervisão de um profissional da saúde mental ou de um médico. Embora não se limitem apenas a estes, eles são:*

- *Depressão profunda; idéias de suicídio*
- *Doença física grave ou crônica*
- *Ingestão de medicamentos por problemas emocionais*
- *Distúrbios de comportamento relacionados com abuso sexual ou maus-tratos, físicos ou psicológicos*
- *Ansiedade intensa / síndrome do pânico*
- *Qualquer diagnóstico de doença mental grave, tal como esquizofrenia ou psicose maníaco-depressiva*
- *Toxicomania ou alcoolismo ou obsessão comportamental, tal como tara sexual*
- *Distúrbio alimentar, tal como bulimia ou anorexia*
- *Distúrbio de tensão pós-traumática*

Se você tiver algum desses problemas, as Técnicas de Treinamento ainda podem ser úteis complementos à orientação e aos cuidados de um psicoterapeuta. Logicamente, você não deve sentir-se desencorajado de participar do Programa CEE. Muitos de meus clientes têm usado as Técnicas de Treinamento em conjunção com a terapia e/ou medicamentos psicoativos e têm apresentado progressos notáveis.

Ainda assim, se você tiver quaisquer dos problemas acima ou qualquer outro problema incomum, é fundamental que consulte um médico ou um terapeuta antes de iniciar o programa. Recomendo também que continue a consultar-se com seu médico periodicamente durante toda a duração do Programa CEE. O Programa não é nem deve ser considerado, sob hipótese alguma, um substituto de medicação adequada aos males da mente ou do corpo, tampouco um substituto de processos psicoterapêuticos.

COMO USAR O PROGRAMA CEE COM UMA TERAPIA AUXILIAR

Geralmente, quando você está sendo submetido a algum processo psicoterapêutico, é útil informar ao seu terapeuta a respeito do Programa CEE, ainda que seu caso não se enquadre em nenhum dos problemas relacionados acima. Talvez lhe aproveite fazer com que seu terapeuta o ajude a identificar os problemas a serem solucionados e os objetivos a serem alcançados com o Programa. Demais, pode ser que julgue conveniente mostrar a ele o seu Diário do Equilíbrio Emocional, ou falar sobre as sessões de Visualização do Equilíbrio Emocional. Muitas vezes, estimulo meus clientes a falar sobre o Diário e a Visualização, como se estivessem conversando a respeito de seus sonhos nas sessões de terapia tradicional.

O Programa CEE pode ajudá-lo a obter o máximo de retorno do dinheiro gasto em sessões de psicoterapia e acelerar o seu progresso. Aliás, as Técnicas de Treinamento podem ser também instrumentos de valiosa facilitação de sua evolução no tipo de terapia pela qual você optou.

Entre os profissionais da saúde mental que podem acompanhá-lo durante o programa, estão psiquiatras, psicólogos, psicoterapeutas, assistentes sociais e consultores. Procure saber se o terapeuta aprova o Programa e se se mostra disposto a aceitar a idéia de que as Técnicas de Treinamento podem ser úteis. Se se deparar com ceticismo ou reprovação, tente convencer o terapeuta a ler o livro, para que possa ficar claro que o Programa CEE baseia-se em princípios psicológicos e experiência clínica sadios. Se a atitude de reprovação persistir, talvez lhe seja proveitoso adotar o Programa CEE sem nenhum vínculo com as sessões de terapia.

Pode ser que julgue conveniente buscar apoio para o desenvolvimento de elementos específicos do programa fora da área de competência dos profissionais da saúde mental, embora isso não seja necessário. Os capítulos sobre as Técnicas de Treinamento lhe ensinarão tudo que você precisa saber para participar do Programa. Mas se você desejar e tiver os recursos para contar com uma equipe de apoio, as opções são muitas.

Geralmente os professores de ioga incluem sessões de meditação em suas aulas e também estão aptos a orientá-lo em seu Exercício do Equilíbrio Emocional. Tenha em mente, porém, o fato de que o tipo de meditação que você praticará nas aulas de ioga diferirá um pouco da de suas sessões do Condicionamento do Equilíbrio Emocional pela Meditação.

Os práticos da medicina holística têm interesse pelos aspectos emocionais da saúde física e pela relação existente entre a mente e o corpo. Esse tipo de especialista pode ajudá-lo a aplicar a Meditação, a Visualização e a Escrita do CEE na cura de seus males físicos e emocionais. A acupuntura pode ser também útil aliado durante o Programa CEE.

Os especialistas do condicionamento físico que trabalham em academias de ginástica ou que visitam o seu lar para ministrar-lhe orientação em caráter pessoal podem ser agentes de grande motivação no âmbito do Exercício do Equilíbrio Emocional. Os instrutores de exercício em grupo e os professores de aeróbica e dança podem ajudá-lo a estabelecer e manter um plano de exercícios.

Você pode também complementar seu Programa CEE com fitas audiovisuais e livros. Bibliotecas e livrarias são fontes de um imenso tesouro de livros sobre assuntos relacionados com o CEE, tais como os de psicologia, desenvolvimento do potencial humano e da capacidade de afirmação, aprimoramento psicológico, meditação, relaxamento, técnicas de visualização, desenvolvimento do pensamento positivo, ligação mente-corpo, métodos de dieta e vários tipos de terapia e exercícios. Quanto às minhas sugestões a esse respeito, consulte a lista de Referências Bibliográficas no fim do livro.

À medida que o Programa CEE vai estimulando seu interesse pela evolução pessoal, pode ocorrer de você decidir complementar seu treinamento com aulas especiais, cursos, seminários e palestras. Talvez você se sinta inspirado a aprofundar-se no conhecimento de temas e técnicas de psicologia, assuntos espirituais, problemas de relacionamento humano, técnicas de comunicação ou desenvolvimento empresarial. Um mergulho no oceano de assuntos correlatos ao programa pode enriquecer-lhe a experiência com o CEE e dar-lhe a oportunidade de relacionar-se com pessoas que compartilhem alguns de seus interesses.

Caso participe de algum programa de ajuda mútua, você pode achar proveitoso discutir os aspectos do programa com os colegas, quando isso convier. Vários participantes do Programa CEE com os quais trabalhei resolveram fazer com que membros dos grupos de apoio à mulher e de instituições de reabilitação social que freqüentavam conhecessem o Programa.

Amigos e membros da família também podem constituir uma equipe de apoio ao cumprimento de seu Programa CEE. Contudo, é aconselhável buscar esse tipo de ajuda com cautela e discernimento. Você pode deparar resistência, prevenção, ceticismo ou sarcasmo ao falar do Programa pela primeira vez. As causas das reações negativas podem ser muitas. Algumas pessoas simplesmente descrêem do potencial de evolução pessoal do ser humano. Outras assumem uma atitude negativa em relação aos livros de auto-ajuda de um modo geral. Ou, ainda, a pessoa que você procurar pode sentir-se ameaçada ante a perspectiva de mudança ou a idéia de devassar problemas psicológicos.

Caso tope com indecisão, mas sinta que seu amigo ou membro da família tem a mente aberta, você pode sugerir que ele ou ela leia algo sobre o Condicionamento do Equilíbrio Emocional antes de formular juízo a respeito do Programa. Entretanto, caso encontre resistência indemovível e uma atitude profundamente negativa, recomendo que deixe de tratar do assunto com a pessoa envolvida. Tentar forçar certas pessoas a reconhecer a conveniência ou utilidade do Programa CEE servirá apenas para aumentar-lhes o espírito de prevenção. Não lhe cabe pressionar ou manipular outrem de modo que aceite ou participe do Programa CEE. Ao invés disso, procure usar sua energia para fortalecer a si mesmo com relação aos outros e deixe que a sua evolução os convença.

Se tiver um amigo ou um membro da família que manifeste sincero entusiasmo pelo Programa CEE, talvez lhe aproveite convidar a ele ou a ela a participar do programa também, no mesmo horário em que você o pratica, de modo que criem uma espécie de "plano de apoio mútuo". Assim, vocês podem conversar a respeito da evolução pessoal, discutir os problemas que surgirem e incentivar um ao outro a manterem-se fiéis à prática das Técnicas de Treinamento. Você e seu colega poderiam fazer o seguinte:

- Estabelecer um plano para a prática regular do Exercício do Equilíbrio Emocional.
- Trabalhar juntos na definição dos objetivos de desenvolvimento dos Componentes Fundamentais.
- Ajudarem-se mutuamente a mentalizar nas sessões de Visualização do Equilíbrio Emocional.
- Fazer um ao outro rápida visita à noite para saber como cada um se saiu na prática das Técnicas de Treinamento.
- Incentivarem-se mutuamente durante todo o Programa.

Tenha em mente que, embora o plano de apoio mútuo ou o trabalho com um terapeuta como meios de reforço de cumprimento do Programa CEE possam ser positivos, geralmente isso não é necessário. O Programa foi concebido para ser auto-explicativo e cumprido independentemente. A única pessoa com quem você precisa contar é você mesmo.

COMO PRATICAR O PROGRAMA CEE POR SI PRÓPRIO

Na ausência de quaisquer das condições impeditivas relacionadas em "Uma Palavra de Cautela", você pode optar por iniciar o Programa CEE por conta própria. Entre os tipos de problemas, situações e tendências que talvez lhe convenha tratar, eu poderia relacionar os seguintes:

1) Tendência a sentimentos de ansiedade e depressão
2) Propensão a fazer coisas impulsivamente, sem refletir sobre sua conveniência
3) Adiamento ou esquivança do que lhe convém ou cumpre realizar
4) Dificuldade de controlar sentimentos de raiva; recalque desses sentimentos ou explosões emotivas
5) Tendência ao abuso de produtos químicos, de álcool, alimentos ou de atividades sexuais desregradas, como forma de lidar com os próprios sentimentos
6) Dificuldade para persistir na consecução de objetivos importantes

7) Dificuldade para falar sobre os próprios sentimentos
8) Dificuldade para adiar a satisfação dos próprios anseios ou dos prazeres imediatos em prol de benefícios futuros
9) Tendência para criticar excessivamente os outros
10) Impaciência, intolerância e gosto pelo julgamento das atitudes ou comportamento das outras pessoas
11) Antipatia; pessoa considerada rigorosa e que se presume alguém virtuoso e correto
12) Problemas de relacionamento pessoal, principalmente quanto à questão do afeto e da intimidade
13) Ensimesmamento excessivo
14) Frustração profissional
15) Incapacidade de externar e usar a totalidade do próprio potencial
16) Incerteza quanto às motivações pessoais
17) Personalidade contumaz e emocionalmente fechada
18) Tendência para culpar os outros pelos próprios problemas
19) Dificuldades com o casamento, a família e os parentes
20) Dificuldades para fazer amigos ou manter as amizades
21) Problemas de saúde causados principalmente pelo estilo de vida
22) Incapacidade de discernir a razoabilidade ou não das necessidades pessoais e os limites dos direitos interpessoais
23) Hábito de subjugar ou renegar as próprias necessidades nos relacionamentos
24) Insensibilidade costumeira às necessidades e aos sentimentos dos outros
25) Problemas de amor-próprio crônicos
26) Receio de assumir riscos emocionais para alcançar a evolução pessoal
27) Insatisfação em relacionamentos
28) Arrogância; pessoa mandona e exigente
29) Falta de interesse pelas causas subjacentes de idéias, sentimentos e comportamentos
30) Desprezo e repulsa pela importância do mundo das emoções de sua vida pessoal

Ao examinar essa lista, não deixe de atentar para o fato de que ela não inclui todos os problemas possíveis. Contudo, a experiência tem demonstrado que os recursos do CEE prestam-se para o enfrentamento dos muitos e inevitáveis problemas e realidades humanas. Aliás, o CEE não é um programa voltado para a questão dos sintomas dos males humanos; ele tem que ver, mais propriamente, com a saúde em si. Mesmo que o seu caso não tenha nenhuma relação com os problemas arrolados acima, o CEE tornará

Como Iniciar seu Programa do Condicionamento do Equilíbrio Emocional

mais significativa e satisfatória a sua jornada vital. O Programa CEE pode beneficiá-lo de onde quer que você parta, independentemente do estado do Equilíbrio Emocional em que você se encontre.

O PROGRAMA PREPARATÓRIO

Quando você definir a data de início do Programa, talvez lhe convenha discuti-lo com a família e os amigos, para que fiquem informados do que você estará se esforçando para alcançar. Talvez lhe seja proveitoso mostrar este livro a pessoas especialmente escolhidas de seu círculo de relações, como tentativa de fazê-las compreender o que estará envolvido em sua adoção do Programa CEE. Por outro lado, é possível também que lhe seja mais conveniente manter sua adesão às práticas das Técnicas de Treinamento em conta de assunto e esforço inteiramente pessoal. Naturalmente é sua a decisão de como e com quem compartir essa experiência.

O período de cumprimento do Programa Preparatório (com uma semana de duração, conforme mencionado anteriormente) é também a ocasião em que você pode procurar inteirar o seu terapeuta do Programa CEE em si, caso lhe pareça necessário. Desse modo, você pode trabalhar com o seu terapeuta no ajuste das metas a serem alcançadas e discutir qualquer receio ou incerteza que o Programa suscite.

Quanto ao fator físico, é recomendável que, durante o Programa Preparatório, você se submeta a exame médico. Logicamente, a razão dessa precaução é a verificação da existência de algum problema de saúde que possa afetar ou impedir a prática do Exercício do Equilíbrio Emocional. Converse com o seu médico a respeito de qual tipo de exercício você pretende fazer e a sua freqüência, duração e intensidade. Seu médico poderá adverti-lo a respeito de qualquer restrição ou problema de saúde como possível fator de inviabilidade de sua opção de exercício.

Assim que tiver obtido a orientação e aprovação do médico, você poderá escolher as atividades do seu Exercício de Equilíbrio Emocional e preparar-se para iniciar o programa. Isso pode envolver a necessidade de matricular-se numa academia de ginástica, comprar um par de tênis novo ou roupas apropriadas ou mesmo a aquisição de seu próprio equipamento de exercícios. O capítulo 11 apresenta um plano de exercícios apropriados a vários níveis de condicionamento físico.

Outro elemento que deve fazer parte do Programa Preparatório é a prática de exercícios de respiração e meditação básicos, para que você vá se familiarizando com as técnicas de respiração e com o ato de manter-se tranqüilo e sossegar o intelecto. Assim, pois, pratique esses exercícios de dez a vinte minutos, de preferência pela manhã, em três ocasiões na semana do

Programa Preparatório. No capítulo 8, constam instruções de como realizar sessões de meditação básica.

ESQUEMA DAS ATIVIDADES DO PROGRAMA PREPARATÓRIO

1. Converse com os amigos íntimos e os membros da família a respeito do Programa CEE, caso lhe convenha.
2. Discuta o Programa CEE com o seu terapeuta se achar útil.
3. Reserve algum tempo para estabelecer seus Objetivos do CEE, quer conversando com o seu terapeuta, quer praticando os Exercícios Comportamentais do CEE, capítulos 3 a 6.
4. Procure um médico para submeter-se a um exame. Converse com seu médico a respeito de suas opções de exercícios físicos para saber se eles lhe são apropriados.
5. Escolha as atividades de seu Exercício do Equilíbrio Emocional e faça os preparativos para iniciar o programa.
6. Pratique exercícios de meditação e respiração básicos durante 20 minutos, em três ou mais dias nessa semana.

O CURSO BÁSICO

Os quatro capítulos seguintes lhe ensinarão o que você precisa saber para praticar as quatro Técnicas de Treinamento do CEE: o Equilíbrio Emocional pela Meditação, a Visualização do Equilíbrio Emocional, o Diário do Equilíbrio Emocional e o Exercício do Equilíbrio Emocional. O Curso Básico apresenta um plano simples para a prática regular dessas técnicas.

Logicamente você não precisa cumprir esse plano rigorosamente. Contudo, principalmente durante os primeiros meses, é recomendável que você siga fielmente um desses planos. Se você for muito condescendente consigo mesmo, verá que, ao fim das contas, terá deixado de realizar várias sessões. E se você não praticar as técnicas com freqüência suficiente, não obterá progresso significativo e será pouco provável que o Ciclo de Consolidação do Equilíbrio Emocional surta algum efeito.

Lembre-se disto: você não pode fortalecer os músculos pelo simples fato de observar uma aula de ginástica ou de pensar em exercícios físicos. É necessário pôr mãos à obra para materializar o trabalho e promover a própria evolução. Assim como em qualquer outro empreendimento, o esforço consistente é imprescindível nas realizações pessoais. Você não pode alcançar o Equilíbrio Emocional por osmose ou mesmo apenas pela leitura deste livro. Ao conhecimento você precisa acrescentar ações para obter resultados. Portanto, procure esforçar-se ao máximo para o cumprimento fiel do

Curso Básico durante os primeiros quatro meses. E se desejar praticar as técnicas com mais freqüência ou por períodos de tempo mais longos, o Equilíbrio Emocional o fortalecerá mais ainda!

É inteiramente sua a escolha de como organizar a prática das atividades do CEE, desde que as pratique pelo menos três vezes por semana. Você pode realizar a sessão de Visualização do Equilíbrio Emocional logo após a sessão de meditação, ajuste que funciona bem. Ou você pode alternar a realização de cada uma delas: visualização num dia, meditação no outro. Demais, não há nada que o impeça de escrever no Diário do Equilíbrio Emocional a qualquer hora do dia, ou à noite. O Exercício do Equilíbrio Emocional pode ser feito em dias alternados, ou mesmo com mais freqüência.

Pelo menos durante as primeiras semanas do programa, é uma boa idéia fazer anotações em sua agenda ou mesmo em seu calendário das atividades que você esteja realizando em cada um dos dias. Faça o melhor que puder para cumprir esses "compromissos" com o CEE e torná-los prioritários. Considere o fato de que a dedicação de apenas 20 ou 40 minutos aos cuidados com sua saúde psicológica podem fazer enorme diferença à medida que os efeitos forem se acumulando.

Durante os dois primeiros meses de cumprimento do Programa CEE, você precisará dar o mesmo tipo de atenção a todos os quatro Componentes Fundamentais, mesmo que os resultados de suas Auto-Avaliações indiquem que você tenha progredido em certas áreas. A razão desse tratamento da questão está no fato de que todos os Componentes Fundamentais funcionam em conjunto na geração e sustentação do Equilíbrio Emocional. Os dois primeiros meses do Curso Básico lhe darão uma base sólida para a adoção do Curso Personalizado, durante o qual você poderá passar a concentrar-se no desenvolvimento dos Componentes Fundamentais de sua escolha.

ESQUEMA DE DESENVOLVIMENTO DO CONDICIONAMENTO DO EQUILÍBRIO EMOCIONAL

1. Pode ser útil fazer cópias deste quadro e usá-lo em cada semana de atividade do Programa CEE para o acompanhamento de sua evolução.
2. Assinale com um "X" ou um tique a atividade realizada em cada um dos dias. Procure esforçar-se para que, ao fim de cada semana, pelo menos três marcações por atividade estejam presentes no quadro.

Semana:_____

S   T   Q   Q   S   S   D

Equilíbrio Emocional pela Meditação
Visualização do Equilíbrio Emocional
Diário do Equilíbrio Emocional
Exercício do Equilíbrio Emocional

Esquema dos Dois Primeiros Meses do Programa CEE: O Curso Básico

Equilíbrio Emocional pela Meditação

Pratique-o três vezes por semana, de dez a vinte minutos por sessão.

Durante o Programa Preparatório, pratique exercícios de respiração e meditação sem fazer afirmações.

Nas primeiras oito semanas do Programa, faça repetidas vezes afirmações relacionadas com os Quatro Componentes Fundamentais do Equilíbrio Emocional antes e depois da sessão de meditação.

SEMANA	COMPONENTE FUNDAMENTAL PARA ÊNFASE NAS SESSÕES DE MEDITAÇÃO/AFIRMAÇÃO
Semana 1:	Capacidade de Identificar e Suportar Sentimentos
Semana 2:	Empatia
Semana 3:	Introspecção
Semana 4:	Afirmação
Semana 5:	Capacidade de Identificar e Suportar Sentimentos
Semana 6:	Empatia
Semana 7:	Introspecção
Semana 8:	Afirmação

Após as primeiras oito semanas, você pode optar por repetir o Curso Básico ou avançar para o Curso Personalizado, conforme explicado na seção seguinte.

Visualização do Equilíbrio Emocional

Pratique-a três vezes por semana, 20 minutos por sessão.

Cada um dos guias de visualização que o livro fornece foi concebido para ajudá-lo, no que diz respeito às oito primeiras semanas do programa, no desenvolvimento de um dos Componentes Fundamentais durante o período de uma semana e, depois disso, deve ceder lugar ao seguinte até que todos tenham sido usados. Feito isso, esse padrão deve ser repetido.

SEMANA	COMPONENTE FUNDAMENTAL PARA ÊNFASE NAS SESSÕES DE VISUALIZAÇÃO
Semana 1:	Capacidade de Identificar e Suportar Sentimentos
Semana 2:	Empatia
Semana 3:	Introspecção
Semana 4:	Afirmação
Semana 5:	Capacidade de Identificar e Suportar Sentimentos
Semana 6:	Empatia
Semana 7:	Introspecção
Semana 8:	Afirmação

Após as primeiras oito semanas, você pode optar por repetir o Curso Básico ou avançar para o Curso Personalizado, conforme explicado na seção seguinte.

Diário do Equilíbrio Emocional

Escreva em seu diário três vezes por semana, de 15 a 20 minutos por sessão.

Durante as primeiras oito semanas, é recomendável que você dê ênfase a cada um dos quatro Componentes Fundamentais em cada uma delas em seu diário. Porém, se você achar isso muito limitante e quiser dar vazão a uma espécie de "fluxo de consciência" ou escrever livremente, siga sua intuição.

SEMANA	COMPONENTE FUNDAMENTAL PARA ÊNFASE NAS SESSÕES DE ESCRITA
Semana 1:	Capacidade de Identificar e Suportar Sentimentos
Semana 2:	Empatia
Semana 3:	Introspecção
Semana 4:	Afirmação
Semana 5:	Capacidade de Identificar e Suportar Sentimentos
Semana 6:	Empatia
Semana 7:	Introspecção
Semana 8:	Afirmação

Após as primeiras oito semanas, você pode optar por repetir o Curso Básico ou avançar para o Curso Personalizado, conforme explicado na seção seguinte.

Exercício do Equilíbrio Emocional

Para usufruir dos benefícios emocionais produzidos pelo exercício, procure exercitar-se pelo menos três vezes por semana, durante, no mínimo, 20 minutos por sessão. Caso você não tenha sido uma pessoa fisicamente ativa, é possível que perceba uma diferença na qualidade de seu bem-estar físico e psicológico depois de feitas as primeiras sessões de exercício. Contudo, talvez lhe seja necessário dedicar mais tempo aos exercícios se quiser revigorar e fortalecer notavelmente o seu corpo. Se possível, aumente gradualmente a duração de suas sessões de exercício, até alcançar de 30 a 40 minutos.

Se a questão do exercício físico é novidade para você, talvez lhe convenha concentrar-se no desenvolvimento da coordenação e da capacidade de resistência durante o primeiro mês. No segundo mês, você poderá estar apto, no que diz respeito aos Componentes Fundamentais, a incluir afirmações e pensamentos criativos relacionados com cada um dos Componentes Fundamentais em suas sessões de exercício. A partir de então, concentre seus esforços num dos Componentes Fundamentais a cada semana, usando as afirmações feitas nas sessões de Equilíbrio Emocional pela Meditação.

Como Iniciar seu Programa do Condicionamento do Equilíbrio Emocional 147

Semana 1: Exercícios regulares

Semana 2: Exercícios regulares

Semana 3: Exercícios regulares

Semana 4: Exercícios regulares

Semana 5: Ênfase na Capacidade de Identificar e Suportar Sentimentos

Semana 6: Ênfase na Empatia

Semana 7: Ênfase na Introspecção

Semana 8: Ênfase na Afirmação

Após os dois primeiros meses, você pode adotar a modalidade individual do Exercício do Equilíbrio Emocional do Curso Pessoal.

O CURSO PESSOAL

O Curso Pessoal permite que você mesmo estabeleça os seus objetivos, defina os problemas a serem abordados e progrida mais no desenvolvimento dos Componentes Fundamentais de sua escolha. Com ele, você passará por uma experiência mais profunda, específica e pessoal no que tange ao CEE. Você pode adaptar o programa a qualquer acontecimento ou realidade de sua vida, pela escolha pessoal dos Componentes Fundamentais Primaciais e Secundários cujo desenvolvimento lhe pareça mais conveniente e pela composição de suas próprias afirmações para as sessões de meditação e dos textos para as de visualização.

De um modo geral, eu recomendo a escolha de dois dos quatro Componentes Fundamentais e que se trabalhe com cada um desses dois durante um mês. Porém, caso ache que há um dado aspecto no qual você precisa concentrar-se, procure então trabalhar com esse Componente Fundamental durante dois meses consecutivos ou mais.

Há várias maneiras de fazer a escolha dos Componentes Fundamentais para a realização do Curso Pessoal. Se está sendo submetido a psicoterapia, consulte o seu terapeuta a respeito dos aspectos de seu Padrão Idiossincrático em que você está bem e aqueles em você apresenta dificuldades. Por exemplo, você pode achar que sua capacidade de Introspecção está se desenvolvendo bem nas sessões de terapia e que o progresso alcançado aí já é um tanto satisfatório. No entanto, você pode achar que sua capacidade de Afirmação ainda lhe exigirá muito esforço e que você tem dificuldade para suportar situações tensas. Para tratar desses problemas, você optaria pelo desenvolvimento de sua Afirmação e sua Capacidade de Identificar e Supor-

148   *Condicionamento do Equilíbrio Emocional*

tar Sentimentos, com ênfase na capacidade de suportar situações tensas, como fatores de esforço na adoção do Curso Pessoal.

Outra forma de escolher os Componentes Fundamentais para a realização de um treinamento personalizado é criar sua própria Auto-Avaliação. Assinale os quatro Componentes Fundamentais numa das páginas de seu Diário do Equilíbrio Emocional. Ao lado de cada componente, dê a si mesmo uma nota numa escala de 1 a 10, na qual 1 significa que você tem extrema dificuldade na questão assinalada, e 10 que você se encontra numa condição privilegiada. Se preferir, em vez de uma escala numérica, você pode avaliar a si mesmo com expressões como "Extrema Dificuldade", "Alguma Dificuldade", "Mediana", "Pouca", "Muita".

Logicamente isso não deve ser considerado um exercício de julgamento pessoal. Se formos honestos com nós mesmos, admitiremos que praticamente todas as pessoas do mundo têm alguma fraqueza em seu Padrão Idiossincrático. Essa avaliação é meramente um recurso opcional para a identificação dos elementos psicológicos menos desenvolvidos, para que você possa fortalecê-los por meio do Treinamento com o CEE. O elemento de seu quadro psicológico cuja nota for a mais baixa constitui o Componente Fundamental Primacial do Curso Pessoal; a segunda nota mais baixa define o Componente Fundamental Secundário do Curso Pessoal.

Outra opção seria refazer as Auto-Avaliações Básicas incluídas no capítulo 2. Nesse caso, você usará uma pontuação numérica para saber quais Componentes Fundamentais devem ser desenvolvidos no Curso Pessoal.

Responda a cada item usando os seguintes padrões:

1. Sempre verdadeiro ou quase sempre/concordo plenamente
2. Verdadeiro às vezes/concordo em parte
3. Raramente verdadeiro/não concordo
4. Ocasionalmente ou raramente falso/não discordo muito
5. Falso às vezes/discordo em parte
6. Sempre ou quase sempre falso/discordo totalmente

Indique o número aplicável ao seu caso ao lado de cada enunciado.

Auto-Avaliação Básica da Capacidade de Identificar e Suportar Sentimentos

    1. Costumo adiar e evitar freqüentemente o cumprimento de tarefas, compromissos, conveniências pessoais, etc.
    2. Na maioria das vezes, reajo impetuosamente a certas situações sem saber por quê.

Como Iniciar seu Programa do Condicionamento do Equilíbrio Emocional   **149**

3. De um modo geral, sou visto como uma pessoa impaciente e intolerante.
4. Geralmente não é bom sentir as coisas da vida muito intensamente.
5. Sou o tipo de pessoa que gosta de controlar as pessoas o tempo todo.
6. Normalmente, emoções fortes me deixam pouco à vontade.
7. É melhor tomar decisões com a cabeça, não com o coração.
8. O axioma "Água mole em pedra dura tanto bate até que fura" não passa de uma sofisma de indução à derrota.
9. É sempre mais seguro manter o controle e a frieza dos sentimentos.
10. Sou conhecido como pessoa que tem problemas com o temperamento.

Auto-Avaliação Básica da Empatia

1. Se sinto algo intensamente e acredito muito nisso, significa que, provavelmente, é verdadeiro.
2. Quando lhe damos oportunidade, a maioria das pessoas se aproveita de nós, se permitimos que o faça.
3. Não me interesso muito em conhecer as causas do comportamento das pessoas.
4. A maioria das pessoas gostaria que sentíssemos pena dela.
5. Emocionalmente falando, as crianças são "pequenos adultos".
6. Os relacionamentos costumam ser melhores quando cada pessoa se esforça para satisfazer suas próprias necessidades.
7. Conversar sobre os meus problemas com outras pessoas raramente me trouxe algum benefício.
8. Ouvir os problemas das outras pessoas é muito constrangedor.
9. Acho que minhas necessidades são um pouco diferentes das necessidades da maioria das pessoas que conheço.
10. Invejo o sucesso das outras pessoas.

Auto-Avaliação da Introspecção

1. Minha infância foi quase perfeita.
2. Meu passado não pode ser tão importante no que diz respeito à minha vida atual.
3. Tenho perfeita consciência de tudo que acontece em minha vida.

4. As crianças têm uma capacidade de recuperação tão grande que se refazem de adversidades sem muitas seqüelas de longa duração.
5. Não me pareço nada com os meus pais.
6. A hereditariedade nos influencia muito mais do que o ambiente.
7. O que nos acontece na vida é, na maioria das vezes, uma questão de boa ou má sorte.
8. Se não tenho consciência de algo a meu respeito, isso não pode estar me afetando muito.
9. Não acredito, sinceramente, que eu tenha muitos defeitos pessoais.
10. Minha personalidade atual não se parece nem um pouco com a da minha infância.

Auto-Avaliação da Afirmação

1. Quando sinto raiva, costumo ficar calado.
2. Freqüentemente sinto-me inseguro a respeito de minhas necessidades reais.
3. Na vida, são as pessoas agressivas aquelas que costumam obter o que desejam.
4. Acredito que, quando dizemos o que pensamos, nos metemos em apuros.
5. Metermo-nos em apuros por causa daquilo em que acreditamos complica-nos a vida desnecessariamente.
6. Vejo aqueles que estão sempre pedindo o que desejam como pessoas agressivas e exigentes.
7. Se conseguir o que eu quero fere o sentimento de outrem, então, provavelmente, não vale a pena.
8. Raramente tenho certeza de que estou certo.
9. É difícil para mim confiar nos meus sentimentos, pois eles estão sempre mudando.
10. Nos relacionamentos, o mais forte dita as regras.

Faça o cômputo da pontuação de suas quatro Auto-Avaliações Básicas. Pontuações menores, ou mais respostas "Verdadeiras", indicam maior dificuldade com relação ao Componente Fundamental correspondente. Pontuações maiores, ou mais respostas "Falsas", demonstram que você está fortalecido relativamente ao componente avaliado. A avaliação com menor pontuação corresponderá ao seu Componente Fundamental Primacial; a avaliação com a segunda menor pontuação definirá o seu Componente Fundamental Secundário. Portanto, esses serão os componentes a desenvolver em seu Curso Pessoal.

ESQUEMA DE ATIVIDADES DO CURSO PESSOAL

Condicionamento do Equilíbrio Emocional pela Meditação

Três vezes por semana, de 10 a 20 minutos por sessão.
Semanas 9 — 12: Ênfase no Componente Fundamental Primacial.
Semanas 13 — 16: Repetir a ênfase no Componente Fundamental Primacial ou passar ao Componente Fundamental Secundário.

Visualização do Equilíbrio Emocional

Três vezes por semana, de 15 a 20 minutos por sessão.
Semanas 9 — 12: Ênfase no Componente Fundamental Primacial usando visualizações próprias.
Semanas 13 — 16: Repetir a ênfase no Componente Fundamental Primacial ou passar ao Componente Fundamental Secundário.

Diário do Equilíbrio Emocional

Escreva três vezes por semana, de 15 a 20 minutos por sessão.
Semanas 9 — 12: Ênfase no Componente Fundamental Primacial.
Semanas 13 — 16: Repetir a ênfase no Componente Fundamental Primacial ou passar ao Componente Fundamental Secundário.

Exercício do Equilíbrio Emocional

Exercite-se pelo menos três vezes por semana, durante, no mínimo, 20 minutos por sessão.
Semanas 9 — 12: Escolha atividades que contribuam para o desenvolvimento do Componente Fundamental Primacial e concentre seus pensamentos no aprimoramento desse Componente Fundamental, se possível.
Semanas 13 — 16: Prossiga com o exercício pelo qual optou acompanhado pela ênfase no Componente Fundamental Primacial ou mantenha o exercício e passe a dar ênfase ao Componente Fundamental Secundário.

O PROCESSO DE DEFINIÇÃO DOS OBJETIVOS DO CEE

Além da necessidade de usar as Técnicas de Treinamento para aprimorar o quadro geral de seu Equilíbrio Emocional, o Programa CEE envolve também a necessidade de estabelecer objetivos no âmbito de cada um dos Componentes Fundamentais. A definição desses objetivos serve para personalizar o treinamento e tratar de certas questões de sua vida.

Por exemplo, um objetivo razoável relacionado à CISS poderia ser a busca da superação de uma possível tendência para adiar a realização de tarefas ou conveniências importantes, tais como estudar ou exercitar-se, o que você poderia considerar potencialmente desagradável, frustrante ou tedioso. Um objetivo de especial significação para o desenvolvimento da Empatia poderia ser a tentativa de procurar ver, do ponto de vista de seu companheiro ou companheira, as causas de possíveis conflitos de relacionamento. No que diz respeito à Introspecção, um desses objetivos poderia envolver o esforço para compreender a relação existente entre o relacionamento que você teve com seu pai e um quadro íntimo adulto referto de frustrações no que toca à sua vida de relação atual. Para o desenvolvimento de sua capacidade de Afirmação, um objetivo interessante poderia ser, por exemplo, aquele no qual você procurasse impor seus direitos legítimos num relacionamento com uma pessoa dominadora e egoísta.

Eis outros objetivos possíveis:

Capacidade de Identificar e Suportar Sentimentos

1. Procurar controlar e superar sentimentos de raiva.
2. Procurar controlar e superar sentimentos de ansiedade em dadas situações.
3. Tentar lidar com a tensão de um modo que se evitem seqüelas físicas e emocionais.
4. Esforçar-se na superação de sentimentos de incapacidade e de pouco amor-próprio.

Empatia

1. Procurar tornar-se mais sensível aos sentimentos e às necessidades do companheiro(a), principalmente quando eles são diferentes dos seus.
2. Tentar ser mais compreensivo e desenvolver o discernimento em situações de conflito ou dissensão com os filhos.
3. Esforçar-se para tornar-se mais sensível e tolerante no convívio ou relacionamento com pais ou parentes idosos.

Como Iniciar seu Programa do Condicionamento do Equilíbrio Emocional **153**

4. Procurar tratar os colegas e os subordinados do local de trabalho com mais Empatia, mesmo quando, em sua opinião, eles não estejam à altura de seus padrões.

Introspecção

1. Tentar entender por que o seu Padrão Idiossincrático pode ser a causa de relacionamentos desequilibrados ou frustrantes.
2. Procurar esclarecer por que, possivelmente, o convívio com sua família de origem afeta ou serviu para afetar seu grau de ansiedade e sua capacidade para controlar os próprios impulsos.
3. Esforçar-se para entender por que sua mitologia pessoal pode estar inibindo sua evolução pessoal.
4. Tentar entender quanto ou por que a educação recebida lhe afeta ou estimula a expansão ou o recalque de sentimentos de raiva.

Afirmação

1. Procurar desenvolver seu amor-próprio, como preparativo para a conquista de maior capacidade de Afirmação numa situação de co-dependência.
2. Tentar lidar com um oponente ou uma pessoa agressiva com atitudes de Afirmação adequadas.
3. Procurar ter atitudes de Afirmação repassadas de afeto nos relacionamentos íntimos.
4. Esforçar-se para transformar temperamentos agressivos ou abrasivos em índole caracterizada por atitudes de Afirmação positiva e moderação.

Esses objetivos foram relacionados com base em generalizações. Quando definir os objetivos do CEE, procure ser bem específico. A seguir, alguns exemplos de objetivos do CEE pessoais:

"Controlar minha raiva quando as crianças brigarem."
"Procurar ajustar meu grau de ansiedade em relação a prazos e compromissos profissionais à realidade que os caracteriza e aprender meios práticos de lidar com a tensão natural que minha carreira gera."
"Ter mais Empatia para com minha mãe, ainda que ela seja tão teimosa em relação a mudanças."

"Tentar conversar com Joe quando ele estiver relaxado, ao invés de lançar-me sobre ele assim que ele chega do trabalho. Procurar escutar o que ele tenha a dizer, mesmo quando as coisas estiverem difíceis."

"Tentar entender por que me sinto atraído por homens egoístas em minha vida amorosa; que relação isso possa ter com o casamento de meus pais."

"Procurar saber por que não me acho capaz de competir com extrema agressividade na minha vida profissional e de que modo minha mitologia pessoal está me impedindo de progredir."

"Ser firme com as crianças no que toca à necessidade de algum tempo para mim mesma. Impor-me dignamente em relação ao meu marido no que respeita à contribuição dele para cuidar das crianças enquanto tenho algum descanso."

"Deixar bem claro para minha esposa que não tolerarei mais ser tratado aos gritos e com arrogância. Ajudá-la a tornar-se consciente da inconveniência de seu tom de voz costumeiro e a aprender a falar comigo de um modo que não me deixe tão irritado."

Durante o Programa Preparatório, sente-se em algum lugar com o seu Diário do Equilíbrio Emocional e faça uma lista dos objetivos para o tratamento da questão dos Componentes Fundamentais. Você pode fazer isso em conversas com o seu terapeuta ou por meio de esforço individual.

Os Exercícios Comportamentais do CEE para a definição de objetivos propostos entre os capítulos 3 e 6 podem ser um bom guia. Você poderia reexaminar as respostas que dera às perguntas ali presentes e transformá-las em objetivos práticos.

Comece pelo estabelecimento de um a três objetivos referentes aos Componentes Fundamentais, relacionados em ordem de prioridade. Quando você estiver elaborando o teor de suas afirmações e visualizações, poderá examinar esses objetivos para orientar-se.

O tempo de esforço dedicado ao trato dos objetivos variará. Minha recomendação é a de que você se aplique à consecução de um objetivo durante pelo menos um mês e, depois disso, avalie o seu progresso. Então, caberá a você decidir se convém continuar esforçando-se por mais um mês ou dois no sentido traçado ou passar a dar ênfase a outro objetivo. Adote outro objetivo quando você notar a realização de algum progresso, mesmo que não tenha alcançado cem por cento do objetivo estabelecido.

Por exemplo, pode ser que o seu objetivo seja desenvolver sua Capacidade de Identificar e Suportar Sentimentos, de modo que não reaja excessiva ou desequilibradamente a críticas, pois talvez você queira ser capaz de aceitá-las sem deixar que elas minem seu amor-próprio e esgotem suas energias. Depois de dar ênfase a esse objetivo durante um mês em suas sessões de meditação e visualização e escrever a respeito disso em seu Diário, você descobre que está começando a tornar-se capaz de tolerar as críticas que lhe fazem. Ocasionalmente, porém, acometido por uma torrente de dúvidas e insegurança, você ainda reage com veemência a essas críticas.

Isso não significa que você não tenha alcançado seu objetivo ou que precise ater-se a ele até que consiga reagir sempre com perfeita segurança à atitude dos que lhas fazem. Muito poucas emoções e reações que sentimos ou manifestamos na vida são de caráter absolutamente invariável, e todos nós fluímos e refluímos numa maré de sentimentos algo inconstantes. Se perceber uma linha ascendente no uso do seu esforço rumo ao objetivo traçado, você pode considerar isso a realização de um feito. Você pode continuar a se esforçar no trato dessa questão ou passar à consecução de outro objetivo, dependendo de suas prioridades e necessidades.

TENHA EMPATIA POR VOCÊ MESMO

O caminho que conduz ao Condicionamento do Equilíbrio Emocional não é de ascendência inalterável; ao longo dele, você deparará com depressões de terreno e planaltos. Haverá vezes em que você se sentirá impedido de avançar em direção aos seus objetivos, ou outras em que fará progresso e, depois, regredirá. Mas tudo isso faz parte do processo natural da verdadeira e perene evolução. Ela não ocorre da noite para o dia, e nem sempre é óbvia e absoluta.

É fundamental que você tenha tanta empatia e amor por si próprio quanto possível durante essas subidas e descidas. Muitas vezes, mudanças nos domínios da emoção são lentas e sutis. Se se mantiver fiel à prática das Técnicas de Treinamento, as mudanças e os resultados almejados virão num ritmo que você possa absorver.

Ademais, é possível que, inicialmente, você se aplique ao cumprimento do Programa CEE com satisfação e interesse, mas, depois, comece a relaxar na consecução dos objetivos. A solução mais simples para o problema é continuar fazendo tanto quanto lhe for possível. Mesmo que você deixe de realizar muitas das sessões de treinamento e não conseguir cumprir o planejamento, continue a praticar as Técnicas de Treinamento sempre que possível. Fazer alguma coisa – qualquer uma mesmo – para estimular o desenvolvimento de seu Equilíbrio Emocional e, com isso, gerar o mínimo de força transformadora, é melhor do que não fazer absolutamente nada.

O plano apresentado neste capítulo é uma recomendação, não uma imposição. Não desperdice energia criticando a si mesmo ou sentindo-se culpado se não conseguir cumpri-lo. Faça o que puder e seja criativo. Você pode trocar os horários das sessões de treinamento e adaptar o plano às suas conveniências e possibilidades. Continue a fazer quanto lhe for possível e, quando o Ciclo de Consolidação do Equilíbrio Emocional se lhe assentar firmemente no íntimo, a prática das técnicas se tornará um elemento indissociável de sua natureza individual.

ESQUEMA DE INICIAÇÃO DO PROGRAMA CEE

1. Escolha uma data para o início do Programa.
2. Planeje com precisão o esquema de horários da prática das Técnicas de Treinamento e a forma de incluí-lo em sua agenda de compromissos.
3. Decida se lhe será mais conveniente cumprir o Programa sozinho ou acompanhado por um terapeuta ou outra pessoa.
4. Caso decida contar com eles, converse com o seu terapeuta, sua equipe de apoio e/ou amigos ou membros da família.
5. Submeta-se a exame medicinal e converse com seu médico a respeito do Programa.
6. Prepare-se para a prática do Exercício do Equilíbrio Emocional matriculando-se em academias de ginástica, comprando equipamentos, etc., se necessário.
7. Comece a praticar a técnica de Respiração e Meditação Básica.
8. Escolha um Componente Fundamental Primacial e um Secundário para ênfase durante a realização do Curso Básico. (Se quiser, você pode aguardar a chegada da oitava semana de prática do programa para fazer essa escolha.)
9. Faça a anotação de um a três objetivos específicos relacionados com cada um dos Componentes Fundamentais.
10. Inicie seu Programa CEE e felicite-se por estar imbuído de coragem e entusiasmo para realizar esse esforço.

oito

Equilíbrio Emocional pela Meditação

A primeira técnica de treinamento do Condicionamento do Equilíbrio Emocional é o Equilíbrio Emocional pela Meditação, uma versão especial das técnicas de meditação universais, fundada nos princípios gerais do CEE. Por meio do Equilíbrio Emocional pela Meditação, você pode voltar as forças geradas pelo estado de meditação para o desenvolvimento e fortalecimento dos atributos dos Componentes Fundamentais do Equilíbrio Emocional.

A meditação satisfaz todos os requisitos de uma Técnica de Treinamento ideal. Ela é de natureza rítmica e repetitiva, um tipo de atividade que atende satisfatoriamente às necessidades do sistema nervoso. É um meio de libertá-lo do agitado "colóquio mental" do dia-a-dia e ajudá-lo a pôr-se num estado de lucidez, calma e receptividade. A meditação influencia-lhe beneficamente o corpo e a mente. E pode ser praticada por qualquer um, em qualquer lugar, sem que se precise pagar um único centavo por isso.

A meditação em si é fator de bem-estar emocional e de evolução espiritual. Mas o Equilíbrio Emocional pela Meditação vai mais além na produção desses resultados naturais, porque incute no imo do ser idéias específicas, relacionadas com os Componentes Fundamentais do Equilíbrio Emocional. Embora não demande nenhum talento especial nem nenhum treinamento prévio, a prática regular dessa técnica gera resultados prodigiosos. E também você não precisa de nenhum equipamento para adotá-la: apenas a vontade de experimentá-la.

É possível que, no passado, você considerasse a meditação algo místico demais para as suas predileções pessoais, ou talvez a tenha experimentado mesmo em certa ocasião. Quaisquer que sejam os seus preconceitos e experiência passada com relação à meditação, eu recomendo que você abra sua mente – literalmente.

Existem muitos tipos de meditação, com grande variedade de aplicações e propósitos. A meditação pode ser usada para a iluminação do espírito, para relaxar, para estimular a intelectividade, para reduzir a pressão sangüínea ou para aprimorar as funções do sistema imunológico. É um instrumento versátil e que pode ser usado por todo tipo de pessoa, desde os adeptos do espiritualismo aos céticos e aos classificáveis entre os primeiros e os últimos.

DOS CUMES DAS MONTANHAS AO INSTITUTO MÉDICO

Nas civilizações orientais, a meditação é praticada há muitos milhares de anos, por adeptos das religiões mais díspares. Entre algumas das mais antigas e conhecidas formas de meditação, estão o Zazen, método zen-budista para cuja prática a pessoa se põe sentada de pernas cruzadas, e a norteada pelos princípios da ioga, de origem indiana.

A palavra *ioga* deriva de um termo sânscrito que significa "união" ou ligação entre espírito, mente e corpo. Refere-se também à união do ser humano com a Força Superior Universal, Deus, ou consciência cósmica, conceito que recebe os mais diferentes nomes. Tanto disciplina espiritual como sistema de saúde holística original, a ioga tem como proposição a ligação entre a mente e o corpo. Em quase todas as escolas da ioga, a meditação é um dos caminhos para a evolução mental e espiritual.

Em todos os quadrantes do globo e através dos séculos, várias têm sido as formas de meditação pelos afeitos às coisas espirituais. Os adeptos do judaísmo, do cristianismo e do islamismo mesclam a repetição de preces e sessões de meditação na busca do conhecimento, da redenção e da iluminação espirituais. Muitas vezes, durante as atividades religiosas, seus adeptos repetem uma determinada prece ou frase extraída de seu livro sagrado para invocar o estado de meditação.

Na Europa e nos Estados Unidos, grupos esotéricos de adeptos do espiritualismo e sábios transcendentais têm praticado a meditação nestes dois últimos séculos. Mas eles têm sido considerados elementos estranhos à corrente principal de pensamentos, já que a ciência e a medicina convencionais dominaram o pensamento ocidental. A meditação era conhecida apenas por uma pequena parcela da população antes de a Meditação Transcendental (MT) ter sido introduzida no Ocidente pelo guru indiano Maharishi Mahesh Yogi, na década de 60.

Com uma pequena ajuda de amigos famosos, tais como os Beatles e outras celebridades da época, Maharishi e a MT cativaram profundamente os simpatizantes da contracultura, e a meditação começou a ser praticada em massa. A meditação transcendental, oriunda de uma tradição com raízes nos

Equilíbrio Emocional pela Meditação

Vedas, consiste em sentar-se o praticante durante 20 minutos, duas vezes ao dia, com os olhos fechados, enquanto se concentra num "mantra" ou num som ou palavra específica.

Nas três últimas décadas, a maioria das pesquisas científicas relacionadas com os efeitos da meditação envolveu praticantes da MT. Um estudo feito no Meru Research Institute, na Grã-Bretanha, avaliou o desempenho de 147 praticantes da MT em aptidões que, geralmente, diminuem com a idade: velocidade motora, reflexo, criatividade e memória visual. Considerando-se fatores semelhantes quanto a idade, educação e sexo, os indivíduos que haviam praticado meditação por mais tempo obtiveram notas maiores na avaliação dessas aptidões. Outra pesquisa desse mesmo instituto revelou que a capacidade dos praticantes de meditação equivalia à de uma pessoa sete anos mais jovem que eles quando foram submetidos a testes de avaliação de capacidade auditiva, acuidade visual e pressão sangüínea sistolar. Esses estudos levaram alguns teóricos a afirmar que a meditação retarda o próprio processo de envelhecimento.

Independentemente da idade, a meditação também pode aumentar a capacidade mental. Estudo feito na University of California, em Irvine, revelou que a Meditação Transcendental aumentara a circulação sangüínea do cérebro de seus praticantes em cerca de 65%. Outro estudo, da University of Washington, indicou que as pessoas que haviam praticado a MT por mais de um ano tinham uma capacidade superior para perceber tons musicais. Outro estudo demonstrou que a prática da meditação durante um bom número de anos pode diminuir o grau de ansiedade, ajudar as pessoas a se livrarem de vícios e facilitar seu progresso nos processos psicoterapêuticos.

No que respeita ao corpo, um estudo feito pelo dr. David Orme-Johnson com 2 mil praticantes da MT revelou que, de um modo geral, eles eram mais saudáveis e que, entre eles, as visitas ao consultório médico eram 44% menores e as internações hospitalares 53% menores em relação aos que não praticam meditação. Os dados coletados indicaram uma redução relativa de 87% em doenças do coração e nos distúrbios do sistema nervoso e uma diminuição de 55% no desenvolvimento de tumores e de 30% na de doenças infecciosas no grupo praticante de meditação. O pesquisador relacionou a causa dos resultados à menor pressão sangüínea, baixas taxas de colesterol, graus de tensão relativamente menores e menos uso de álcool e cigarros entre os praticantes regulares.

Enquanto os pesquisadores se esforçavam para estabelecer os benefícios legítimos da meditação, sua prática mantinha-se envolta num nimbo negativo de contracultura na visão dos vários setores da sociedade e da comunidade científica. Isso começou a mudar radicalmente com o trabalho revolucionário do dr. Herbert Benson, pesquisador da Harvard Medical School e senhor de credenciais indiscutíveis.

Originalmente treinado para se tornar cardiologista, o dr. Benson começou a estudar os efeitos do *biofeedback** e da meditação na pressão sangüínea no fim da década de 60. Em suas experiências clínicas, ele conseguiu notar profundas alterações fisiológicas durante o processo de meditação. Em contraste com o estado de repouso comum, seus estudos revelaram que os praticantes de meditação consumiam uma quantidade de oxigênio 17% menor enquanto meditavam e que sua respiração tinha o número de inalações e exalações reduzido de entre 14 e 15 para entre 10 e 11 por minuto. O teor de lactato, composto químico presente no sangue e associado à tensão e ansiedade, reduzia-se abruptamente. Além disso, o doutor observou que, durante a meditação, a atividade padrão das ondas cerebrais diminuía e aumentava a produção de ondas alfa, teta e delta, ondas de baixa freqüência, associadas ao estado de repouso e relaxamento, em vez da de ondas beta de alta freqüência, relacionadas com o estado de vigília normal.

O dr. Benson acabou criando a expressão *the relaxation response*** e publicou o famoso livro cujo título fora essa mesma expressão. O livro propunha um método simples e secular de produzir relaxamento, como seja o de a pessoa procurar sentar-se e relaxar, mas manter-se em vigília, e repetir uma palavra ou frase invocativa durante um período de entre dez e vinte minutos, uma ou duas vezes por dia.

Diferentemente da MT, em que se recomenda o uso de um mantra específico durante um curso de treinamento, o método de Benson estimula o praticante a escolher uma palavra invocativa mais condizente com a sua crença religiosa. Por esse processo, uma pessoa religiosa repetiria uma pequena prece, ao passo que outras se sentiriam mais à vontade com palavras como *um* ou *paz*.

Independentemente da palavra ou frase de invocação usada, o dr. Benson descobriu que a meditação produz muitos dos mesmos resultados fisiológicos: menores taxas de consumo de oxigênio e redução do ritmo respiratório, do batimento cardíaco e da tensão muscular, acompanhados pela produção de ondas cerebrais de menor freqüência.

Esse efeito pode ser obtido também com certas formas de ioga, treinamento autógeno, relaxamento muscular progressivo e hipnose acompanhada por profundo relaxamento induzido. No treinamento com o CEE, ela é produzida pela prática do Equilíbrio Emocional pela Meditação.

Em 1988, o dr. Benson e seus colegas criaram o Mind/Body Medical Institute no New England Deaconess Hospital e na Harvard Medical School,

---

* Método de aprendizado do controle das funções orgânicas e mentais com a ajuda de instrumentação visual ou auditiva para a observação ou apreciação, pelo paciente, das próprias ondas cerebrais, pressão sangüínea, tensão muscular, etc. (N. do T.)
** "O efeito relaxante." (N. do T.)

Equilíbrio Emocional pela Meditação

o primeiro grande instituto a estudar os efeitos produzidos pela meditação, pelas técnicas de relaxamento, pela nutrição, pelo exercício físico e pelas terapias cognitivas numa ampla variedade de doenças. Uma pesquisa feita nesse instituto inovador revelou que certos processos de tratamento da tensão, inclusive a meditação, podem produzir resultados impressionantes nas pessoas que sofrem de pressão sangüínea alta (hipertensão), dores musculares causadas pela tensão, dores de cabeça e insônia, entre outras.

Muito significativo para o Programa CEE é também o fato de que alguns estudos demonstraram que ocorre a diminuição do grau de ansiedade, sentimentos de raiva, hostilidade e depressão nas pessoas que meditam ou usam regularmente outro método de relaxamento. Isso indica que as pessoas que meditam com freqüência conquistam mais Equilíbrio Emocional.

Existem explicações fisiológicas específicas para o fato de a meditação produzir efeitos tão notáveis. A tensão faz com que a pessoa se sinta numa situação de luta ou de morte, na qual sua pressão sangüínea aumenta, sua respiração e batimento cardíaco se aceleram, o fluxo do sangue para os músculos se intensifica e aumenta a produção de adrenalina (epinefrina) e noradrenalina (norepinefrina). A meditação produz muitos efeitos contrários a esses, pelo que exerce a função de mecanismo de proteção contra o desgaste físico provocado pela tensão.

O interessante é que uma pesquisa realizada pelo psicofisiologista John Hoffman e seus colegas na Harvard Medical School revelou que, quando as pessoas praticam meditação e técnicas de relaxamento, seus corpos se tornam menos sensíveis à noradrenalina, hormônio associado à tensão, durante todo o dia. Aparentemente, a meditação produz uma espécie de efeito protetor cuja duração vai bem além do período de prática.

Embora a ênfase da meditação do Programa CEE recaia sobre a consecução do Equilíbrio Emocional, os efeitos potenciais de sua prática sobre a saúde física podem ser considerados um benefício a mais. A meditação é um medicamento oferecido pela natureza, um tônico para a mente que produz "efeitos colaterais" benéficos para o corpo.

NENHUM MOTIVO PARA PREOCUPAÇÃO

No que respeita à meditação, quase nenhuma precaução é necessária. O pior que pode ocorrer é que, quando começar a praticá-la, sua mente se deixe levar por divagações e você sinta dificuldade para se concentrar na respiração. Se isso de fato ocorrer, não se preocupe muito em combatê-lo. Procure apenas continuar tentando concentrar-se em sua respiração e verá que, aos poucos, essas idéias desaparecerão.

Em casos raros, a meditação pode suscitar sentimentos de ansiedade ou raiva, sob a mais variada intensidade. O esforço para aplacar inquietações e estabelecer ligação com a consciência profunda pode gerar lembranças, sensações e sentimentos dolorosos. Se isso ocorrer, talvez lhe convenha escrever a respeito disso em seu Diário do Equilíbrio Emocional. Seria útil também realizar algum Exercício do Equilíbrio Emocional depois das sessões de meditação, para dissipar qualquer vaga sensação de ansiedade ou desconforto.

Se você for acometido por sentimentos de ansiedade extrema ou de raiva, lembranças penosas ou qualquer tipo de tensão emocional incomum quando tentar meditar, isso indica que você pode precisar submeter-se a sessões de psicoterapia como fator de apoio durante a realização do Programa CEE. Pode ser que você tenha alguns problemas que precisem ser discutidos com um especialista para que você consiga sentir-se à vontade ante a solitária prática da meditação. Se esse for o caso, interrompa a prática do Equilíbrio Emocional pela Meditação até que você e seu terapeuta sintam que você está pronto para tentar fazê-lo novamente. Enquanto isso, continue a aprimorar a qualidade do Equilíbrio Emocional com a prática das outras Técnicas de Treinamento.

Felizmente, conseqüências extremas e negativas resultantes das sessões de meditação são raras. Possivelmente, um pouco de tédio é o resultado mais negativo que você colherá, mas isso deixará de ocorrer quando você começar a conseguir alcançar o verdadeiro estado de meditação. De um modo geral, a meditação é uma atividade confortadora e estimulante.

EXERCÍCIO BÁSICO DE MEDITAÇÃO E RESPIRAÇÃO

Na semana do Programa Preparatório, ou até mesmo mais cedo, se possível, inicie a prática do Exercício Básico de Meditação e Respiração, com freqüência de pelo menos três vezes por semana. Tente fixar o horário de sua sessão de meditação num período do dia posterior a pelo menos uma ou duas horas às refeições principais, e não quando ainda estiver digerindo o alimento consumido. Seria excelente se sua alimentação estivesse livre de cafeína e álcool quando você iniciasse as sessões de meditação.

Na maioria dos casos, meditar logo depois de acordar é o melhor dos horários, já que sua mente ainda não fervilha com toda a pressão do mundo prático. Meditar depois do trabalho, mas antes do jantar, pode ser muito restaurador e fator de agradável bem-estar para o resto da noite. Mas qualquer hora do dia em que você possa encaixar uma sessão de meditação lhe será proveitoso, com uma única exceção. Tente não deixar para fazê-lo a altas horas da noite, quando talvez você esteja cansado, pois que, assim, você pode cochilar, em vez de desfrutar do estado de meditação.

Quando estiver pronto para a sua primeira sessão de meditação, escolha um momento e um lugar tranqüilos, nos quais nada o interrompa durante dez ou vinte minutos. Isso implica, se possível, deixar de atender o telefone, diminuir o volume da secretária eletrônica e isolar-se de quaisquer sons de televisão, rádio ou conversas.

Talvez lhe convenha ouvir música suave e especialmente composta para sessões de meditação e relaxamento. Iluminação suave ou tênue é preferível à iluminação intensa, a menos que se trate de iluminação natural.

Assim que se acostuma à prática, normalmente você consegue sair instintivamente do estado de meditação depois de algum tempo. Inicialmente, porém, é conveniente usar um despertador ou ter um relógio à vista. Pois, sem isso, você pode sair desse estado decorridos uns poucos minutos ou passar a sessão inteira se perguntando há quanto tempo está meditando.

Escolha um assento confortável, no qual você possa acomodar-se com a coluna ereta e que não prejudique ou canse o corpo. A algumas pessoas, talvez convenha sentar-se numa poltrona, ao passo que outras preferem sentar-se no carpete ou num tapete com as pernas cruzadas, ou mesmo num travesseiro, mais confortável.

Se você se sentar numa poltrona ou num sofá, antes considere o fato de ela ou ele poder sustentá-lo adequadamente, em vez de deixar que você afunde completamente no estofamento. Certamente você não optaria por uma acomodação tão desconfortável que lhe tirasse a concentração, mas também algo muito confortável a ponto de fazê-lo adormecer não lhe poderia convir. Embora algumas aulas de ioga terminem com o praticante deitado no piso, o iniciando nas técnicas de meditação costuma associar facilmente essa posição à que assume na hora de dormir. No que diz respeito à meditação, o que lhe cabe alcançar é um estado de relaxamento consciente, e não de repouso absoluto ou de adormecimento.

Sente-se com as mãos sobre as coxas ou no colo. Feche os olhos e mantenha-os assim durante toda a sessão.

Comece a concentrar sua atenção na respiração. Não force a respiração de modo algum nem tente respirar profundamente. Algum tempo depois, quando tiver adquirido alguma experiência, você poderá praticar respiração diafragmática. Mas, no início, respire normalmente. Procure prestar atenção no ar entrando e saindo de seu corpo.

Se achar difícil concentrar-se apenas na respiração, você pode dizer mentalmente "inspire" e "expire" enquanto tenta seguir os movimentos respiratórios. Ou, também, você pode criar seu próprio mantra ou palavra invocativa e dizê-los a si mesmo a cada exalação. Pode ser a palavra *um* ou qualquer palavra que o ajude a concentrar-se e que sirva para estabelecer uma associação positiva.

Se jamais tiver tentado meditar, é possível que sinta, nos primeiros esforços, sua mente e seu corpo um tanto inquietos. Isso é perfeitamente natural, já que você está acostumado a ser uma pessoa ativa ou agitada. Talvez você seja alguém que faça verdadeiro malabarismo para atender a muitos compromissos e manter uma multidão de idéias na mente ao mesmo tempo. Portanto, para você, a serenidade e a concentração total no simples ato de respirar pode ser algo inteiramente novo.

Quando notar que está começando a se distrair com idéias, sons ou inquietação física, procure voltar suavemente a atenção para a respiração. Não julgue ou repreenda a si mesmo se sua atenção vacilar. Apenas persista na tentativa de voltar a mente para a respiração. Com a prática, verá que é fácil sossegar a mente, e a meditação se transformará em algo que parece fazer parte de você mesmo.

Tenha em mente que é improvável que você se torne um praticante experiente na primeira semana de meditação. O processo de adaptação se estenderá para além da semana do Programa Preparatório, ocasião em que você estará praticando o Exercício de Meditação e Respiração Básico, e entrará pelo Programa CEE, no qual você estará praticando o Equilíbrio Emocional pela Meditação. Não há um momento certo e determinante para todas as pessoas. Algumas conseguem facilmente passar a concentrar-se já nas primeiras semanas, ao passo que outras levam mais tempo para consegui-lo. Não importa quão rapidamente você consiga adaptar-se à prática da meditação, mas antes o fato de que você continue a esforçar-se.

A meditação é um exemplo de como o Ciclo de Consolidação do Equilíbrio Emocional funciona. No início, talvez você tenha alguma dificuldade para meditar durante até mesmo dez minutos. Sua mente fica buscando idéias aqui e acolá, você sente inquietação e a sessão parece interminável. Mas se, delicadamente, você persiste em voltar a mente para a respiração, acaba entrando no ritmo. E a sessão começa a transformar-se em algo agradável, natural e relaxante. É uma oportunidade deleitante demais para que se deixe escapar, tal como a de poder banhar-se numa banheira fragrante e confortante ou relaxar os músculos tensos. Em vez de uma espécie de obrigação maçante, a meditação começa a ser considerada um prazer de cujo desfrute você passa a aguardar com agradável expectativa. Assim, é possível que você se sinta inspirado a aumentar para 20 minutos a duração de sua sessão de meditação.

Então, você começará a reconhecer as recompensas dessa Técnica de Treinamento, a qual pode implicar também maior capacidade de enfrentamento da tensão, mais lucidez mental e uma sensação de paz interior. O Equilíbrio Emocional pela Meditação cria um campo fértil para o cultivo dos Componentes Fundamentais. Você perceberá transformações em sua maneira de pensar, sentir e agir à medida que for adquirindo Equilíbrio Emocional.

Não deixe de considerar o fato de que você sempre pode voltar à prática do Exercício Básico de Meditação e Respiração como um Recurso de Treinamento, mesmo depois que tiver passado a praticar a técnica do Equilíbrio Emocional pela Meditação. Poderá haver ocasiões em que você queira praticar meditação apenas para relaxar, ao invés de desenvolver seu Equilíbrio Emocional. Portanto, jamais hesite em realizar uma sessão de Exercício Básico de Meditação e Respiração em qualquer etapa de desenvolvimento do Programa CEE. Voltar ao curso básico pode ser ao mesmo tempo relaxante e revigorante.

ESQUEMA DA PRÁTICA DO EXERCÍCIO BÁSICO DE MEDITAÇÃO E RESPIRAÇÃO

1. Eleja um local e um horário nos quais durante uns dez ou vinte minutos ninguém possa interrompê-lo. Se desejar, ouça música suave e relaxante durante a sessão. Talvez lhe aproveite ter um relógio ou cronômetro por perto para checar a duração da sessão.
2. Sente-se numa cadeira ou no piso com as costas eretas e numa posição confortável. Ponha as mãos nas coxas ou no colo. Feche os olhos.
3. Concentre-se nas exalações e inspirações espontâneas de sua respiração. Se perceber que está se deixando distrair por idéias, sons ou desconforto físico, procure voltar a concentrar-se, serenamente, em sua respiração.
4. Se achar difícil concentrar-se na sua respiração, diga "inspire" e "expire" enquanto segue os movimentos dela. Ou, também, você pode escolher sua própria palavra invocativa e pronunciá-la a cada exalação.

EQUILÍBRIO EMOCIONAL PELA MEDITAÇÃO: O CURSO BÁSICO

Cumprido o Programa Preparatório, é chegada a hora de iniciar o Equilíbrio Emocional pela Meditação, o qual acrescenta uma orientação personalizada à sua prática da meditação. Antes e depois de cada sessão de Exercício Básico de Meditação e Respiração, faça, repetidas vezes, afirmações relacionadas com os Componentes Fundamentais do Equilíbrio Emocional. Essas frases positivas, também conhecidas como afirmações, servem para incutir-lhe no imo do ser sugestões cuja essência é aprimorada pela natureza rítmica da meditação.

Afirmar significa "tornar firme, fixar", ou, ainda, asseverar ou declarar. Aqui, as afirmações deverão ser declarações concisas e positivas e refletir a realidade almejada. Essas declarações não precisam corresponder a alguma realidade presente; ao contrário, elas podem servir para promover a consecução de um objetivo. Por exemplo, você pode afirmar que "Eu sei impor-me nos meus relacionamentos", mesmo que, então, você ainda esteja lutando contra alguma tendência à passividade. Ao fazer uma afirmação, você está transmitindo a si mesmo uma mensagem que o ajudará a saber impor os seus direitos legítimos no futuro.

Durante toda a nossa rotina diária, nossa mente fervilha com uma espécie de diálogo íntimo. Estamos sempre expressando nossos sentimentos, receios, esperanças, objetivos e opiniões a nós mesmos. Essa conversa íntima molda a natureza de nossas emoções, atitudes e reações.

Esse diálogo íntimo, moldado pelo nosso Padrão Idiossincrático e pela nossa mitologia pessoal, pode fazer com que sejamos pessoas joviais ou negativas, otimistas ou melancólicas, confiantes ou inseguras, predispostas a correr riscos ou receosas de fazê-lo. Esse colóquio mental pode ser motivante, estimulante e encorajador, mas também pode fomentar a ansiedade, a raiva e a insegurança. O teor de nossos diálogos íntimos pode influenciar poderosamente a maneira pela qual vemos a nós e aos outros, a forma pela qual as outras pessoas nos vêem e quanto agimos equilibradamente no mundo.

Todos nós tivemos ocasião de conhecer pessoas de audácia incomum, felizes e confiantes, embora não pareçam ter nenhum dom ou talento especial. A essência desse tipo de personalidade origina-se, precipuamente, da natureza costumeiramente otimista do diálogo íntimo dessa pessoa. Essas almas felizes trazem nos recessos da mente o eco de uma voz íntima repassada de otimismo e encorajamento. Essa voz íntima dá a quem a abriga coragem e estímulo para que ela aja positivamente no mundo exterior.

As afirmações, que podemos considerar colóquios íntimos, movimentam-nos as forças criadoras para a fixação de conceitos sadios e a consecução de objetivos. Aos poucos, elas ajudam a transformar nosso Padrão Idiossincrático, que, por sua vez, influencia a maneira pela qual sentimos e agimos.

Nos exercícios de afirmações, as declarações positivas podem ser feitas em silêncio, em voz alta, pela escrita, ou mesmo entoadas ou cantadas. Em certo sentido, muitas preces ou desejos ardentes equivalem a verdadeiras afirmações.

No Programa CEE, afirmações são feitas nas sessões de meditação para que sejam ainda mais eficazes. Primeiro, você relaxa e fixa idéias positivas em sua mente por meio de afirmações. Depois, dissipa as nuvens de idéias comuns com uma sessão de Exercício Básico de Meditação e Respiração. Por fim, quando sua mente estiver limpa e arejada, você torna a repetir as afirmações que fizera.

Tente repetir essas afirmações com uma atitude positiva, mesmo que elas ainda não correspondam a nenhuma realidade. Se necessário, abandone todo o ceticismo e passe a crer na possibilidade de mudança. Lembre-se de que a maioria de nossas ações começa no pensamento. As afirmações permitem que você substitua idéias inibidoras ou prejudiciais por idéias novas, que resultem em ações construtivas.

As sessões que se seguem apresentam sugestões a respeito de afirmações que você pode usar para desenvolver seu Equilíbrio Emocional. Sinta-se à vontade para modificar as frases de modo que reflitam sua própria maneira de se expressar. Embora possa convir-lhe manter a essência da mensagem, é importante que você se sinta como se estivesse falando do fundo do coração. Talvez seja útil anotar suas afirmações em fichas de cartolina até que você as tenha decorado.

ESQUEMA DE DESENVOLVIMENTO DO EQUILÍBRIO EMOCIONAL PELA MEDITAÇÃO

Pratique-o três vezes por semana, de 10 a 20 minutos por sessão.

No Programa Preparatório, pratique o Exercício Básico de Meditação e Respiração.
Nas oito semanas seguintes, inicie e termine suas sessões de afirmações voltadas para o Equilíbrio Emocional e relacionadas com os quatro Componentes Fundamentais do Equilíbrio Emocional.

SEMANA   COMPONENTE FUNDAMENTAL PARA ÊNFASE NAS SESSÕES
          DE MEDITAÇÃO/AFIRMAÇÃO

Semana 1: Capacidade de Identificar e Suportar Sentimentos

Semana 2: Empatia

Semana 3: Introspecção

Semana 4: Afirmação

Semana 5: Capacidade de Identificar e Suportar Sentimentos

Semana 6: Empatia

Semana 7: Introspecção

Semana 8: Afirmação

Após as oito primeiras semanas, você pode repetir o plano do Curso Básico ou passar ao esquema do Curso Pessoal.

INSTRUÇÕES PARA A PRÁTICA DAS SESSÕES DE EQUILÍBRIO EMOCIONAL PELA MEDITAÇÃO PARA O DESENVOLVIMENTO DA CAPACIDADE DE IDENTIFICAR E SUPORTAR SENTIMENTOS

Sente-se num local confortável e assuma a postura de meditação. Comece a concentrar-se em sua respiração. Realize o Exercício de Meditação e Respiração durante o equivalente a dez respirações.

Repita para si mesmo em silêncio ou em voz alta:

"Estou concentrando a minha força psicológica na minha capacidade de me sintonizar com o mundo de meus sentimentos íntimos. Quero ser mais capaz de discernir, assimilar e suportar os meus sentimentos, para que eu possa transformá-los em algo positivo. É útil e saudável conhecer e suportar todos os nossos sentimentos."

Depois que tiver repetido essas frases três vezes, repita também o Exercício Básico de Meditação e Respiração durante 15 minutos. Ao fim desse tempo, com os olhos ainda fechados, repita três vezes:

"Estou aprendendo a usar minha força psicológica para sintonizar-me com a essência de meus sentimentos. Estou me tornando mais capaz de identificá-los e suportá-los. Estou aprendendo a expressar meus sentimentos de forma útil e saudável."

Depois que tiver repetido essas frases três vezes, levante-se de sua posição de meditação calmamente. Repita a sessão de Equilíbrio Emocional pela Meditação para o Desenvolvimento da Capacidade de Identificar e Suportar Sentimentos três vezes durante a Semana 1 do Programa CEE, e outras três vezes durante a semana 5.

INSTRUÇÕES PARA A PRÁTICA DO EQUILÍBRIO EMOCIONAL PELA MEDITAÇÃO PARA O DESENVOLVIMENTO DA EMPATIA

Sente-se num local confortável e assuma a postura de meditação. Comece a concentrar-se em sua respiração. Realize o Exercício Básico de Meditação e Respiração durante o equivalente a dez respirações.

Repita para si mesmo em silêncio ou em voz alta:

"Quero tornar-me capaz de entender melhor as necessidades e sentimentos das outras pessoas. Quero aprender a ser uma pessoa mais tolerante e decidida em minhas atitudes de consideração pelos outros."

Depois que tiver repetido essas frases três vezes, repita também o Exercício Básico de Meditação e Respiração por entre dez e quinze minutos. Ao fim desse tempo, com os olhos ainda fechados, repita três vezes:

"Estou conseguindo tornar-me mais sensível aos problemas alheios. Estou aprendendo a ser mais compreensivo(a) em relação às necessidades e sentimentos dos outros. Estou me tornando uma pessoa mais tolerante e sensível."

Depois que tiver repetido essas frases três vezes, levante-se de sua posição de meditação calmamente. Repita a sessão de Equilíbrio Emocional pela Meditação para o Desenvolvimento da Empatia três vezes durante a Semana 2 do Programa CEE, e outras três vezes durante a Semana 6.

INSTRUÇÕES PARA A PRÁTICA DO EQUILÍBRIO EMOCIONAL PELA MEDITAÇÃO PARA O DESENVOLVIMENTO DA INTROSPECÇÃO

Sente-se num local confortável e assuma a postura de meditação. Comece a concentrar-se em sua respiração. Realize o Exercício Básico de Meditação e Respiração durante o equivalente a dez respirações.

Repita para si mesmo em silêncio ou em voz alta:

"Quero ser capaz de entender melhor a lógica da relação existente entre a minha vida na infância e a vida que tenho agora. Quero entender meu Padrão Idiossincrático e minha mitologia pessoal. É útil e seguro devassar os substratos da mente e desenvolver o discernimento."

Depois que tiver repetido essas frases três vezes, repita também o Exercício Básico de Meditação e Respiração por entre dez e quinze minutos. Ao fim desse tempo, com os olhos ainda fechados, repita três vezes:

"Estou conseguindo entender melhor a lógica da relação existente entre minha vida na infância e a vida que tenho agora. Estou conseguindo entender meu Padrão Idiossincrático e minha mitologia pessoal. Estou aprendendo a entender a mim mesmo mais profundamente."

Depois que tiver repetido essas frases três vezes, levante-se de sua posição de meditação calmamente. Repita a sessão de Equilíbrio Emocional pela Meditação para o Desenvolvimento da Introspecção três vezes durantre a Semana 3 do Programa CEE, e outras três durante a Semana 7.

INSTRUÇÕES PARA A PRÁTICA DO EQUILÍBRIO EMOCIONAL PELA MEDITAÇÃO PARA O DESENVOLVIMENTO DA AFIRMAÇÃO

Sente-se num local confortável e assuma a postura de meditação. Comece a concentrar-se em sua respiração. Realize o Exercício Básico de Meditação e Respiração durante o equivalente a dez respirações.

Repita para si mesmo, em silêncio ou em voz alta:

"Quero ser capaz de reconhecer e saber impor meus direitos legítimos e, ao mesmo tempo, respeitar os direitos dos outros. Quero adquirir a força para conseguir pedir o que desejo ter e saber correr riscos de natureza emocional. É útil e saudável agir com Afirmação."

Depois que tiver repetido essas frases três vezes, repita o Exercício Básico de Meditação e Respiração por entre dez e quinze minutos. Ao fim desse tempo, com os olhos ainda fechados, repita três vezes:

"Estou conseguindo reconhecer e impor meus direitos legítimos e, ao mesmo tempo, respeitar os direitos dos outros. Estou adquirindo a força para pedir aquilo que desejo e correr riscos de natureza emocional. Estou conseguindo agir com mais Afirmação."

Depois que tiver repetido essas frases três vezes, levante-se de sua postura de meditação. Repita a sessão do Equilíbrio Emocional pela Meditação para o Desenvolvimento da Afirmação três vezes durante a Semana 4 do Programa CEE, e outras três vezes durante a Semana 8.

EQUILÍBRIO EMOCIONAL PELA MEDITAÇÃO:
O CURSO PESSOAL

Passados dois meses, depois dos quais você terá completado o Curso Básico do Programa CEE, você se verá numa espécie de encruzilhada, na qual terá a oportunidade de escolher o caminho a seguir. Se os resultados de suas Auto-Avaliações e o conhecimento de si mesmo indicarem a existência de graus de firmeza semelhantes na esfera dos quatro Componentes Fundamentais do Equilíbrio Emocional, talvez seja conveniente repetir o Curso Básico. Você também pode optar por repetir o Curso Básico se achar que é melhor continuar a aplicar esforços no aprimoramento dos Componentes Fundamentais, já que sabe que eles se sustentam mutuamente e/ou porque queira adquirir mais familiaridade com o Programa Básico.

Outra opção seria adotar o Curso de Treinamento Pessoal. O Curso Pessoal requer que você escolha um ou dois Componentes Fundamentais como objeto de ênfase em seus esforços de treinamento. Esses serão o seu Componente Fundamental Primacial e seu Componente Fundamental Secundário.

Entre as Semanas 9 e 12 do Programa CEE, você concentrará seus esforços no Componente Fundamental Primacial que escolheu. Entre as Semanas 13 e 16, você poderá escolher entre continuar a ocupar-se com o desenvolvimento do Componente Fundamental Primacial ou passar ao aprimoramento do Componente Fundamental Secundário.

Assim que tiver definido quais Componentes Fundamentais a cujo aprimoramento deseja dedicar-se, poderá optar pelo emprego das afirmações que usou nos primeiros dois meses do Programa CEE. Ou, ainda, você poderá criar suas próprias declarações positivas para lidar direta e especificamente com suas necessidades e objetivos.

AFIRMAÇÕES DE CUNHO PESSOAL

Ao criar suas próprias afirmações, faça-o com declarações positivas, em vez de, logicamente, negativas. Afirme o que você quer, em vez de o que você não quer alcançar. Por exemplo, você poderia dizer: "Quero conseguir entender melhor a necessidade que minha esposa tem de ir para a cama mais cedo do que eu." Em vez de dizer: "Não quero ficar tão aborrecido com o fato de minha esposa gostar de ir dormir tão cedo." Ou você poderia dizer também: "Estou ficando mais capaz de ser reconhecido e recompensado na minha carreira." Em vez de dizer: "Já não fico tão inseguro e acanhado quando conheço novas pessoas."

Embora convenha fazer a afirmação usando uma forma verbal do presente, ela não precisa corresponder a nenhuma realidade atual. Felizmente, porém, é bem possível que sua declaração se torne realidade. Tente não compor afirmações que sejam extremamente difíceis de se tornarem realidade: "Vou ganhar um prêmio na loteria" não é uma afirmação; é um desejo irrealizável ou um devaneio. Mas você poderia dizer: "Sei como impor-me para ser reconhecido e recompensado em minha carreira."

Jamais crie uma afirmação que sirva para prejudicar alguém. "Vou usar minha capacidade de Afirmação para me livrar daquele homem que me azucrina no trabalho" não é algo apropriado. Você poderia dizer: "Sei impor meus legítimos direitos aos meus colegas de trabalho e eles me tratam com respeito." Isso cria a possibilidade de resolver os problemas que você tenha com outras pessoas, sem que precise ser vingativo.

Tente compor afirmações razoavelmente sucintas e simples. Elas podem ser de caráter genérico ou feitas especificamente para alguma situação. Não tente compô-las com base em raciocínios complexos e brilhantes; simplesmente declare o que você deseja alcançar. "Estou conseguindo entender por que o casamento de meus pais e o papel de co-dependente e pessoa egoísta de cada um deles contribuem para que eu me sinta atraída por certos tipos de pessoas e para o meu comportamento nos relacionamentos" é muito longo e rebuscado. Uma afirmação mais eficaz seria: "Meus relacionamentos estão ficando mais saudáveis à medida que consigo entender quanto o meu passado influencia o meu presente."

O EQUILÍBRIO EMOCIONAL PELA MEDITAÇÃO E AS OUTRAS TÉCNICAS DE TREINAMENTO DO CEE

Durante todo o Programa CEE, você pode acelerar seu progresso associando as várias atividades de treinamento a questões de tratamento comum. Por exemplo, na semana em que estiver concentrando-se na Empatia durante suas sessões de Equilíbrio Emocional pela Meditação, você poderia procurar aprimorar esse Componente Fundamental nas sessões de Visualização do Equilíbrio Emocional e de escrita em seu Diário do Equilíbrio Emocional. Você poderia até mesmo mesclar sua rotina de exercícios com sessões de Equilíbrio Emocional pela Meditação.

Por exemplo, Denise está cumprindo seu segundo mês do Curso Básico, num esforço para desenvolver a Empatia em suas sessões de Equilíbrio Emocional pela Meditação. Sua afirmação personalizada para lidar com esse Componente Fundamental é: "Estou aprendendo a ser mais paciente e compreensiva com minha mãe."

Em sua sessão de Visualização do Equilíbrio Emocional, ela imagina uma cena em que a mãe dela está preocupada com a decisão de Denise de abandonar seu emprego de tempo integral para se tornar consultora autônoma. Em vez de se deixar levar automaticamente pela raiva e se tornar agressiva, Denise se lembra de seu treinamento de desenvolvimento da Empatia. Então, ela diz à mãe que aprecia a sua preocupação e assegura-lhe que tudo vai dar certo. Ao se abraçarem calorosamente, Denise sente o cheiro do talco perfumado que sua mãe sempre usou. O cheiro faz Denise lembrar-se da época em que fora criança. Mas agora ela se sente uma pessoa adulta, experiente e segura. E sente uma ponta de orgulho com o fato de que consegue reagir às preocupações da mãe com Empatia, em vez de com agressividade.

Alguns dias depois, Denise faz uma anotação em seu Diário do Equilíbrio Emocional relacionada com esse problema, cuja solução objetivada ela estabelecera em suas sessões de Equilíbrio Emocional pela Meditação. No início, ela assinala a afirmação em si, mas, depois, escreve francamente sobre os conflitos resultantes do problema:

> *"Estou aprendendo a ter mais Empatia para com minha mãe. Entendo que ela tem boas intenções, e a trato com paciência e Empatia.*
>
> *Minha mãe confia em mim, mas de um modo muito limitado. Ela nunca parece achar que sou capaz de fazer algo extraordinário ou incomum. Ela tem uma visão muita acanhada. Mas devo lembrar-me de sua origem. Quando minha mãe era jovem, seus pais foram surpreendidos pela Grande Depressão e ficaram sem trabalho durante longo tempo e mal conseguiam sustentar-se. Portanto, logicamente, ela acredita sempre na solução mais segura. Para mim, é mais fácil correr riscos porque meu pai foi um bom chefe de família e jamais fui levada a me preocupar com minha segurança quando criança. Devo ter sempre em mente que mamãe não tem, na verdade, falta de confiança em mim; às vezes, ela é dominada por seu receio em relação ao mundo de um modo geral. É isso!*
>
> *Quando tento algo de novo e mamãe fica muito preocupada, tenho a impressão de que ela está querendo dizer que não sou muito boa no que faço. É isso o que me faz ficar tão aborrecida. Mas sua reação não tem nada que ver comigo ou com minha capacidade. Sua reação é conseqüência de sua mitologia pessoal.*
>
> *Logicamente isso vai continuar a me aborrecer. Mas poderei conversar a respeito disso com os meus amigos; eles me entenderão. Eu tenho o direito de me expressar. Mas perder a calma com minha mãe não é, realmente, uma forma construtiva de fazer isso. Isso serve apenas para fazer com que me sinta culpada e não muda a maneira de ela pensar, de modo algum. A paciência e a Empatia são boas para nós duas."*

Para rematar seu esforço no desenvolvimento da Empatia nesse mês, Denise faz afirmações nas sessões de Exercício do Equilíbrio Emocional. Ela repete essas afirmações para si mesma enquanto faz sua caminhada em marcha acelerada, e torna a fazê-lo na sessão de alongamento e relaxamento. Ela se sente revigorada e confiante depois dos exercícios, e capaz de manifestar sua força moral por meio da Empatia.

DEIXE O BARCO CORRER

Talvez pareça uma espécie de paradoxo espiritual "deixar o barco correr" nas sessões de meditação, enquanto você procura concentrar-se no objetivo almejado por meio das afirmações. Mas esses dois expedientes podem seguir lado a lado – desde que você não exagere ou espere obter muito em muito pouco tempo.

Faça suas afirmações com convicção, acredite nelas, mas não espere que a prática seja o gênio da garrafa à sua disposição. Não tente forçar a transformação de sua natureza num estado de Equilíbrio Emocional por meio de pura força de vontade. Deixe que o processo se desdobre num ritmo natural. Almeje a conquista de evolução e transformação pessoal, mas não julgue a si mesmo nem se sinta desapontado se nada de monumental ocorrer em pouco tempo. Quando se mantém fiel à prática, você já está colhendo os frutos de seu esforço num estágio adiantado, independentemente de efeitos exteriores imediatos.

O processo é semelhante a um fenômeno muito comum no âmbito da boa forma física. Muitas pessoas passam a freqüentar academias de ginástica para perder peso e poderem vestir roupas de números menores. Mas, em vez de perderem peso rapidamente, elas se tornam pessoas mais robustas assim que começam a se exercitar. Elas "remodelam" o corpo de uma maneira interessante e útil, mas não da forma que haviam esperado poder fazê-lo de imediato. Além disso, normalmente colhem disso frutos importantes e benéficos, tais como a redução do risco de um ataque do coração.

Se essas pessoas estiverem como que obcecadas pelo objetivo de perda de peso e pela possibilidade de vestir modelitos menores, e esse objetivo não for alcançado rapidamente, possivelmente elas deixarão de se exercitar. Porém, se forem capazes de perceber as transformações pelas quais estejam passando, sentir-se-ão inspiradas a continuar a exercitar-se. Então, elas poderão alcançar um estágio de treinamento tão avançado que, de fato, os quilos excessivos se dissiparão.

A lição sugerida aqui equivale ao fato de que, nem sempre, ou dependendo de seu caso, você conseguirá obter resultados rápidos e precisos com a prática do Equilíbrio Emocional pela Meditação ou das outras Técnicas de Treinamento. Mas as Técnicas estão sempre trabalhando ocultamente para preparar o terreno, assentar fundações e edificar seu Equilíbrio Emocional. Às vezes, o progresso é imediatamente mensurável; doutras, é difícil positivá-lo. Mas qualquer coisa que você faça para fomentar seu equilíbrio emocional o proverá de mais recursos para conquistar uma vida emocionalmente satisfatória.

ESQUEMA DE DESENVOLVIMENTO DO EQUILÍBRIO EMOCIONAL PELA MEDITAÇÃO

1. Escolha um local para meditação que seja tranqüilo, íntimo e confortável.
2. Pratique o Exercício Básico de Meditação e Respiração pelo menos três vezes durante a semana do Programa Preparatório, em sessões de 10 a 20 minutos.
3. Pratique o Equilíbrio Emocional pela Meditação, três vezes por semana, de 10 a 20 minutos por sessão, dando ênfase aos Componentes Fundamentais de acordo com o proposto abaixo:

Semana 1: Capacidade de Identificar e Suportar Sentimentos

Semana 2: Empatia

Semana 3: Introspecção

Semana 4: Afirmação

Semana 5: Capacidade de Identificar e Suportar Sentimentos

Semana 6: Empatia

Semana 7: Introspecção

Semana 8: Afirmação

4. Na Semana 8 do Programa CEE, decida se você prefere repetir o Curso Básico ou passar para o Curso Pessoal. Se optar pelo Curso Pessoal, escolha o Componente Fundamental Primacial e o Componente Fundamental Secundário e componha suas próprias afirmações.
5. Entre as Semanas 9 e 12 do Programa CEE, pratique o Equilíbrio Emocional pela Meditação três vezes por semana, durante 10 ou 20 minutos por sessão, acompanhado por afirmações relacionadas com o Componente Fundamental Primacial. Componha essas afirmações de modo que sejam pessoalmente aplicáveis à consecução dos Objetivos do CEE.
6. Entre as Semanas 13 e 16 do Programa CEE, pratique o Equilíbrio Emocional pela Meditação três vezes por semana, de 10 a 20 minutos por sessão. Crie suas próprias afirmações de feição tal que você possa concentrar-se tanto no Componente Fundamental Primacial — se você tiver necessidade de esforçar-se mais no que diz respeito a ele — quanto no Componente Fundamental Secundário.
7. Durante todo o Programa, não negligencie a necessidade de realizar sessões de Equilíbrio Emocional pela Meditação, enquanto pratica as outras Técnicas de Treinamento.

nove

Visualização do Equilíbrio Emocional

A segunda técnica de treinamento do Programa CEE é a Visualização do Equilíbrio Emocional, a qual permite que você reforce a feição de seus Componentes Fundamentais de maneira distinta e pessoal. Visualização é a criação de imagens mentais específicas para a consecução de determinado objetivo, efeito ou resultado. No Treinamento do CEE, essas imagens são usadas para estimular o desenvolvimento do Equilíbrio Emocional e dos Componentes Fundamentais.

Assim como a meditação, a Visualização do Equilíbrio Emocional é uma Técnica de Treinamento que você pode praticar em sua própria casa, com apenas algum preparo e sem nenhuma despesa ou algum equipamento especial. Você não precisa de nenhuma instrução especial ou ter alguma inclinação espiritual para colher os benefícios da visualização. Sua prática se baseia no recurso a um de nossos mais naturais e instintivos processos: projetar cenas ou situações imaginárias em nossa "retina espiritual".

Todas as pessoas praticam visualização de algum modo, embora nem sempre producentemente. Sempre criamos cenas imaginárias em nossa mente, imaginamos vários resultados num futuro relativamente próximo ou distante ou figuramo-nos em relação com algumas pessoas em dadas situações.

As visualizações profícuas são um dos "segredos do sucesso" da realização de algumas pessoas em praticamente todos os campos da existência humana. A maratonista imagina-se avançando constantemente durante a corrida e cruzando a linha de chegada numa explosão de glória. O bom vendedor visualiza-se conquistando, para a preparação do terreno, a simpatia e confiança de um cliente promissor e fechando a venda. O contabilista figura-se numa apresentação da experiência e idoneidade de sua empresa, impressionando o cliente e recebendo a concessão de administrar a conta lucrativa.

Em muitos casos, as visualizações têm que ver com os relacionamentos e os problemas pessoais de alguém, bem como com preocupações relativas à consecução de objetivos. A adolescente apaixonada devaneia durante as aulas, enlevada por cenas imaginárias em que pinta todos os detalhes do encontro com o namorado, depois da escola. A esposa contrariada imagina-se confrontando-se com o marido quando ele chegar em casa e percorre mentalmente todo o curso da discussão conjugal iminente antes que ele passe pela porta. O estudante juvenil sonha com os detalhes do novo flerte na festa: sua aparência, seu cheiro e as sensações do corpo e da alma quando dançarem junto.

Toda situação "ensaiada" com grandes detalhes em nossa mente, com efeitos visuais e monólogos ou diálogos mentalmente compostos, pode ser considerada visualização espontânea. Que a maioria de nossas visualizações sejam estimulantes ou causadoras de ansiedade depende de alguns fatores, tais como: nosso Padrão Idiossincrático, nossa mitologia pessoal, nossa experiência e nosso temperamento básico.

Detenha-se alguns minutos na ponderação de quanto, possivelmente, você usa a visualização em sua vida. Você a emprega conscientemente para incutir no próprio imo expectativas positivas e potencializar seu desempenho? Sua imaginação ou suas visualizações costumam "sabotar" seu potencial? Normalmente, ou dependendo da situação, você imagina o melhor resultado possível, o pior ou uma espécie de mescla dos dois?

Assim como o colóquio íntimo, as visualizações espontâneas têm o potencial de nos fazer ter grande confiança em nós mesmos e nos incitar a buscar padrões de excelência, ou de consumir nossas energias e esvaecer nossa fé. Elas podem influenciar poderosamente nosso Equilíbrio Emocional, bem como nossas ações no mundo como um todo.

A prática de visualizações orientadas direciona essa influência no sentido de objetivos específicos. Na prática formal da visualização, monta-se um "cenário" mental e imaginário antecipadamente e reserva-se algum tempo para o ensaio das imagens retóricas na retina do espírito.

A visualização tem sido usada há muito tempo e com vários propósitos, desde a iluminação espiritual à cura de problemas físicos e à consecução de objetivos no mundo material. No Treinamento do CEE, ela é usada para o desenvolvimento dos Componentes Fundamentais como um todo e para lidar com questões e situações específicas no âmbito do Equilíbrio Emocional.

Com base na minha própria experiência e na de muitos outros que se aplicaram ao CEE, posso afirmar com certeza que a Visualização do Equilíbrio Emocional pode ser uma poderosa técnica de treinamento dos componentes da sinergia humana. Sua eficácia pode ser descrita pela menção de dois fenômenos estudados e comprovados: primeiro, as Visualizações do

Equilíbrio Emocional que você cria e pratica lhe dão a valiosa oportunidade de ver, ouvir e sentir a si mesmo em situações nas quais passa a reagir com mais Equilíbrio Emocional. Segundo, sua prática o torna consciente de como suas visualizações espontâneas afetam seu Equilíbrio Emocional. Você começa a ter controle sobre suas visualizações espontâneas e a aprender a transformá-las em algo mais positivo.

A experiência tem demonstrado que as visualizações feitas conscientemente são potencialmente muito valiosas para a saúde física e mental. A história da visualização como meio terapêutico tem alguns paralelos interessantes com o estudo clínico da meditação, à qual ela está intimamente associada. Ambos os recursos têm sido usados por povos de culturas diferentes há milhares de anos. Mas apenas recentemente foram adotados pela comunidade científica e receberam o selo de aprovação conferido pela pesquisa.

O MAIS ANTIGO "NOVO" MÉTODO DE CURA

O uso da visualização para a cura do corpo e da mente não tem nada de novo. A visualização foi o esteio das práticas medicinais no Tibete, Índia, África e nas culturas nativas americana e esquimó. Fora da esfera da prática formal da medicina, membros de civilizações de todas as partes do globo sempre usaram o pensamento positivo, a prece, a visualização e a energia de sua imaginação para curar e fortalecer a si mesmos e aos outros.

Na comunidade médica ocidental contemporânea, a visualização como técnica de cura prática despertou mais interesse na década de 70, como faceta do novo ramo de estudo chamado psiconeuroimunologia (PNI). A PNI tem por objetivo primacial desvendar a relação existente entre a mente ou as emoções (psico-), o cérebro (neuro-) e o sistema imunológico (imuno-).

Estudos feitos por pesquisadores da PNI revelaram que pessoas que praticavam visualização induzida eram capazes de aumentar significativamente seu número de linfócitos (um tipo de célula sangüínea branca), descoberta que tem amplas implicações para a imunologia. Novas e excitantes descobertas relacionadas com o papel que a visualização pode exercer sobre a saúde e a cura continuam a ocorrer nos centros de pesquisas.

O dr. Martin Rossman, clínico do Departamento de Medicina da University of California, em São Francisco, e co-diretor da Academy for Guided Imagery, em Mill Valley, afirma que os efeitos da visualização na cura são difíceis de quantificar e que estudos rigorosos ainda são raros. Contudo, relatos comuns e relatórios clínicos indicaram que a visualização pode ser útil no tratamento de males como dores crônicas, alergias, asma, gripes e resfriados, pressão arterial alta, doenças auto-imunes e tensão associada a problemas gastrointestinais, urinários e de infertilidade.

No campo da psicoterapia, a visualização tem sido adotada por várias escolas da prática terapêutica formal que se desenvolveu na Europa. Entre os luminares que usaram formas de visualização estão Robert Desoille, que desenvolveu a técnica do *directed waking dream**, Hanscarl Leuner, conhecido por sua *guided affective imagery*** e Carl Jung, que desenvolveu a técnica da *active imagination****.

Na terapia moderna, a visualização induzida é comumente usada como técnica do gestaltismo, originariamente desenvolvida por Fritz Perls. Arnold Lazarus, psicólogo famoso e terapeuta behaviorista, honrado com o Lifetime Achievement Award pela American Psychological Association, tem escrito profusamente a respeito do uso da visualização induzida no tratamento de problemas emocionais. Como parte de um método de tratamento complexo, às vezes a visualização é empregada no tratamento de depressão, insônia, disfunção sexual e algumas fobias e estados de ansiedade.

O renomado psicólogo canadense Donald Meichenbaum afirmou que a visualização induzida é um recurso eficaz, por três motivos básicos: 1) o ensaio mental de situações imaginárias aumenta o sentimento de confiança e o domínio próprio; 2) imagens retóricas podem gerar transformações valiosas no padrão do colóquio íntimo; e 3) aptidões para a solução de problemas podem ser aprimoradas pelo ensaio mental de resultados almejados.

Capaz de nos levar além do tratamento de problemas psicológicos, a visualização pode ser um instrumento para a remoção de bloqueios quando a terapia convencional não consegue avançar. Ela é capaz de aclarar problemas, fazer com que sentimentos recalcados aflorem e sejam exprimidos e inspirar a tomada de atitudes criativas e profícuas. Às vezes, se palavras em si se transformam em barreiras, o recurso da visualização retórica pode ajudar-nos a superá-las e avançar.

O FUNCIONAMENTO DA VISUALIZAÇÃO

Pesquisadores da PNI descobriram que, no âmbito da saúde física, alguns tipos de visualização podem influenciar um grande número de funções orgânicas, tais como o ritmo cardíaco, a pressão sangüínea, a respiração, a atividade elétrica do cérebro e as sinergias gastrointestinais. A visualização pode influenciar a produção de vários hormônios e neurotransmissores e ativar diretamente o sistema nervoso autônomo, o qual regula as funções orgânicas que, normalmente, estão além de nosso controle consciente.

---

* "Devaneio induzido." (N. do T.)
** "Visualização induzida do estado afetivo." (N. do T.)
*** "Imaginação ativa." (N. do T.)

Possivelmente você já deve ter percebido em si mesmo alguns tipos de reação provocados por visualizações espontâneas. Por exemplo, você pode começar a salivar se sentir calor e sede e pensar num pedaço de melancia. Ou pode sentir um caloroso refluxo de sangue quando pensa na pessoa que ama – ou sofrer aumento na taxa de adrenalina e do ritmo cardíaco se imaginar uma cobra enorme cruzando-lhe o caminho.

A evidência prática de que a visualização induzida pode ser um recurso poderoso está à nossa volta, mas temos apenas alguns indícios quanto à forma pela qual ou por que ela funciona. Sabemos que a visualização pode estimular funções do hemisfério direito do cérebro, o que, para a maioria das pessoas, está relacionado com imagens, sons, noções de espaço e emoções. De um modo geral, o hemisfério esquerdo do cérebro está associado à lógica e à expressividade, ao passo que o direito, à sensibilidade emocional. O hemisfério direito processa várias informações ao mesmo tempo e combina logicamente vários elementos simultaneamente, enquanto o hemisfério esquerdo processa informações seqüencialmente, dividindo-as em componentes.

O hemisfério direito do cérebro é, de um modo geral, considerado o centro da intuição e da emoção, capaz de abranger um quadro lógico mais amplo. A visualização induzida, com sua associação de cenas, sons e sentimentos, ativa esse potencial do hemisfério direito do cérebro e pode orientar-lhe a essência para a cura e a evolução pessoal. Quando acrescentamos palavras e diálogos à visualização, o hemisfério esquerdo do cérebro é usado nesse processo também. Por meio da Visualização do Equilíbrio Emocional, podemos ir direto à fonte para aprimorar nossa aptidão emocional.

OS ELEMENTOS DA VISUALIZAÇÃO INDUZIDA

Existem certos elementos ou qualidades-chave que diferenciam a visualização induzida de meras fantasias ou visualizações espontâneas. A presença desses fatores em suas sessões de Visualização do Equilíbrio Emocional é fundamental para você poder valorizar ao máximo o tempo que gasta nelas.

Antes de começar, torne claro e defina o propósito de seus esforços na participação dessas sessões em especial. Se você estiver nos dois primeiros meses do Programa CEE, aplicando-se ao cumprimento do Curso Básico, essa providência pode servir simplesmente para fortalecer a essência de um de seus Componentes Fundamentais. Já se você estiver no Curso Pessoal, isso pode ser mais específico; por exemplo, para saber impor-se mais a algum membro de sua família, ou para desenvolver sua Capacidade de Identificar e Suportar Sentimentos a fim de agüentar a pressão e a responsabilidade de administrar a execução de vários projetos no trabalho.

O outro aspecto importante da visualização é o fato de que ela deve ser planejada e praticada cuidadosamente como uma atividade separada. É muito bom formar imagens agradáveis quando você está tentando dormir ou enquanto aguarda um amigo. Mas a Visualização do Equilíbrio Emocional é uma atividade especial, um exercício mental para o aprimoramento do Equilíbrio Emocional. Durante o Programa CEE, você precisará reservar tempo e organizar bem os seus compromissos para poder praticar visualização, de modo que possa fazer seguramente três sessões por semana.

Ainda outro aspecto importante é conscientizar-se do fato de que a visualização induzida segue um texto preparado de antemão. Certamente pode haver espaço para improvisos e criatividade em meio ao teor do texto. Mas, já que você terá definido antecipadamente o propósito da prática da visualização, você não pode esquecer-se do rumo geral e dos resultados colimados das sessões.

A visualização induzida amplia a sua capacidade de realizar afirmações, pois exige mais da sua memória. Quando dizemos que existe um *script* para guiar a visualização, não nos referimos à necessidade de reproduzir uma fala palavra por palavra. O texto ou a situação representada no papel é simplesmente uma base, um ponto de partida, para o curso de sua criatividade. Aquilo que você vê, sente e até mesmo cujo cheiro tem a impressão de perceber numa sessão de visualização pode ser mais decisivo do que aquilo que você ouve ou diz. Tente não se deixar levar em demasia pelas palavras numa sessão de visualização. As imagens e a essência geral das impressões podem ser mais producentes.

Quando estiver absorto em suas visualizações, afigure todos os detalhes das cercanias: iluminação, odores, textura de objetos, música e sons de fundo. Esses detalhes dão vida à visualização e ajudam-na a fixar mais profundamente as impressões.

COMO SE PREPARAR PARA AS SESSÕES DE VISUALIZAÇÃO DO EQUILÍBRIO EMOCIONAL

A Visualização do Equilíbrio Emocional está tão intimamente relacionada aos processos imaginativos naturais que são poucas as precauções que precisamos tomar. Porém, em casos raros, as sessões de visualização podem suscitar ansiedade, medo, raiva, lembranças dolorosas ou outros sentimentos incômodos.

Se você estiver se submetendo a tratamento psicoterapêutico, esses efeitos aparentemente adversos podem resultar no discernimento de fatos proveitosos se você conversar com o terapeuta a respeito deles. Por conta própria, você pode procurar lidar com a causa e a essência de quaisquer sentimentos, lembranças ou problemas penosos que aflorarem escrevendo a respeito deles em seu Diário do Equilíbrio Emocional.

Por fim, se em alguma ocasião as visualizações se tornarem incômodas demais, você pode simplesmente interromper a sessão. Então, procure acalmar-se concentrando-se em sua respiração enquanto relaxa e, depois, levante-se e ande um pouco para tentar livrar-se de um estado de tensão eventual. Visualizações dirigidas não devem ser alucinações ou mesmo sonhos que o mantenham sob seu domínio. Você pode ter total controle sobre as visualizações e nada o impede de interrompê-las caso se tornem demasiadamente incômodas ou sinistras. Contudo, isso é muito pouco provável, já que você planejará situações imaginárias que reflitam um estado de Equilíbrio Emocional e realizará as sessões completamente consciente.

Assim como ocorre com a meditação, o problema típico que, possivelmente, você encontrará durante as sessões de visualização é certa dificuldade inicial para concentrar-se. Se achar difícil manter-se concentrado, acrescente detalhes relacionados com os sentidos em suas visualizações. Caso perceba que sua mente se deixa levar por idéias incertas, procure voltá-la delicadamente para a situação imaginária. Invoque as cores do ambiente, a iluminação, as sombras. Talvez esses detalhes prendam sua mente e o ajudem a impedi-la de vagar.

Não desanime se não conseguir concentrar-se pronta e completamente nas situações imaginárias. Assim como as outras Técnicas de Treinamento, a Visualização do Equilíbrio Emocional pode precisar de períodos de tempo os mais diversos para se lhe tornar familiar e agradável. Mas preocupe-se apenas em manter o cumprimento do programa, em continuar praticando, e o Ciclo de Consolidação do Equilíbrio Emocional acabará sendo ativado. Com o passar do tempo, você achará mais fácil concentrar-se nas visualizações e as enriquecerá com muitos detalhes. Descobrirá que as visualizações vão tendo relevância cada vez maior para a sua vida "real" e vice-versa. E verá também que as situações nas quais você se imagina como partícipe dotado de maior patrimônio de Equilíbrio Emocional acabam tornando-se realidade.

Como no caso do Equilíbrio Emocional pela Meditação, você não precisa de nenhum equipamento, treinamento ou talento especial para iniciar suas sessões de Visualização do Equilíbrio Emocional: apenas o interesse para praticá-la regularmente. Durante o Programa Preparatório, estabeleça por escrito seus compromissos com a realização de sessões nas primeiras semanas do programa como um todo para que você já vá assimilando a idéia da necessidade de como atender aos compromissos de uma agenda.

INSTRUÇÕES PARA A PRÁTICA DA VISUALIZAÇÃO DO EQUILÍBRIO EMOCIONAL

Eleja um lugar tranqüilo e íntimo para a realização de suas sessões de Visualização do Equilíbrio Emocional. Sente-se num lugar confortável, mas não numa posição que estimule o sono. Antes de cada sessão, leia todo o texto da situação imaginária para o desenvolvimento do Componente Fundamental com o qual você esteja lidando na semana.

As situações imaginárias são esquemas ou guias aos quais você acrescentará seus próprios detalhes pessoais. Você não precisa decorar o teor da situação; apenas leia o texto do começo ao fim várias vezes para assimilar-lhe a essência e, depois, inicie a sessão de visualização. Mais além, quando estiver às voltas com a composição do texto de suas próprias situações imaginárias, você pode anotar-lhes de antemão as linhas gerais em seu Diário do Equilíbrio Emocional.

Algumas pessoas preferem gravar em fitas o texto das situações imaginárias da Visualização do Equilíbrio Emocional para se orientar por elas durante as sessões. Isso consistiria de sua própria voz, talvez acompanhada por música de fundo que favoreça a meditação, empregada na leitura do texto. Seria útil que você acrescentasse uma pausa à leitura das frases, de modo que pudesse ter tempo para deter-se mais no aproveitamento da visualização. Agora, esse recurso pode ser complicado, principalmente no começo. Para a maioria das pessoas, simplesmente ler todo o texto da situação algumas vezes é mais fácil e tão eficaz quanto a gravação.

Suas sessões de Visualização do Equilíbrio Emocional devem durar pelo menos de 15 a 20 minutos. Durante as primeiras semanas ou meses, é recomendável ter um cronômetro ou relógio por perto. Logicamente, se você se absorver profundamente em sua visualização e quiser alongar a sessão, sinta-se à vontade para fazê-lo.

Feche os olhos e concentre-se na sua respiração. Inicie a sessão com alguns minutos de Exercício Básico de Meditação e Respiração. Quando estiver relaxado, inicie a visualização. No que tange ao Curso, você deverá concentrar-se nos quatro Componentes Fundamentais consecutivamente e exclusivamente em um deles a cada semana. Depois, repita o processo.

> **ESQUEMA DE DESENVOLVIMENTO DA VISUALIZAÇÃO DO EQUILÍBRIO EMOCIONAL: O CURSO BÁSICO**
>
> *Pratique-a três vezes por semana, de dez a vinte minutos por sessão.*
>
> A cada semana, use a situação imaginária concebida para o desenvolvimento de um dos quatro Componentes Fundamentais do Equilíbrio Emocional de acordo com a seguinte proposição:
>
> SEMANA COMPONENTE FUNDAMENTAL PARA ÊNFASE NAS MEDITAÇÕES/AFIRMAÇÕES
>
> Semana 1: Capacidade de Identificar e Suportar Sentimentos
>
> Semana 2: Empatia
>
> Semana 3: Introspecção
>
> Semana 4: Afirmação
>
> Semana 5: Capacidade de Identificar e Suportar Sentimentos
>
> Semana 6: Empatia
>
> Semana 7: Introspecção
>
> Semana 8: Afirmação
>
> *Depois das primeiras oito semanas, você pode repetir o Curso Básico ou passar para o Curso Pessoal.*

VISUALIZAÇÃO DO EQUILÍBRIO EMOCIONAL PARA O DESENVOLVIMENTO DA CAPACIDADE DE IDENTIFICAR E SUPORTAR SENTIMENTOS

Sente-se num lugar confortável e tranqüilo e assuma a postura de meditação. Inicie a sessão com alguns minutos de Exercício Básico de Meditação e Respiração. Se sentir tensão em alguma parte do corpo, procure relaxá-la por meio da respiração.

Quando estiver relaxado, imagine-se inserido em sua própria retina espiritual. Procure esforçar-se para identificar um sentimento ou um complexo de sentimentos particularmente penosos. Eles podem ser sentimentos de raiva, afeto, excitação, desespero ou outros sentimentos extremos. Afigure-se claramente presente numa situação específica acompanhado por uma ou mais pessoas na qual você esteja tendo esses sentimentos. Imagine os detalhes da cena: os arredores, os objetos, os odores, a roupa que você está ves-

tindo, a textura de tudo em que você toca. Concentre-se em toda sensação física que esses sentimentos possam suscitar.

Agora, imagine-se uma pessoa com capacidade cada vez maior para reconhecer esses tipos de sentimentos. Afigure-se alguém com grande aptidão para suportar esses sentimentos e conversar sobre eles. Procure incutir em si mesmo a sensação de que sua intensidade começa a diminuir e que, ao mesmo tempo, você vai ganhando domínio sobre eles. Sinta isso enquanto imprime a idéia em sua retina espiritual.

Imagine-se fortalecido por esse exercício. Procure fixar no imo de seu ser a imagem mental de si mesmo como uma pessoa que agora está enriquecida com uma ampla variedade de sentimentos positivos e estimulantes e apta a enfrentá-los e expressá-los de maneira saudável. Componha esse quadro com todas as fibras de seu ser.

Quando achar que sua sessão de visualização está completa, pratique durante alguns minutos o Exercício Básico de Meditação e Respiração antes de abrir os olhos.

Essa situação imaginária é apenas um esquema que você precisará modificar para adaptá-la ao tratamento de seus próprios problemas e às circunstâncias que lhe dizem respeito. Acrescente-lhe detalhes de sua própria vida e de quaisquer sentimentos de que você queira tratar para tornar-se capaz de identificá-los e suportá-los. A chave da questão é tornar as visualizações profundamente específicas, para que tenham relevância perfeitamente pessoal.

Eis, a seguir, um exemplo de personalização da visualização da Capacidade de Identificar e Suportar Sentimentos feita por um dos participantes do Programa CEE. Certo senhor, de quarenta e poucos anos e com mais de 20 anos de casamento, queria lidar com vagos sentimentos de desconforto que a esposa, freqüente, mas inadvertidamente, provocava nele.

É manhã e estou na cama com minha esposa. Os raios de sol atravessam as janelas e as cortinas brancas, e posso sentir-lhes a calidez no rosto. Nossa gata está encolhida entre nós e eu a acaricio, sentindo-lhe o pêlo macio. Minha esposa abre os olhos e a beleza deles realça-se à luz do dia, esverdeados com um tom amarelo em volta da íris.

A cena é bela e relaxante, e ainda me sinto como que num sonho, talvez como que fazendo amor. A manhã sempre foi para nós o período preferido do dia. Mas minha esposa começa a falar sobre todas as coisas que temos de fazer ao longo do dia, e também da semana. Tais como levar o carro a outro mecânico, limpar o jardim das ervas daninhas, ajudar nossa filha a escolher o colégio no qual se matricular.

Agora, ouço as crianças lá embaixo, já, àquela hora, assistindo a clipes musicais. O barulho rompe o silêncio da manhã. Estou começando a ser to-

mado por aquele sentimento. Que sentimento é esse? É o tal que me faz querer virar-me e voltar a dormir para não ter de enfrentá-lo.

Mas, ora, que será essa sensação que faz tudo parecer tão difícil, quando, na verdade, tudo parece estar tão bem? Normalmente, eu simplesmente me levantaria e começaria a cuidar da vida. Nesta manhã, porém, vou penetrar mais fundo na essência desse sentimento. Do que se trata? Certamente não é raiva ou ressentimento [...] é um sentimento de fraqueza, de incapacidade. De que não serei capaz de ser tudo que preciso ser para a minha família. O pai paciente, o reparador dos estragos domésticos, o bom marido. De fato, quero ser tudo isso e sei que posso sê-lo. Mas, de certo modo, em algum lugar das entranhas de meu ser, ainda me preocupo com o fato de que não conseguirei fazer isso. E quando minha esposa começa a falar de manhã sobre uma série de coisas a fazer, sinto-me como alguém que não tem energia para isso.

Começo a falar com minha mulher a respeito dessa minha sensação. Ela me escuta e, enquanto falo, acaricia-me o braço e me conforta com o seu toque. Ela diz que, às vezes, se sente assim também. E me promete que vai tentar não bombardear-me com tantos afazeres já tão cedo pela manhã.

Ela me abraça calorosamente e seus cabelos exalam um perfume agradável. Houve ocasiões em que senti receio de confessar-lhe minha fraqueza [...] que mulher deseja um marido fraco? Mas agora sei que ela não vê as coisas dessa forma. Ela me admira pelo fato de eu ter falado sobre meus sentimentos. Ela confia em mim. E me sinto mais forte, mais capaz.

Descobri algo que estava escondido dentro de mim e agora que o vejo, não parece tão ameaçador. Sinto-me invadido por um surto de energia quando abraço fortemente minha esposa. Apesar de tão delicada, ela é forte por dentro. Sinto-me seguro e amado.

VISUALIZAÇÃO DO EQUILÍBRIO EMOCIONAL PARA O DESENVOLVIMENTO DA EMPATIA

Sente-se num lugar confortável e tranqüilo e assuma a postura de meditação. Inicie a sessão com alguns minutos de Exercício Básico de Meditação e Respiração. Se alguma parte de seu corpo estiver tensa, tente relaxá-la por meio da respiração.

Quando estiver relaxado, projete na sua retina espiritual a imagem de uma pessoa que se beneficiaria com o desenvolvimento de sua sensibilidade e de sua capacidade de compreensão. Visualize essa pessoa com o máximo de detalhes: as características físicas dela e sua maneira de se vestir e expressar.

186

Agora, imagine-se claramente numa situação em que você se relacione com essa pessoa. Afigure a cena e a hora do dia tão precisamente quanto possível. Visualize-se assumindo atitudes de compreensão, cautela e sensibilidade. Mentalize nitidamente uma reação favorável dessa pessoa. Insira-se mentalmente num quadro em que você sente orgulho e uma sensação de realização por conta de suas aptidões crescentes. Imagine esses sentimentos no exato momento em que você forma a cena na tela da mente.

Visualize-se agora como uma pessoa com Empatia bem desenvolvida, como alguém que se relaciona com os outros de uma maneira útil e sensível. Projete isso bem nitidamente em sua retina espiritual. Visualize-o com todas as fibras do ser.

Ao terminar a sessão de visualização, pratique durante alguns minutos o Exercício Básico de Meditação e Respiração antes de abrir os olhos.

A situação imaginária pode ser individualmente caracterizada de modo que você possa dar ênfase ao tratamento de questões envolvendo qualquer pessoa para com a qual queira ter Empatia. Ela pode ser um membro da família, um amigo, um vizinho ou outra pessoa qualquer.

Eis, a seguir, um exemplo de personalização da visualização para o desenvolvimento da Empatia. Joan, gerente de vendas regional, queria ter um relacionamento profissional mais positivo e producente com uma secretária sênior que trabalhava na empresa havia muito tempo. A secretária, senhora de certa idade, era uma pessoa muito resistente a mudanças e, aparentemente, dificultava todas as tentativas da gerente de implantar novos sistemas administrativos.

Chego ao escritório e vejo que Arlene já está trabalhando em sua mesa. As janelas estão fechadas, embora o dia seja bonito e o ambiente esteja rançoso. Eu a cumprimento e abro a janela para deixar entrar um pouco de ar fresco.

Arlene deixara um bilhete sobre minha mesa dizendo-me que precisávamos discutir meu novo sistema de acompanhamento do desempenho dos vendedores. Sempre me sinto tomada por uma onda de pavor quando vejo um de seus conhecidos bilhetes amarelos. Dirijo-me para uma cadeira em frente da mesa dela, a qual está sempre em perfeita ordem. Quando me sento, a saia de meu conjunto se arregaça e, subitamente, sinto-me envergonhada, e jovem e ousada. Sinto o cheiro da colônia de lilases que ela usa sempre. Quando ela pega seu livro de controle de vendas efetuadas, reparo em sua mão envelhecida e enrugada. Nenhum anel — ela nunca se casou; tudo que teve foi esse emprego.

Ela começa a explicar a seu modo bem tedioso algo a respeito do velho sistema em comparação com o novo. Ela simplesmente não consegue acei-

Visualização do Equilíbrio Emocional

tar que seja correto usar planilhas eletrônicas em vez do sistema que ela usara durante tantos anos.

Mas é aí que preciso ter mais Empatia para com ela. Acabei percebendo que sua atitude crítica se baseava em algum tipo de insegurança. Possivelmente, ela se sentia ameaçada por mim e meus novos métodos.

Ao invés de me melindrar e me tornar agressiva, como ocorrera antes, eu agradeço Arlene por seus comentários. Eu a asseguro de que a nova forma pela qual estou fazendo o acompanhamento das vendas é perfeitamente aceitável. Chego mesmo a fazer-lhe um elogio – dizendo-lhe que é admirável o fato de ela ter conseguido fazer o controle daquilo manualmente durante tantos anos, e com tanta precisão, e que eu não sou tão experiente quanto ela e preciso da ajuda do computador. Esse reconhecimento a anima e ela parece ficar satisfeita.

Sinto-me bem por ter conseguido lidar com alguém usando Empatia e superar uma possível atitude agressiva. Agora podemos passar o resto do dia sem tensão e voltar a trabalhar sem mais discussões inúteis. A Empatia mostrou-se um recurso mais producente, bem como mais civilizado e maduro. Sinto-me calma e leve, em vez de inutilmente agitada. E demoro-me em saborear a sensação de calma e equilíbrio durante algum tempo.

A VISUALIZAÇÃO DO EQUILÍBRIO EMOCIONAL PARA O DESENVOLVIMENTO DA INTROSPECÇÃO

Sente-se num lugar confortável e tranqüilo e assuma a postura de meditação. Inicie a sessão com alguns minutos de Exercício Básico de Meditação e Respiração. Se sentir tensão em alguma parte do corpo, tente relaxá-la por meio da respiração.

Quando estiver relaxado, imagine-se numa situação em que você ainda era criança. Procure projetar a si mesmo e sua família nitidamente em sua retina espiritual. Focalize seus pais, seus irmãos e qualquer outra pessoa que pudesse estar lá com você. Observe a cena imaginária tão detalhadamente quanto possível.

Procure discernir a profunda ligação que possa existir entre a criança que você vê em sua retina espiritual e a pessoa que você é agora. Examine essa relação entre o passado e o presente. Procure sentir a essência de sua presença constante em sua vida. Imagine que as características da criança que você foi sempre estiveram com você, até mesmo no presente.

Agora visualize-se como alguém que estivesse sendo guiado por essas forças sutis. Afigure a si mesmo numa situação na qual você se relacione com outra pessoa, alguém relevante para você. Componha o quadro deta-

lhadamente. Veja-se ali como alguém que admite a existência no imo do próprio ser de inelutáveis sentimentos de fraqueza e insegurança, sentimentos que invocam lembranças suas dos tempos de criança. Sinta agora a sensação de força, de libertação e aceitação que resultam desse reconhecimento.

Em seguida, imagine seus talentos, seus recursos e suas aptidões crescendo como resultado de sua curiosidade e exuberância infantis e naturais. Afigure-se usando essa energia em sua vida atual. Visualize isso com o máximo de clareza. Concentre-se nessas imagens com todas as fibras do seu ser.

Quando tiver terminado sua sessão de visualização, pratique durante alguns minutos o Exercício Básico de Meditação e Respiração antes de abrir os olhos.

Durante o Programa CEE, você precisará elaborar esse quadro básico de modo que reflita sua própria experiência quando criança, a realidade de seus relacionamentos adultos e suas dificuldades e aptidões emocionais. A seguir, um exemplo de personalização de visualização para o desenvolvimento da Introspecção de um participante de 34 anos de idade do Programa CEE:

Tenho 8 ou 9 anos de idade, e é o meu primeiro dia de aula. O tempo está quente como o de um dia de verão, mas meu pai está usando o tipo de roupa que sempre o vi usar, um terno de flanela azul. Ele põe o chapéu quando está pronto para ir trabalhar. Ele me beija a bochecha e sinto o cheiro de sua loção de barbear. Ele diz: "Tenha um bom dia na escola, preguiçoso."

A palavra "preguiçoso" me faz lembrar de beisebol, de ser o último escolhido para entrar no time. De repente, já não consigo comer meus ovos. Sinto-me nervoso e nauseado ao pensar em esportes escolares.

Minha mãe faz que eu e meu irmão sigamos para a escola, com merendeiras e beijos. Ela se importa mais com as notas do que com os esportes, mas meu pai espera que eu seja como meu irmão maior. Meu irmão não usa óculos, como eu, e ele é hábil no beisebol. Aguardamos a chegada do ônibus na frente de casa, e estou suarento e meu estômago dói. Passo alguns minutos imaginando que sou esse menino, inteligente e muito sensível.

Agora, visualizo-me como adulto, no meu local de trabalho, um laboratório de pesquisas farmacêuticas. Meu chefe é um gênio que fez fortuna antes de chegar aos 30 anos. Além disso, tem uma bela mulher e pratica montanhismo. Embora ele seja mais jovem do que eu, às vezes ele me faz sentir-me como meu pai o fazia. Quero ser como ele, mas, infelizmente, não tenho o que é necessário.

Estou profundamente absorto na solução de um problema envolvendo uma pesquisa para o desenvolvimento de um novo medicamento para diabéticos. Meu chefe entra na sala, com o aspecto de um daqueles sujeitos de comercial de TV – esguio, saudável, bronzeado, feliz da vida. Ele me diz que alguns da "turma" vão fazer uma excursão ecológica domingo: Eu gostaria de ir também? Sei que, para ele, excursão ecológica significa escalada de um paredão íngreme. Sinto aquele frio na boca do estômago, aquele enjôo, como se o garoto da quarta série primária estivesse mirando a bola do jogo bem no meio dos meus olhos.

Mas agora eu sei quem sou e conheço o meu valor. Dou ao meu chefe uma desculpa relacionada com obrigações familiares. E respiro fundo algumas vezes. Não preciso mais expor-me a situações em que ficarei apreensivo ou serei humilhado. Não estou preso a injunções como às que estivera quando criança. Em vez disso, devo procurar realçar minhas próprias façanhas.

E atraio a atenção do meu chefe para o meu primeiro grande progresso no desenvolvimento desse novo medicamento. Ele fica impressionado com minha criatividade intelectual. Sempre fui bom em matemática e ciência quando criança; agora consegui orientar minhas forças na direção de uma carreira de sucesso. Sempre trago dentro de mim o garotinho que se sente um fracassado por não ser um bom atleta. Mas eu o perdôo e aceito, e meu pai também o faz. Sinto um grande alívio, como se um peso me tivesse sido tirado de sobre o estômago. Respiro fundo e me sinto bem.

INSTRUÇÕES PARA A PRÁTICA DA VISUALIZAÇÃO DO EQUILÍBRIO EMOCIONAL PARA O DESENVOLVIMENTO DA AFIRMAÇÃO

Sente-se num lugar confortável e tranqüilo e assuma a postura de meditação. Inicie a sessão praticando durante alguns minutos o Exercício Básico de Meditação e Respiração. Se sentir tensão em alguma parte do corpo, tente relaxá-la por meio da respiração.

Quando estiver relaxado, comece a visualizar-se numa cena acompanhado de uma ou mais pessoas, na qual você se veja mantendo uma atitude de defesa e aceitação de seus direitos legítimos. Projete detalhadamente em sua retina espiritual os detalhes da atitude ou reação de cada um dos circunstantes. Concentre-se no que você esteja dizendo ou sentindo.

Imagine-se comportando-se de uma maneira digna e legítima, consciente de que não tem nenhum interesse em ferir os outros ou agir agressivamente. Afigure-se pedindo o que deseja e sentindo-se mais confiante e for-

talecido por estar fazendo isso. Procure ver-se nitidamente na cena fazendo a afirmação de seus direitos com mais confiança. Ao mesmo tempo, você pode imaginar-se ali em atitude de maior sensibilidade para com os direitos dos outros também.

Agora, em suas imagens mentais, você pode afigurar-se como alguém comportando-se com segurança imperturbável, conquistando o respeito dos outros, enquanto, por sua vez, também demonstra respeito por eles. Visualize essas cenas com todas as fibras do ser.

Quando praticar esse tipo de visualização, acrescente-lhe os detalhes de qualquer situação de feição pessoal na qual você precise saber impor-se mais, seja em sua vida profissional, seja em sua vida particular. Eis, a seguir, um exemplo de visualização para o desenvolvimento da Afirmação criada por uma jovem mulher que tinha dificuldade para poder impor-se no relacionamento com o namorado:

Ando de um lado para o outro de meu apartamento. São 18h30 e estou aguardando o telefonema de Paul para me dizer se vamos ou não jantar fora hoje à noite. Ainda estou usando a roupa que pus para trabalhar e me sinto desconfortável e confinada e ouço o ruído incessante do relógio. Vou até a geladeira, observo e começo a comer sobras de macarronada com os dedos. Estou faminta e inquieta e meu coração bate acelerado.

Por que estou esperando que ele me ligue, ao invés de eu mesma telefonar para ele? Por que ainda acredito nesses papéis estereotipados 20 anos depois da libertação feminina? Sinto-me como se ainda tivesse 14 anos e estivesse esperando ser tirada para dançar no baile da escola. Tenho 25 anos de idade; ora, posso enfrentar um auditório inteiro e fazer uma apresentação. Portanto, também sou capaz de dar um telefonema.

Deito-me na minha cama e o faço, sempre me perguntando se desligarei caso a secretária eletrônica atender. Mas ele mesmo atende ao chamado e se mostra contente ao ouvir a minha voz e diz que quer jantar comigo no nosso restaurante de culinária chinesa favorito. Ele parece sinceramente inconsciente de ter feito mal em não me haver telefonado.

Agora, estamos no restaurante, cada um com seu copo de cerveja chinesa, refrescante, mas amarga. Ainda estou usando o conjunto que havia vestido para ir trabalhar, mas agora sem a jaqueta, e com a blusa desabotoada em mais um dos botões. Paul está usando um terno azul-marinho e sua beleza sobressai à luz avermelhada das lanternas chinesas enquanto fala sobre seu dia de trabalho. Ele é advogado criminalista e seu trabalho deve ser mais interessante do que o meu, mas, mesmo assim, gostaria que às vezes ele me indagasse a respeito de meus dias. Respiro fundo algumas vezes e inalo todos os aromas que se evolam dos pratos em volta e, ao ver as ou-

tras pessoas comendo, sinto-me faminta, mas um pouco nervosa ainda para poder comer. Pergunto a Paul se ele gostaria de ouvir a respeito de meu dia de trabalho e ele se mostra um tanto surpreso, mas responde que sim.

Eu digo a ele que meu dia no trabalho foi bom e que fiz uma grande e bem-sucedida apresentação, mas que teria ficado mais bem-humorada se nós tivéssemos feito planos para jantar. Ele explica que é difícil para ele fazer planos em dias úteis, pois nunca sabe quando se haverá desincumbido de suas obrigações a tempo, se estará cansado demais para sair, etc. Mas, ao invés de deixá-lo arranjar algum pretexto para escapar definitivamente do aperto, insisto gentilmente e digo-lhe que fazer planos é importante para mim, ou que, pelo menos, ele faça um telefonema para dizer que me informará mais tarde se poderá sair. Ele aceita a idéia, diz que me entende e que tentará fazer isso. Depois, começa a examinar o enorme menu amarronzado.

Não sei se ele está realmente disposto a mudar, mas acho que eu mesma mudei ao apenas falar-lhe com franqueza. Sinto-me orgulhosa por ter dito a ele o que quero e acho que ele me respeitará mais por isso também. Se ele não o fizer, isso significa que não é a pessoa certa para mim, alguém com o qual eu possa ter um relacionamento duradouro. Corri um risco emocionalmente sadio, e isso me pareceu acertado. Estou pronta para saborear o jantar.

VISUALIZAÇÃO DO EQUILÍBRIO EMOCIONAL: O CURSO PESSOAL

Depois dos dois primeiros meses de cumprimento do Programa CEE, você pode optar por repetir o esquema do Curso Básico para a prática de suas Visualizações do Equilíbrio Emocional ou passar para o Curso Pessoal. Se decidir adotar o Curso Pessoal, tenha em mente que lhe poderá ser sumamente proveitoso concentrar-se ainda no mesmo Componente Fundamental que você escolhera para desenvolver na prática da meditação. Desse modo, as práticas da meditação e das afirmações, da visualização, da escrita e do exercício físico poderão operar conjuntamente para o desenvolvimento do Componente Fundamental que você elegeu como alvo de seus esforços.

Há vários critérios possíveis para a escolha de seus Componentes Fundamentais Primacial e Secundário. Você pode examinar as suas primeiras Auto-Avaliações e ver se a pontuação indica a necessidade de tratamento suplementar de alguma questão em especial. E pode examinar também as anotações feitas no Diário. Se estiver submetendo-se a sessões de terapia, pode recorrer à ajuda do terapeuta no processo de escolha. (Os métodos de seleção do Componente Fundamental são apresentados detalhadamente no capítulo 7.)

Assim que tiver feito suas escolhas, eleja seu Componente Fundamental Primacial como alvo de seus esforços nas sessões de visualização que você realizar entre as Semanas 9 e 12. Depois disso, decida, com base em seu progresso, se prefere continuar a lidar com o Componente Fundamental Primacial ou passar a haver-se com o Componente Fundamental Secundário entre as Semanas 13 e 16 do Programa CEE.

Essa é também uma boa ocasião para rever os seus Objetivos do CEE e verificar se não lhe seria conveniente modificá-los. Procure incluir esses ou os objetivos modificados nas situações imaginárias que você criar para cumprir o Curso Pessoal. Para obter os melhores resultados, dê ênfase aos mesmos Objetivos do CEE tanto em suas sessões de Equilíbrio Emocional pela Meditação quanto nas de Visualização do Equilíbrio Emocional.

Eis, a seguir, um exemplo de como isso pode funcionar. Depois de cumprir os dois primeiros meses do Programa CEE, Jill decidiu passar para o Curso Pessoal. Antes de fazer a escolha de seus Componentes Fundamentais, ela revisou os resultados de suas Auto-Avaliações. Eles indicaram claramente que sua capacidade de Afirmação estava bem desenvolvida, que seu grau de Introspecção era avançado (obtido com a ajuda de vários anos de sessões de terapia), mas que ela ainda tinha sérias dificuldades em certos aspectos de sua Capacidade de Identificar e Suportar Sentimentos e de sua Empatia.

Jill, 40 anos de idade, casara-se com Gregory quando ainda estava no último ano colegial e teve uma filha dois anos depois. Seu casamento se desfez aos poucos, principalmente por causa do insucesso profissional do marido. Ele tentara ser roqueiro durante muitos anos, enquanto pintava casas para ganhar algum dinheiro. Neste ínterim, Jill voltou a estudar, obteve diploma de bacharel em administração e fez carreira em investimento bancário. As diferenças de tipos de trabalho, valores e salários foi gerando aos poucos amargurosa dissensão entre os dois. E eles se divorciaram depois de um casamento de 12 anos.

Jill sentia enorme rancor pelo ex-marido, pelo fato de que ele jamais "amadurecera" e por lhe "ter roubado os melhores anos de minha vida". Nos anos subseqüentes ao divórcio, ela estivera ocupada demais com a carreira e a filha para poder dedicar algum tempo a encontros ou namoros. Enquanto isso, Gregory casara-se outra vez e teve um filho com sua nova esposa, bem mais jovem do que ele. Agora, a filha de Jill, Pâmela, 16 anos de idade, estava rebelando-se contra as restrições da mãe e mostrando-se a favor do pai, pessoa mais liberal.

Em seu Diário do Equilíbrio Emocional, Jill estabeleceu os seguintes objetivos em seu compromisso com o Programa CEE:

Visualização do Equilíbrio Emocional **193**

Capacidade de Identificar e Suportar Sentimentos

1. Controlar e superar efetivamente qualquer sentimento de raiva contra Gregory e procurar achar uma solução sadia e positiva para isso.
2. Não deixar que minhas frustrações influenciem meu relacionamento com Pâmela.

Empatia

1. Tentar ter mais Empatia para com Gregory.
2. Ter e manifestar mais sentimentos de Empatia para com Pâmela.

Com base nesses objetivos, Jill praticou as seguintes afirmações para o CEE em suas sessões de Equilíbrio Emocional pela Meditação:

"Estou conseguindo controlar e superar a raiva que sinto por Gregory mais eficientemente. Uso o Exercício do Equilíbrio Emocional para aliviar-me do peso de minha raiva e ressentimento. Escrevo franca e honestamente em meu Diário para aventar meus sentimentos."

Para aumentar a eficácia dessas afirmações, ela criou a seguinte Visualização do Equilíbrio Emocional:

Mal acabo de chegar do trabalho, o telefone toca. É o Gregory, perguntando se Pam poderia ir visitá-lo de carro no fim de semana, pois o caminhão dele está enguiçado. Fico pensando nas latas velhas que ele teve em todos aqueles anos e me pergunto por que ele ainda não conseguiu juntar algum dinheiro para adquirir um carro que funcione. Mas, de repente, ouço seu filhinho chorar ao fundo. Isso me faz cerrar os dentes. Ele não conseguiu cuidar nem mesmo de uma família e agora arruma outra. Começo a dizer-lhe que eu tinha intenção de usar o carro para ir a uma festa no próximo sábado à noite, para a qual fui convidada [...] que eu estava pensando em ter algum tempo para mim também. Mas ele já estava deixando claro que iria desligar o telefone, dizendo que tinha de pegar a mamadeira do filho.

Agora, Pâmela chega. Quase não me agüento ao ver o que ela fez aos belos cabelos, cortando-os à moda de recruta. Fico irritada ao observar-lhe a aparência, e enfurecida com Gregory, a ponto mesmo de explodir. Mas me contenho e tento relaxar a tensão nos maxilares, para que não comecem a doer. Tenho o direito de expressar-me, mas será realmente saudável fazer minha filha se sentir pior do que já se sente? Não! Posso perceber a raiva que existe em mim, mas também posso suportá-la. E posso escrever a respeito disso em meu Diário hoje à noite. Talvez até mesmo conversar com o meu terapeuta sobre isso amanhã. Não posso despejar minha raiva em Pam nem retê-la nos maxilares tensos.

Digo a Pam que, no fim de semana, ela terá que visitar o pai de carro, já que o dele está enguiçado. Ela fica contente com isso e me abraça calorosamente, e sinto vagamente o cheiro de seu perfume. Seu sorriso me diz que ela ainda é minha linda filha de sempre, mesmo com esse corte de cabelo. Ela pergunta o que há para o jantar.

Mas eu ainda me sinto um pouco irritada. Eu sei que se eu for cozinhar e passar pela rotina de sempre, ficarei ruminando na mente meus ressentimentos a noite inteira. Assim, penso em algo diferente para nós duas. Estamos no verão e o dia demora a escurecer. Diante disso, sugiro que saiamos para patinar um pouco. Digo-lhe que poderíamos ir até a cidade de patins e comer umas fatias de pizza para o jantar. Pâmela ensinara-me a patinar, e fazer isso com ela é realmente muito divertido.

Visto uma bermuda, prendo algum dinheiro nos patins e preparo-me para sair. E partimos pela estrada. É ótima a sensação do vento no rosto e o movimento rítmico da patinação parece fantástico. Sinto-me como criança novamente.

Depois de concentrar-se no desenvolvimento da Capacidade de Identificar e Suportar Sentimentos, Jill decidiu passar a ocupar-se com a Empatia, o que fez entre as Semanas 13 e 16. Ela usou as seguintes afirmações para o desenvolvimento da Empatia:

"Reconheço que ter e manifestar atitudes de Empatia para com Gregory é mais saudável para todos nós. Reconheço que ele tem algo de bom. Reservo-me algum tempo para procurar entender os sentimentos de Pâmela e saber como ter Empatia para com ela."

Para reforçar o potencial dessas afirmações, Jill criou a seguinte Visualização do Equilíbrio Emocional:

Estou na cozinha preparando o jantar, cortando legumes e verduras para a salada. Pâmela chega e começa a comer a salada diretamente da tigela. Ela pintou as unhas de preto para combinar com o batom. Como sempre, sua aparência me incomoda. Quase chego a dizer que suas unhas parecem repulsivas, mas penso no que ela deve estar tentando expressar. Ela está apenas tentando ser moderna, sobressair, criar uma identidade para si mesma.

Eu não fiz a mesma coisa? Lembro-me de também ter estado na cozinha da casa de meus pais, com minha mãe ralhando aos brados comigo pelo fato de eu não usar sutiã e vestir todo dia as mesmas e surradas calças jeans, para parecer hippie. Lembro-me de como isso me fazia sentir como se ela não entendesse nada a meu respeito. Portanto, por que eu deveria fazer Pâ-

mela sentir-se assim também? Ao invés disso, digo a Pâmela que suas unhas parecem muito interessantes.

Pâmela me diz que o pai a convidou para ir jantar na casa dele. E acrescenta que prefere ir comer lá a fazê-lo comigo porque a esposa dele prepara uns pratos vegetarianos realmente muito bons. Isso me faz requeimar por dentro e meus maxilares se contraem. Sinto-me obrigada a largar a faca e tentar relaxar um pouco.

Em vez de soltar o verbo contra Pâmela, procuro refletir mais no que ela me disse. Gregory deveria ter-me avisado a respeito disso, mas isso não é do seu feitio. Ele sempre foi espontâneo. Essa foi uma das coisas que o fez parecer excitante e divertido quando nos conhecemos. Tudo que ele fez aqui foi convidar a filha para jantar em sua casa, algo que a faz sentir-se bem. Posso deixar isso passar.

Digo a Pâmela que não há problema e que eu a levarei à casa do pai. Ela parece aliviada. Ela ainda é uma criança debaixo daquela maquiagem.

Decido congelar o frango e comer apenas salada, já que, aliás, estou tentando perder peso. Vou ver se minha amiga quer ir àquele café-concerto onde se toca jazz ao vivo. Ela me havia dito que às vezes há alguns homens interessantes lá. Fico excitada diante da possibilidade de uma noite livre, sem me sentir culpada por isso. Pâmela poderá ver o pai e eu poderei sair, talvez até mesmo conhecer alguém. E demoro-me alguns minutos imaginando a possibilidade de conhecer mesmo alguém no café.

Depois de um mês de sessões de afirmações e visualização para desenvolver a Empatia, Jill achou que estava conseguindo reagir sadiamente às pequenas provocações de Pâmela e Gregory, as quais, normalmente, a teriam feito dar vazão à sua raiva. Ela passou a conseguir reagir com mais Empatia e a julgar menos os outros. Contudo, ela ainda abrigava no íntimo muita raiva e ressentimento por Gregory, por causa dos muitos anos de decepção no casamento e em razão do divórcio.

Ao prosseguir com o cumprimento do CEE, depois dos quatro meses iniciais do programa, Jill passou a concentrar-se especialmente no desenvolvimento da Capacidade de Identificar e Suportar Sentimentos. Ela estava certa de que, à medida que aprendesse a lidar com seus sentimentos de raiva mais eficientemente, lhe sobraria mais energia para dedicar ao estabelecimento de uma nova relação.

VISUALIZAÇÃO DO EQUILÍBRIO EMOCIONAL EM CASOS DE DOENÇAS ESPECIAIS

Juntamente com a terapia e as outras Técnicas de Treinamento do CEE, a Visualização do Equilíbrio Emocional pode ser usada no tratamento de doenças como a depressão e a síndrome do pânico.

Rebecca, 35 anos, executiva da área de comunicações, estava em fase de recuperação de um estado de depressão profunda causada pela perda do emprego e do namorado. Ela havia se envolvido com o patrão, Brad, casado e dono da empresa para a qual ela trabalhava. Quando ele decidiu romper o caso amoroso, os laços que a prendiam ao emprego também foram "rompidos".

Por meio do Curso Básico e das sessões de psicoterapia, Rebecca percebeu que estava recalcando uma enorme quantidade de raiva no íntimo, enquanto, ao mesmo tempo, sentia-se abandonada, impotente e derrotada. A seguir, um trecho de uma série de visualizações criadas por ela para lidar com seus sentimentos de raiva e sua depressão, e avançar em direção à conquista de seu Equilíbrio Emocional. Esses tipos de visualizações podem ser um meio saudável e seguro de desafogo de sentimentos de raiva e ódio que não possam ser expressos diretamente. É recomendável que sejam praticados somente durante curto período de tempo e contrabalançados com a essência de outros tipos de visualização e afirmação.

Vejo-me numa situação na qual faço uma tentativa deliberada de topar com Brad em um dos locais que costumávamos freqüentar depois do expediente. Fico muito nervosa diante da perspectiva de confrontar-me com ele, pois ele sempre conseguiu me manipular e fascinar-me, mas estou certa de que devo fazer isso.

Quando me transporto para o ambiente do bar, imagino-lhe as características familiares, o cheiro de cigarro, as pessoas que conheço. Minhas pernas estão um pouco trêmulas, mas ninguém parece notar. Algumas pessoas me cumprimentam como se tudo estivesse normal. Avisto Brad de pé no bar, conversando com uma mulher que não conheço. Sinto uma onda de raiva percorrer-me o corpo, como um vulcão prestes a entrar em erupção. Respiro fundo algumas vezes e continuo a avançar na direção dele. Ele me vê e parece ficar muito constrangido. Então, lembro-me das palavras de meu terapeuta: "Você exerceu influência sobre ele também. Seu caso não foi como uma via de mão única." Isso me ajuda a lembrar-me de que tenho algum poder sobre ele também, e não somente ele sobre mim.

Ponho-me de frente para ele e sinto-me ansiosa, mas calma ao mesmo tempo, como que segura do que estou fazendo. Peço-lhe que me conceda um tempo para dizer-lhe algumas palavras, e ele, relutante, segue-me até uma mesa a um canto. Miro-lhe o rosto, olho-o diretamente nos olhos enquanto falo. Falo-lhe a respeito do sujeito egoísta e mentiroso que ele é. E acrescento que tudo o que ele fez voltará para ele mesmo no fim das contas. Digo-lhe que estou feliz por termos rompido a relação, pois que ele é um ser desprezível. Em seguida, sem esperar que ele diga uma única palavra, me levanto e me retiro.

Quando saio do bar, sinto-me mais leve. Sei que o processo de cura está em andamento. Sei que estou melhorando e isso é bom.

A VISUALIZAÇÃO DO EQUILÍBRIO EMOCIONAL E AS OUTRAS TÉCNICAS DE TREINAMENTO

A Visualização do Equilíbrio Emocional e o Equilíbrio Emocional pela Meditação funcionam sinergicamente. As visualizações servem como uma extensão das afirmações que você faz nas sessões de meditação. Em certo sentido, a afirmação é como uma fotografia e a visualização, uma espécie de filme. Com o acréscimo de elementos visuais, odores, sons e sentimentos, suas visualizações dão vida às suas afirmações e aos seus Objetivos do CEE.

Você também pode associar suas visualizações ao Diário do Equilíbrio Emocional, usando-o para anotar o texto descritivo de suas situações imaginárias, como forma de ajudá-lo a memorizá-las melhor. E pode também escrever a respeito das visualizações depois de terminada a sessão, quando as imagens e os sentimentos invocados ainda estiverem frescos em sua mente.

Se estiver fazendo terapia, talvez lhe seja útil conversar com o seu terapeuta a respeito das visualizações. Por outro lado, pode convir-lhe mantê-las como algo muito íntimo e pessoal. De qualquer forma, você pode usar o Diário para descrever ou explicar as imagens, os sentimentos e os temas presentes nas sessões de visualização.

A Visualização do Equilíbrio Emocional pode ser útil também em seu Exercício do Equilíbrio Emocional. Você pode usar o processo de mentalização enquanto faz o aquecimento para realização dos exercícios, para que possa visualizar o desempenho que deseja alcançar. Você pode imaginar-se dirigindo-se para o topo de uma colina sem parar, dando um saque arrasador na quadra de tênis, vencendo quilômetros adicionais. A visualização é um recurso bem testado quanto à sua utilidade na melhoria do almejado desempenho físico, usado tanto por atletas profissionais quanto por amadores.

Assim que tiver desenvolvido a aptidão para criar situações imaginárias e concentrar-se nelas, você poderá usá-la para uma multiplicidade de propósitos, em todas as áreas importantes de sua vida: do amor, do trabalho e do entretenimento.

ESQUEMA DE DESENVOLVIMENTO DA VISUALIZAÇÃO DO EQUILÍBRIO EMOCIONAL

1. Eleja um local para as sessões de visualização que seja tranqüilo, íntimo e confortável.
2. Leia o texto da situação imaginária sugerida para o desenvolvimento do Componente Fundamental com que você esteja lidando ou reexamine a que você mesmo criou.
3. Pratique a Visualização do Equilíbrio Emocional três vezes por semana, de 15 a 20 minutos por sessão, de acordo com a seguinte proposição:

Semana 1: Capacidade de Identificar e Suportar Sentimentos
Semana 2: Empatia
Semana 3: Introspecção
Semana 4: Afirmação
Semana 5: Capacidade de Identificar e Suportar Sentimentos
Semana 6: Empatia
Semana 7: Introspecção
Semana 8: Afirmação

4. Na Semana 8 do Programa CEE, decida se deseja repetir o Curso Básico ou passar para o Curso Pessoal. Se optar por adotar o Curso Pessoal, escolha os Componentes Fundamentais Primacial e Secundário e defina claramente seus Objetivos do CEE.
5. Entre as Semanas 9 e 12 do Programa CEE, pratique a Visualização do Equilíbrio Emocional três vezes por semana, de 15 a 20 minutos por sessão, com imagens retóricas relacionadas com o Componente Fundamental Primacial e seus Objetivos do CEE.
6. Entre as Semanas 13 e 16 do Programa CEE, pratique a Visualização do Equilíbrio Emocional três vezes por semana, de 15 a 20 minutos por sessão. Crie suas próprias imagens para o desenvolvimento do Componente Fundamental Primacial, caso você ainda necessite lidar com ele, ou para o do Componente Fundamental Secundário.
7. Durante todo o Programa, tenha sempre em mente as suas Visualizações do Equilíbrio Emocional enquanto estiver praticando as outras Técnicas de Treinamento.

dez

O Diário do Equilíbrio Emocional

A terceira técnica de treinamento do Programa CEE é a que se caracteriza pelo uso específico do Diário do Equilíbrio Emocional, o qual aproveita a essência de suas confissões francas e honestas na positivação da feição e no desenvolvimento de seus Componentes Fundamentais. Assim como as outras Técnicas de Treinamento, a escrita não requer nenhum talento, treinamento ou equipamento especial. Tudo o de que você precisa para começar é o desejo de se tornar mais emocionalmente consciente e expressar honestamente seus pensamentos e sentimentos.

Embora a escrita ou o uso especial do Diário não seja ostensivamente repetitivo quanto a meditação, ela tem um ritmo satisfatório e todo particular e pode mesmo ser uma espécie de ritual muito confortante. A escrita é um meio de alcançarmos idéias e sentimentos esconsos relacionados com determinada pessoa ou situação de sua vida, sejam eles elementos do passado, do presente ou do futuro. A escrita é também um meio seguro para a entabulação de diálogo consigo mesmo a respeito dos problemas, das dificuldades e das soluções que ocasionalmente lhe cruzam os caminhos da vida diária e que se relacionam com os Componentes Fundamentais. A escrita é, sobretudo, um prodigioso canal de escape, ou um porto seguro para a descarga do peso de suas idéias e sentimentos mais recônditos e problemáticos.

A escrita vai ao encontro do nosso impulso humano básico para criar um registro de nossa vida íntima. Alguns dos mais comoventes documentos escritos que chegaram até nós através das gerações tinham a forma de autobiografias e diários. Temos exemplos de autobiografias escritas por estadistas, reis e plebeus; intelectuais, escritores e pessoas comuns.

Muitas autobiografias ou diários de valor histórico trazem registros de atividades, atitudes e acontecimentos políticos, bem como de idéias pessoais. Mas é sempre o seu teor emocional que continua a ecoar através das

A ESSÊNCIA TERAPÊUTICA DO DIÁRIO

eras, em razão das formas pelas quais revelam o mais comum do sentimento humano.

A ESSÊNCIA TERAPÊUTICA DO DIÁRIO

Além do número relativamente pequeno de autobiografias que foram expostas ao público através dos anos, existem incontáveis diários que têm sido preservados dos olhos curiosos do mundo e alguns que foram destruídos para garantir a privacidade de seus donos. A juventude, cruzando os mares da excitação e da emoção da mocidade, sente-se, em muitos casos, compelida a ter diários secretos.

Talvez, no passado, você tenha tido o seu próprio diário. Mas é comum ocorrer que, à medida que as exigências da vida vão definindo nossos rumos, deixemos de usá-lo. E o fato é que somente um pequeno número de pessoas especialmente criativas, adultas ou de índole introspectiva fazem uso de um diário, ao contrário da maioria, geralmente constituída por pessoas muito ativas e compromissadas e que não se dão a esse trabalho.

Não que não tenhamos muitos conflitos emocionais, preocupações e sentimentos de feição tal que nos conviria escrever a respeito deles na nossa vida adulta. A questão é que, muitas vezes, acreditamos que é nosso dever pôr nossas emoções de lado e nos concentrarmos em nossas responsabilidades profissionais e familiares. Talvez achemos que é imaturo e caprichoso o fato de "desperdiçarmos tempo" com a escrita quando há tanta coisa para ser feita.

Que acontece com todos os sentimentos e idéias a respeito dos quais não nos damos ao trabalho de escrever? Na melhor das hipóteses, talvez tenhamos a oportunidade de expressá-los verbalmente com o companheiro, um amigo ou um parente. Mas, mesmo aos que nos são mais íntimos, temos idéias e sentimentos que não podemos revelar. Muito poucas pessoas têm alguém a quem podem expor todas as suas idéias, o tempo todo. Não importa quão emocionalmente honestos queiramos ser, há sempre um substrato de sentimento que não podemos compartilhar.

Alguns de nós, durante algum tempo, podem ser capazes de ignorar os sentimentos recalcados sem que isso produza nenhum efeito maléfico. Mas, muitas vezes, são os próprios sentimentos recalcados os que nos afetam mais. Eles podem assaltar-nos a mente continuamente, tomando-lhe o espaço que poderia ser ocupado por idéias profícuas. E podem manifestar-se na forma de sintomas físicos, tais como dores de cabeça, dores lombares, distúrbios digestivos ou fadiga. Idéias e sentimentos recalcados podem contribuir também para o desenvolvimento de ansiedade, depressão ou fobias.

Um dos motivos pelos quais a psicoterapia é tão popular e eficaz está no fato de que ela oferece um meio de ventilação de idéias e sentimentos cu-

O Diário do Equilíbrio Emocional

ja exposição a pessoas comuns pode ser muito constrangedora. O terapeuta estabelece um ambiente de imparcialidade, onde pareça seguro aventar e devassar aquilo que, antes, fora mantido sob recalque ou segredo sufocante e perturbador.

Como estímulo à expressão dos fenômenos íntimos nos processos psicoterapêuticos tradicionais, muitos analistas recomendam o uso de algum tipo de diário. É recurso de longa tradição, cujas origens remontam ao diário dos sonhos, de Freud. Na psicoterapia moderna, em muitos casos o cliente é incentivado a anotar em seu diário seus próprios sonhos e as idéias que lhe ocorrem quando acorda e a levá-lo ao consultório, para que seja usado como parte da terapia.

Na terapia comportamental, os diários são usados para fazer o acompanhamento de atitudes e comportamentos apreciados nas sessões de análise, assim como no caso de sentimentos, estados de humor e idéias. No gestaltismo, a escrita é considerada importante recurso de ampliação do processo terapêutico. Especialistas da teoria da forma têm escrito extensivamente a respeito da utilidade da escrita como "dever escolar" entre as sessões.

É comum também analistas prescreverem a realização de tarefas dessa natureza entre as sessões e o uso independente do diário em outras formas de terapia. Esse recurso é especialmente útil no tratamento de problemas de mudanças de hábito ou comportamento e controle de vícios, tais como os relacionados com regimes alimentares, distúrbios de apetite e abandono do tabagismo. São vários os estudos que têm confirmado o valor da escrita como meio de ampliar os benefícios da terapia e incutir no paciente idéias de perseverança e progresso.

Outro exemplo de uso da palavra escrita como instrumento terapêutico é a composição de cartas. Isso significa escrever uma carta sem nenhuma intenção de enviá-la a alguém algum dia. Pois esse tipo de carta é um meio de expressar pensamentos que podem ser dolorosos demais, complicados demais ou inconfessavelmente impróprios para serem transmitidos a um destinatário. Entretanto, essas cartas podem ser "endereçadas" a pessoas de seus relacionamentos atuais, do passado e até mesmo às que morreram. A idéia é pôr em palavras o que não foi ou não pôde ser expresso mais diretamente.

O Diário do Equilíbrio Emocional atende a muitas dessas funções terapêuticas da escrita. Se estiver fazendo análise e quiser compartilhar o seu Diário, essa atitude pode ser um meio valioso de acelerar o seu progresso e abrir novas vias de discussão com o seu terapeuta.

Se estiver cumprindo o Programa CEE sozinho, seu Diário do Equilíbrio Emocional pode valer pelas conversas que se tem com o analista nas sessões de terapia e servir como meio de desafogo e orientação.

OS FUNDAMENTOS DO DIÁRIO DO
EQUILÍBRIO EMOCIONAL

Antes de iniciar o Programa CEE, reserve algum tempo para ponderar qual o formato do Diário do Equilíbrio Emocional que lhe poderá ser mais apropriado. Pense naquilo em que seria mais fácil e confortável para você e no que tornaria o seu Diário algo especial.

Uma opção poderia ser escrever à moda antiga, à mão. Se optar por um Diário manuscrito, compre um diário ou caderno atraente. Tente escolher um com uma capa que lhe agrade em matéria de cores e arte. Logicamente você pode usar um caderno escolar, mas seu Diário assume maior importância se tiver uma bela capa. Muitas pessoas gostam de usar uma caneta especial, a qual reservam especialmente para uso com o Diário.

Escrever à mão tem a vantagem de separar o processo de uso do Diário de qualquer trabalho de composição relacionado com sua profissão, por exemplo. Escrever em algo especial tem um certo quê de elegância, como que o faz ligar-se ao contingente de pessoas que aplicam a pena ao papel para expressar suas idéias íntimas. Demais, escrever com caneta diminui a força do impulso para revisar, editar ou corrigir seus escritos.

Se, portanto, você optar de fato por um Diário manuscrito, não deixe de reservar um lugar seguro, íntimo, para guardá-lo. É imperioso que você se sinta à vontade ao escrever e absolutamente certo de que ninguém lerá as suas anotações. Se você escrever preocupado com a idéia de que outrem possa ler o seu Diário, o processo de conhecimento e fortalecimento de seus Componentes Fundamentais será gravemente inibido. Assim como uma sessão de análise, seu Diário do Equilíbrio Emocional deve ser inteiramente confidencial.

Outra opção é usar o computador ou a máquina de datilografar como meio de compor o seu Diário. O uso do computador é muito comum, embora talvez não seja tão romântico quanto o Diário manuscrito, encadernado em pano. Nesse caso, você pode manter o seu Diário num arquivo do disco rígido, num disquete ou mesmo em páginas impressas, e reuni-las numa encadernação em forma de caderno.

A composição do Diário no computador pode tornar a confidencialidade mais fácil, principalmente se você souber como aplicar proteção de acesso por meio de senha. Se não souber proteger seus arquivos com senha, procure acautelar-se para evitar que alguém tope com o arquivo de seu Diário do CEE ao usar o seu computador, ou que encontre o disquete em que ele esteja gravado. Tenha também o cuidado de organizar o seu Diário digital seguindo os critérios que seguiria caso optasse pelo manuscrito.

Outro cuidado deve ser observado quanto à composição do seu Diário no computador. Você deve evitar a tentação de revisá-lo e editá-lo em demasia. Se quiser corrigir alguns erros de ortografia enquanto aventa os seus problemas e sentimentos, tudo bem. Mas não se dê ao trabalho de revisar esses seus registros conforme normalmente o faria na edição de outros documentos. É mais producente gastar o tempo reservado à composição do Diário deixando suas idéias fluírem livremente do que procurando maquiar ou embelezar-lhe o conteúdo. A edição de documentos é algo necessário em trabalhos profissionais ou escolares, com a qual você prepara o texto para ser lido por outrem. O uso do Diário é um processo e visa objetivos completamente diferentes.

A primeira regra no uso da escrita terapêutica é: Não julgue o que você escrever. Não importa se ela estiver cheia de erros gramaticais, redundâncias, clichês ou outra coisa qualquer. Nada disso importa, exceto a necessidade de você expressar seus sentimentos sem inibição. Apenas faça com que sua caneta deslize pela página.

Em face de nossa passagem pela escola, todos somos condicionados, desde tenra idade, a esperar – e providenciar para que isto ocorra – que nossos escritos sejam corretos e qualitativos. Na vida profissional, nós nos preocupamos em fazer com que sejam apresentáveis, persuasivos ou tenham as características exigidas por outras circunstâncias. Muitas vezes, é difícil, assim que iniciamos o uso do Diário, percebermos que podemos ignorar a ameaça de alguém nos espiar por sobre os ombros, corrigir e julgar o que escrevemos.

A escrita terapêutica é um tipo de composição completamente diferente da que você possa ter feito na escola ou no trabalho. É diferente até mesmo da redação de uma carta endereçada a um amigo ou parente. O Diário do CEE tem que ver com um processo específico, não com os resultados que normalmente se almejam no uso da escrita. Pouco importa sua correção gramatical e ortográfica ou sua beleza estilística, já que ninguém mais lerá o seu conteúdo. Tudo o que importa é que você reserve algum tempo para sentar-se, escrutinar as próprias idéias e anotá-las honestamente.

Saber que ninguém criticará ou lerá o seu Diário pode ser um fator de enorme sensação de segurança. Assim, é possível que você ache essa prática algo verdadeiramente agradável, mesmo que, em situações comuns, você considere maçante o ato de escrever.

Se, de um modo geral, você não gosta de escrever, reflita no porquê desse fato. Talvez o de que você realmente não gosta no ato de escrever seja a possibilidade de ser julgado ou considerado "mau escritor". Ao se preocupar com a necessidade de seus escritos serem "bons", você anula todo o potencial de prazer do processo.

Com o Diário do CEE, todo o fardo do julgamento da escrita lhe é içado de sobre os ombros. A escrita terapêutica é um processo livre, isento da ameaça da avaliação, da crítica ou da reação das outras pessoas. Tudo o que você quiser escrever é inteiramente aceitável e correto.

Por fim, se você é alguém que abomina o ato de escrever, mesmo sabendo que jamais será julgado, você pode optar pela gravação do teor de seu Diário do CEE. Logicamente, isso significa gravar durante 15 ou 20 minutos as expressões verbais de suas idéias ou sentimentos relacionados com a área do Componente Fundamental em que você estiver se concentrando na semana. Ademais, as fitas do seu Diário deverão ser guardadas num lugar seguro, assim como você faria no caso de um diário manuscrito.

O bom cumprimento do Programa CEE implica a expressão verbal (ou gravação) das coisas que lhe vão no íntimo em sessões de 15 a 20 minutos, três vezes por semana. Quanto texto isso produzirá vai depender de sua rapidez e de seu modo de escrever, e é totalmente irrelevante. Nesse particular, não há restrições quanto à quantidade de palavras nem prazos a cumprir.

Nas primeiras semanas do Programa, é recomendável que você agende as sessões de escrita, como forma de assegurar uma boa reserva de tempo para a prática das Técnicas de Treinamento. Você pode usar o Diário a qualquer hora do dia ou da noite, desde que o faça regularmente.

Muitos participantes do Programa CEE acham a escrita terapêutica a mais fácil das Técnicas de Treinamento, desde o momento em que o iniciam. É possível que o uso da escrita flua mais naturalmente do que a prática do Equilíbrio Emocional pela Meditação ou da Visualização do Equilíbrio Emocional, já que talvez não seja um recurso inteiramente novo para você. Mas, caso você tenha dificuldade com o uso do Diário, lembre-se do Ciclo de Consolidação do Equilíbrio Emocional. Quanto mais se praticam as Técnicas de Treinamento, torna-se mais fácil lidar com elas. E, quando tudo se torna mais cômodo e habitual, o prazer é maior. Então, você começa a perceber quanto a escrita influencia os Componentes Fundamentais do Equilíbrio Emocional. Os bons resultados obtidos fortalecem seu desejo e interesse para continuar a praticar essa Técnica de Treinamento regularmente.

DOIS TIPOS DE DIÁRIOS

O CEE tem dois tipos de diários básicos: o Diário da Escrita Livre e o Diário do Componente Fundamental.

A técnica da Escrita Livre permite que você escreva sobre quaisquer problemas, idéias ou acontecimentos relacionados com o seu Equilíbrio Emocional. Com ela, você não precisa decidir antecipadamente a respeito de qual Componente Fundamental escrever. Ao contrário, você pode deixar fluir idéias relacionadas com quaisquer de seus problemas emocionais. Os Componentes Fundamentais relacionados com eles aflorarão espontaneamente.

Já com a ténica da Escrita Fundamental, você precisa concentrar esforços no desenvolvimento de tópicos relacionados com um Componente Fun-

O Diário do Equilíbrio Emocional

damental específico a cada semana. Depois, no Curso Pessoal, você poderá escrever também a respeito dos seus Objetivos do CEE.

Você descobrirá, nas sessões de escrita, que quase todos os problemas emocionais envolvem mais de um tipo de Componente Fundamental. Por exemplo, você pode iniciar a sessão com uma pergunta relacionada a atitudes de Afirmação num relacionamento e, depois, acabar descobrindo que isso envolve também a Introspecção e a Empatia. Ou talvez você decida escrever a respeito da dificuldade que tem com relação à CISS envolvendo ansiedade, mas descobre que tem também necessidade de usar a Introspecção para lidar com o problema. A verdade essencial que todos os Componentes Fundamentais estão intimamente relacionados em nossas vidas emocionais sempre aflora nas sessões de escrita.

Por isso, o esquema de uso do Diário do CEE, ou da prática da escrita terapêutica, deve ser tratado com menos rigor do que o da prática das outras Técnicas de Treinamento, tanto no Curso Básico quanto no Curso Pessoal. É possível, por exemplo, que você se haja programado para escrever a respeito de determinado Componente Fundamental, mas descubra que o teor de suas expressões envolve questões relacionadas mais especificamente com outros componentes. Ou, talvez, pode haver acontecimentos ou desdobramentos em sua vida a respeito dos quais seja fundamental escrever por algum motivo psicológico, mesmo que eles não se enquadrem no tema da semana.

No uso do Diário do CEE, a realização de adaptações pessoais nas orientações sugeridas e nos temas relacionados com os Componentes Fundamentais é algo perfeitamente aceitável. Escreva sobre qualquer coisa presente em sua mente ou acontecimento de sua vida relacionado com a questão de seu Equilíbrio Emocional. Não se preocupe em ater-se estritamente a um Componente Fundamental específico como tema se suas idéias o levarem em outra direção. Os esquemas de cumprimento dos Cursos Básico e Pessoal podem ser adaptados conforme for melhor para você.

Não é necessário – nem preferível – tentar achar soluções específicas para seus problemas emocionais com o seu Diário do CEE. As anotações do Diário não são histórias com começo, meio e final feliz. Não espere lograr avanço extraordinário ou entender ou resolver seus problemas em todas as sessões de escrita.

Na verdade, é o caráter de espontaneidade e livre expressividade facultado pela escrita terapêutica o que ajuda a desenvolver o Equilíbrio Emocional. Essa Técnica de Treinamento estimulará sua capacidade de solucionar problemas criativamente e lhe fará surgir uma nova perspectiva. A solução e o discernimento de problemas costumam aflorar natural e espontaneamente, mas você não pode controlar o processo ou forçar os resultados; simplesmente deixe que ele se desenvolva.

Ira Progoff, psicólogo residente em Nova York, criou uma série de Cursos de Escrita Terapêutica dos quais milhares de pessoas, das mais diferentes camadas sociais, têm participado. Progoff usa a metáfora segundo a qual existe em nós um rio de imagens e lembranças representativo de nossa vida íntima. Quando, por meio da escrita terapêutica, entramos nesse rio, nós o desviamos para o curso que ele deseja seguir. O processo da escrita terapêutica não é analítico ou baseado nos métodos de introspecção típicos; é um meio de transformação vital e psíquica único, com uma força inteiramente característica.

UM ESQUEMA FLEXÍVEL

O esquema de uso do Diário do Equilíbrio Emocional é o mais flexível dos esquemas elegíveis para a prática das Técnicas de Treinamento. Em qualquer ocasião, você pode realizar uma sessão de Escrita Livre, ao invés de ter de concentrar-se nas lides com um Componente Fundamental específico. Ou também pode transferir a concentração de seus esforços para o tratamento de outro Componente Fundamental que não o indicado pelo esquema, ou mesmo escrever a respeito de questões relacionadas com vários deles numa única sessão de escrita.

ESQUEMA DE ATIVIDADES COM O DIÁRIO DO EQUILÍBRIO EMOCIONAL: O CURSO BÁSICO

O Programa Preparatório: Escreva em seu Diário do Equilíbrio Emocional três vezes na semana desse programa, durante 15 ou 20 minutos por sessão, usando a técnica da Escrita Livre.

Entre as Semanas 1 e 8 do Programa CEE, escreva em seu Diário três vezes por semana, durante 15 ou 20 minutos por sessão. Você pode concentrar-se livremente nos Componentes Fundamentais seguintes, ou pode usar a técnica da Escrita Livre ou adaptar os temas das sessões como quiser.

SEMANA COMPONENTE FUNDAMENTAL PARA ÊNFASE NAS SESSÕES DE MEDITAÇÃO/AFIRMAÇÃO

Semana 1: Capacidade de Identificar e Suportar Sentimentos
Semana 2: Empatia
Semana 3: Introspecção
Semana 4: Afirmação
Semana 5: Capacidade de Identificar e Suportar Sentimentos
Semana 6: Empatia

> Semana 7: Introspecção
> Semana 8: Afirmação
>
> *Vencidas as oito primeiras semanas, você pode repetir o Curso Básico, escrever usando a técnica da Escrita Livre ou passar para o Curso Pessoal.*

A seguir, exemplos de como algumas pessoas usaram seus Diários do Equilíbrio Emocional para lidar com os Componentes Fundamentais no Curso Básico. Os trechos extraídos desses Diários devem servir para que você tenha uma idéia do que é a escrita terapêutica, não como um padrão de escrita. Seu Diário lhe aproveitará para registrar fenômenos de sua vida relacionados com aspectos-chave do seu Equilíbrio Emocional.

EXCERTO DE UM DIÁRIO DO CEE: A CAPACIDADE DE IDENTIFICAR E SUPORTAR SENTIMENTOS

Hoje, passei a sentir-me tenso e nervoso depois de uma reunião com meu supervisor. Eu não sabia muito bem por quê. Depois, caí num estado de desânimo e me senti cansado e abatido durante o resto do dia. Uma vez que estou lidando com minha Capacidade de Identificar e Suportar Sentimentos, comecei a pensar mais nessa situação. Até agora, descobri que estou sentindo muita raiva do meu chefe. Ele me criticou sutilmente e eu simplesmente não reagi, embora sua crítica não tenha sido justa.

Estou começando a acreditar que tenho grande dificuldade em reconhecer que estou com raiva – não apenas no trabalho, no qual nem sempre posso expressá-la (sem ser demitido), mas também em meus relacionamentos com as mulheres. É como se eu não quisesse saber dela, senti-la ou externá-la. Talvez seja por isso que minha namorada diga que eu me "desligo" às vezes e me recolha em meu casco, como uma tartaruga. Talvez isso ocorra porque eu sinto medo de saber quando estou sentindo raiva.

Isso parece importante. Vou ver se consigo descobrir outros exemplos de como faço isso quando me sentar para escrever novamente.

EXCERTO DE UM DIÁRIO DO CEE: A EMPATIA

Meu marido voltou a ser uma tremenda chateação ontem à noite. Ele viu algumas contas a pagar e ficou fumegante. Nem se deu ao trabalho de saber o porquê delas, como, por exemplo, um conjunto de que eu precisava muito para trabalhar, e algumas coisas para as crianças. Senti-me agredida e reagi. Chamei-o de avarento e econômico. Fiquei muito irritada. Depois, lembrei-me de que estava tentando tornar-me melhor no que diz respeito à Empatia, algo sempre muito difícil para mim.

Eu estivera visualizando situações em que me mostrava mais compreensiva para com o meu marido quando ele e eu discutíamos a respeito de despesas, levando em consideração suas preocupações e as pressões que ele sofre também. Pensar nisso ajudou-me a recuar e sentir-me menos agredida. Cheguei mesmo a ser capaz de dizer-lhe que entendo que ele deve estar se sentindo muito pressionado com relação a dinheiro.

Assim que mudei de atitude, a atitude dele mudou também completamente. Ele chegou a desculpar-se por ter perdido o controle de si mesmo. Ele jamais se havia desculpado por uma de nossas discussões sobre dinheiro! Depois disso, pudemos conversar um pouco mais sobre o orçamento familiar, como sócios, em vez de oponentes.

Sempre achei que, se você tiver e manifestar muita Empatia para com as outras pessoas, elas simplesmente passam por cima de você. Mas, agora, estou começando a aceitar mais essa tal de Empatia. Talvez ela funcione mesmo.

EXCERTO DE UM DIÁRIO DO CEE: A INTROSPECÇÃO

Tenho tentado melhorar minha maneira de reagir em certas situações do meu relacionamento com minha esposa. Reajo muito rispidamente quando acho que ela cometeu um erro estúpido. Depois me sinto horrível por tê-la feito sentir-se mal. Isso me faz sentir-me culpado e, com isso, o meu ressentimento por ela aumenta.

Eu achava que havia tido uma infância perfeita. No seio de uma família de pessoas compassivas. Mas agora sei que meu pai era um tanto dado a críticas, principalmente para com minha mãe, embora ela nunca reclamasse disso; ela simplesmente "engolia" o que ele dizia. Sempre achei que era porque ela era bonachona, mas, agora, acredito que havia algo mais em sua atitude. Ela deve ter tido problemas com a questão da Afirmação e do amor-próprio.

Agora, vejo-me fazendo a mesma coisa com minha esposa, criticando-a demasiadamente. Assumindo o papel de meu pai, de alguém que acha que está sempre certo. A diferença é que acho que me identifico também com minha mãe, pois estou consciente da dor que minha esposa sente por eu criticá-la demais.

Espero que a consciência disso me ajude a ser mais gentil, menos rigoroso. Procurarei pensar melhor antes de me deixar levar por uma atitude crítica. Não quero continuar repetindo esse padrão de comportamento indefinidamente.

EXCERTO DE UM DIÁRIO DO CEE: A AFIRMAÇÃO

Estou começando a perceber que atraio amigos egocêntricos, que gostam de conversar somente a respeito de si mesmos. Até mesmo minha amiga mais antiga, Dee. Ela está sempre passando por algum tipo de crise. E, quando não existe uma, ela procura criá-la. E ela acha que devo ficar conversando sobre a crise dela indefinidamente, até que lhe sobrevenha a próxima. Eu acho que, em parte, a culpa é minha, por jamais fazê-la parar de falar e ouvir o que eu tenho a dizer.

Quero ser uma boa amiga e uma pessoa sensível e solícita. Mas estou começando a perceber que existe uma diferença entre Empatia e deixar que alguém o domine completamente. Sou um ser humano também e tenho problemas sobre os quais gostaria de conversar com Dee ou outra amiga. Às vezes, gostaria de poder ser o centro das conversas, ao invés de ser sempre o bom e simpático ouvinte.

Não tenho certeza se posso fazer Dee mudar seu padrão de comportamento, depois de passado tanto tempo. Mas, pelo menos, posso tentar fazer novos amigos, com os quais meu convívio seja mais equilibrado. Gostaria de fazer amigos que, além de conversar, conseguissem escutar realmente o que tenho a dizer. Talvez se, já no início da amizade, eu procurar deixar claro que é isso que espero dos amigos, as amizades se desenvolverão mais igualitariamente.

O CURSO PESSOAL E O DIÁRIO DO EQUILÍBRIO EMOCIONAL

No que respeita ao Diário do CEE, assim que tiver cumprido as oito primeiras semanas do Programa CEE, você pode repetir o Curso Básico ou passar para o Curso Pessoal. Em qualquer ocasião, você também pode retornar à prática da Escrita Livre ou escrever sobre seus problemas emocionais relacionados com os diferentes Componentes Fundamentais.

Se optar pelo Curso Básico, inicie-o procurando identificar os Componentes Fundamentais Primacial e Secundário, com base nos critérios apresentados no capítulo 7. Os Componentes Fundamental Primacial e Secundário ligados à sua prática da escrita terapêutica devem ser os mesmos nos quais você concentra esforços nas sessões de meditação/afirmação e de visualização. Isso faz com que as Técnicas de Treinamento atuem sinergicamente no desenvolvimento de seu Equilíbrio Emocional.

ESQUEMA DE ATIVIDADES COM O DIÁRIO DO EQUILÍBRIO EMOCIONAL NO CURSO BÁSICO

Escreva em seu Diário do CEE durante 15 ou 20 minutos por sessão, três vezes por semana.

Semanas 9 — 12 do Programa CEE: Use seu Componente Fundamental Primacial como tema de seus registros no Diário.

Semanas 13 — 16 do Programa CEE: Continue a escrever sobre questões relacionadas com o seu Componente Fundamental Primacial ou use o seu Componente Fundamental Secundário como tema dos registros em seu Diário. Também aqui, eles devem ser os mesmos nos quais você está se concentrando nas sessões de prática das outras Técnicas de Treinamento.

O objetivo básico do uso de seu Diário do CEE no Curso Pessoal é fornecer-lhe um meio de dialogar consigo mesmo a respeito de seus problemas pessoais, de suas dificuldades e de soluções práticas relacionadas com os Componentes Fundamentais Primacial e Secundário. Você pode escrever a respeito dos Componentes Fundamentais conforme a relevância que forem tendo em seus relacionamentos e nos fatos de sua vida atual ou que se referiram ao seu passado. A chave da questão é você se concentrar nos aspectos emocionais de sua experiência de vida, em vez de simplesmente fazer o registro dos fatos.

Você também pode escrever sobre seus Objetivos quanto ao CEE no Diário ou estabelecer detalhadamente os temas de suas sessões de Equilíbrio Emocional pela Meditação e de Visualização do Equilíbrio Emocional. Outra opção é usar os exercícios e perguntas propostos adiante, relacionados com os Componentes Fundamentais, como ponto de partida. Talvez lhe convenha explorar o potencial e a relevância pessoal de uma pergunta relacionada com um único registro ou continuar expressando-se a respeito de suas próprias idéias na sessão de escrita terapêutica seguinte.

EXERCÍCIOS DE ESCRITA TERAPÊUTICA PARA O DESENVOLVIMENTO DA CAPACIDADE DE IDENTIFICAR E SUPORTAR SENTIMENTOS

1. Descreva duas situações que sempre o deixam frustrado. Preste bastante atenção em seus sentimentos quando estiver escrevendo sobre isso. Em seguida, escreva a respeito das possíveis soluções para essas situações usando sua CISS.

2. Como você costuma lidar com sentimentos de raiva? Quando você os sente e como reage?
3. Pense nos sentimentos que você acha insuportáveis. O que você faz para tentar evitá-los? O que ocorre como resultado dessa tentativa? O que ocorreria se você resolvesse encarar de frente a realidade desses sentimentos?
4. Qual o sentimento que você mais teme ou acha mais insuportável? O que provoca esse sentimento? Como você lida com ele atualmente? Como você gostaria de poder controlar esse sentimento à medida que fosse adquirindo Equilíbrio Emocional?
5. Seus sentimentos influenciam muito sua qualidade de vida e/ou sua capacidade de comportar-se normalmente? Você tem depressão, ansiedade intensa, fobias ou compulsões? Como você acha que o aumento de sua capacidade de identificar e suportar esses sentimentos poderia ajudá-lo a diminuir a gravidade desses problemas?
6. Se for o seu caso, por que você usa alimentos, álcool, cigarro, drogas ou outras substâncias para lidar com os seus sentimentos? Quanto seus sentimentos influenciam seus vícios? Como isso poderia mudar se você se tornasse capaz de suportar e desafogar-se de todos esses tipos de sentimentos?

EXERCÍCIOS DE ESCRITA TERAPÊUTICA PARA O DESENVOLVIMENTO DA EMPATIA

1. Relacione duas ou três qualidades ou atitudes que o aborrecem em outras pessoas. Avalie seu comportamento diante dessas qualidades ou atitudes. Se você tivesse ou manifestasse mais Empatia, qual seria exatamente o seu tipo de reação?
2. Relacione duas ou três qualidades ou padrões de comportamento que você admira em outras pessoas. Avalie seu comportamento diante dessas qualidades ou comportamentos. O que você poderia fazer para manifestá-los com mais freqüência?
3. Relacione três tipos de comportamento ou atitudes que gostaria que os outros tivessem para com você. Como lhe seria possível ter reações desse tipo para com outras pessoas mais freqüentemente?
4. Com que tipo de pessoa você acha mais difícil ter Empatia? Se você fosse menos dado a críticas, como isso poderia mudar?
5. Como você se sente quando age ríspida e insensatamente para com alguém intimamente ligado a você? Quais benefícios você, bem como a outra pessoa, colheriam se você desenvolvesse sua Empatia?
6. Imagine uma situação em que seja bem possível que você tenha di-

ficuldade em sentir ou manifestar Empatia. Que aspecto essa situação assumiria se você procurasse ver a questão do ponto de vista da outra pessoa, considerando as preocupações e necessidades dela?

EXERCÍCIOS DE ESCRITA TERAPÊUTICA PARA O DESENVOLVIMENTO DA INTROSPECÇÃO

1. Relacione quatro qualidades positivas de cada um de seus pais. Depois, liste quatro de suas próprias qualidades positivas. Compare as suas com as de seus pais.
2. Relacione quatro qualidades negativas de cada um de seus pais. Depois, liste quatro de suas próprias qualidades negativas. Compare as suas com as de seus pais.
3. Procure descobrir três traços de personalidade por meio dos quais você se esforçou conscientemente para parecer-se com sua mãe. Em seguida, tente identificar três formas pelas quais você se esforçou conscientemente para ser diferente de sua mãe.
4. Procure descobrir três traços de personalidade por meio dos quais você se esforçou conscientemente para parecer-se com o seu pai. Em seguida, tente identificar três formas pelas quais você se esforçou conscientemente para ser diferente de seu pai.
5. Faça uma descrição da dificuldade mais simples que você teve quando criança. Tente achar um indício dessa dificuldade em sua vida atual.
6. Relacione dois ou três dos acontecimentos mais importantes e decisivos de sua infância. Tente achar um indício da influência persistente desses acontecimentos em sua vida atual.

EXERCÍCIOS DE ESCRITA TERAPÊUTICA PARA O DESENVOLVIMENTO DA AFIRMAÇÃO

1. Relacione suas quatro necessidades emocionais básicas. Em seguida, discorra brevemente sobre como você atua ou não atua para satisfazer essas necessidades legítimas em sua vida.
2. Descreva as características de alguém que, na sua opinião, sabe se impor adequadamente. Em seguida, compare a si mesmo em relação a essas características de comportamento.
3. Examine três relacionamentos íntimos em sua vida com relação à Afirmação. De que forma esses relacionamentos poderiam se tornar

mais significativos se você intensificasse de maneira saudável sua capacidade de Afirmação?

4. Identifique uma pessoa em sua vida que se comporte de maneira narcisística. Relacione três procedimentos que você poderia adotar para tornar mais igualitário o seu relacionamento com essa pessoa.

5. Relacione três das suas qualidades ou atitudes próprias que envolvem necessidades e/ou exigências irrazoáveis que você talvez faça às outras pessoas. Como poderia a ênfase num equilíbrio mais saudável da capacidade de Afirmação ajudar a modificar esses comportamentos?

6. Defina como a expressão "respeito próprio" se aplica a você mesmo e aos outros. Avalie se você tem e manifesta respeito próprio suficientemente. Dê sugestões de como o desenvolvimento da Afirmação poderia ajudar você a conquistar mais respeito próprio.

O DIÁRIO DO CEE E PROBLEMAS EMOCIONAIS ESPECIAIS

As terapias de base cognitiva e comportamental modernas têm feito amplo uso da escrita terapêutica no tratamento de depressão, ansiedade, traumas, psicoses maníaco-depressivas e outros problemas emocionais. Se você tem tendência para sofrer de quaisquer desses males, o Diário do CEE pode ser um recurso auxiliar de grande utilidade para a psicoterapia.

A seguir, apresentamos alguns exemplos de como o Diário do CEE pode ser usado para tratar problemas emocionais especiais. Nos casos abaixo relacionados, a escrita terapêutica e as outras Técnicas de Treinamento foram usadas como parte de um tratamento complexo, inclusive sessões de psicoterapia.

EXCERTO DO DIÁRIO DO CEE: A DEPRESSÃO E A CAPACIDADE DE IDENTIFICAR E SUPORTAR SENTIMENTOS

Agora que minha depressão diminuiu um pouco, estou me tornando mais consciente de quanta raiva senti do meu namorado e ainda sinto, por vários motivos. Ele me usou, me iludiu, e eu era tão vulnerável, que não consegui resistir.

No exato momento em que escrevo estas linhas, começo a sentir-me furiosa e estou tremendo literalmente de raiva. Tenho o costume de recalcar meus aborrecimentos ou tentar minimizá-los de algum modo. Mas meu analista me disse que isso poderia irromper dentro de mim e causar-me depressão. Não é bom reter essa coisa no íntimo.

Sei que não quero nunca mais voltar a sentir aquela escuridão. Portanto, tenho que continuar me esforçando para reconhecer meus sentimentos de raiva e aprender formas sadias de lidar com eles e expressá-los melhor. E vou dizer uma coisa: isso não é fácil.

Meu analista sugeriu que eu escrevesse uma carta ao meu ex-namorado, a qual eu poderia ou não pôr no correio, para que eu conseguisse desafogar-me desses sentimentos. Se eu conseguir fazer isso, acho que também serei capaz de encará-lo de frente daqui a alguns dias e dizer-lhe o que sinto.

EXCERTO DO DIÁRIO DO CEE: OS DISTÚRBIOS ALIMENTARES E A EMPATIA

Faz três anos que sofro de bulimia. Empanturro-me e, depois, ponho tudo para fora. Isso está prejudicando muito a minha saúde agora, e tenho que fazer algo. Por isso, estou participando desse grupo de apoio e também do Programa CEE.

Quando fiz as Auto-Avaliações do CEE, descobri que meu maior problema era com a Empatia. O que, de certo modo, me surpreendeu. Acho que nunca pensei nas coisas que dizem respeito a outras pessoas antes.

Mas isso é interessante; ontem à noite, no grupo, andamos pela sala e conversamos a respeito das situações menos prováveis de sofrermos os sintomas relacionados com comida. Eu disse que, quando meu namorado e eu estamos próximos um do outro e tudo está bem entre nós, é pouco provável que eu me entregue a excessos alimentares e depois vomite. Ainda faço isso, mas não de uma forma tão grave.

É engraçado, mas meu namorado sempre reclama de minha obsessão pelo meu problema alimentar, o que me faz perguntar a mim mesma a respeito disso também. Talvez eu precise dar um pouco mais de atenção a ele e aos seus sentimentos. Quero tentar fazer isso também com minha melhor amiga. Ela se mostra sempre muito bondosa comigo na hora de me ouvir falar sobre meu distúrbio alimentar, mas talvez eu também precise dar atenção ao que ocorre na vida dela. Talvez, se eu me preocupar menos com o meu problema alimentar, ele se torne menos grave.

EXCERTO DE UM DIÁRIO DO CEE: A ANSIEDADE, A SÍNDROME DO PÂNICO E A INTROSPECÇÃO

Minha mãe sempre foi uma pessoa excessivamente preocupada. Eu sempre digo às pessoas que cresci vendo-a gritar de horror por causa de uma coisa ou outra o tempo todo. Jamais me senti segura.

Meu pai parecia uma pessoa fisicamente frágil, sempre cansado e preocupado. Estava sempre receoso de morrer e acabou morrendo mesmo. Lembro-me de ter ficado muito triste, mas nem um pouco surpresa; era como se realmente algo ruim sempre estivesse na iminência de ocorrer no nosso meio.

Sinto um medo constante, e não me lembro de não me ter sentido assim uma única vez sequer. Estou sempre com os nervos à flor da pele. Meu analista diz que isso é o efeito do "lutar-ou-fugir" condicionado em meu sistema nervoso pela criação que tive num ambiente tenso.

Escrever sobre isto pode ser útil, mas ainda não sei exatamente como. Talvez a compreensão do porquê de eu ser assim, uma pessoa extremamente tensa e nervosa, não seja realmente culpa minha. É como se você soubesse como algo funciona e, depois, talvez você saiba como consertá-lo.

EXCERTO DE UM DIÁRIO DO CEE: AS FOBIAS SOCIAIS E A AFIRMAÇÃO

Meu analista me disse que tenho dificuldade para pedir o que desejo a outras pessoas. A verdade é que tenho tanta certeza de que não obterei o que desejo que, na maioria das vezes, desisto de pedi-lo. Tenho sido muito arredia ultimamente. Esse parece o único meio de evitar mágoas e decepções.

Mas o Programa CEE ensina que não é possível mudar apenas pensando nos próprios problemas, ou mesmo conversando a respeito deles, embora isso faça parte da solução. Na verdade, é preciso fazer algo, tomar alguma atitude, tornar-se uma pessoa mais forte. No meu caso, acho que aquilo que devo fazer é aprender a pedir e acabar com esta "hibernação". Meu analista chama isso de correr "riscos emocionais calculadamente".

Faz sentido o fato de que, se eu evitar a companhia de mulheres, por exemplo, não terei a mínima chance de ser feliz. E, realmente, não quero ficar só. Vejo muitas pessoas com a minha idade que já têm uma bela família, e sinto que estou perdendo muita coisa. Sei que sou muito infeliz atualmente e que o fui durante muito tempo. Portanto, o que tenho a perder? Ouço mentalmente as minhas palavras: "Arrisque-se!"

O simples alinhavo destas linhas me faz sentir um fio de esperança. Como se, de fato, eu não tivesse de ficar encafuado num buraco. Talvez eu consiga estender a mão e arriscar-me.

ESQUEMA DE ATIVIDADES COM O DIÁRIO DO EQUILÍBRIO EMOCIONAL

1. Escolha o formato de seu diário: manuscrito, datilografado ou feito no computador. Compre um diário ou caderno e uma caneta especial se preferir escrever à mão.
2. Defina exatamente como e onde você poderá guardar o seu diário de modo seguro e íntimo.
3. Na semana do Programa Preparatório, escreva em seu diário três vezes por semana, durante 15 ou 20 minutos por sessão, usando a técnica da Escrita Livre.
4. Nas Semanas de 1 a 8 do Programa CEE, escreva em seu diário três vezes por semana, durante 15 ou 20 minutos por sessão. Você pode basear livremente seus escritos em torno dos Componentes Fundamentais a seguir, ou usar a técnica da Escrita Livre ou adaptar os temas relacionados com os seus problemas como desejar.

SEMANA COMPONENTE FUNDAMENTAL PARA ÊNFASE NAS SESSÕES DE MEDITAÇÃO/AFIRMAÇÃO

Semana 1: Capacidade de Identificar e Suportar Sentimentos

Semana 2: Empatia

Semana 3: Introspecção

Semana 4: Afirmação

Semana 5: Capacidade de Identificar e Suportar Sentimentos

Semana 6: Empatia

Semana 7: Introspecção

Semana 8: Afirmação

5. Depois das oito primeiras semanas, você poderá repetir o Curso Básico, usando a ténica da Escrita Livre, ou passar para o Curso Pessoal. Se optar pelo Curso Pessoal, defina os Componentes Fundamentais Primacial e Secundário, os quais devem ser os mesmos nos quais você está se concentrando nas sessões de meditação e visualização.
6. Se resolver continuar no Curso Básico, escreva sobre questões relacionadas com o Componente Fundamental Primacial da Semana 9 à Semana 12.
7. Escreva também a respeito do Componente Fundamental Secundário da Semana 13 à Semana 16, no caso do Curso Básico.
8. Lembre-se de que você sempre pode escrever sobre questões relacionadas com outros Componentes Fundamentais conforme a relevância que tiverem para os problemas ou acontecimentos que surgirem em sua vida. Procure ser objetivo e deixar as idéias fluírem nas sessões de escrita.

onze

Exercício do Condicionamento do Equilíbrio Emocional

A quarta e última técnica de treinamento é o Exercício do Equilíbrio Emocional, a qual ajuda a melhorar seu estado mental e fortalecer a essência de seus Componentes Fundamentais. No início, talvez você se pergunte por que o exercício físico faz parte do quadro do equilíbrio emocional. Se, alguma vez, você sair de uma sessão de exercícios com uma mudança positiva notável em seu estado de humor e de espírito, você entenderá isso. O exercício tem a capacidade de aumentar sua força psicológica ou emocional, aliviar a tensão e melhorar seu estado de humor – benefícios que estimulam e aceleram o processo de cumprimento do Programa CEE.

O exercício revigora, gera resistência física e mental a problemas de saúde, e também confiança, a qual, quando transposta para os domínios dos sentimentos, influencia a Capacidade de Identificar e Suportar Sentimentos. A adoção do desafio de manter-se fiel a um plano de exercícios o faz passar por uma experiência direta no que toca a suportar e superar sentimentos ou sensações desagradáveis.

A Empatia é aprimorada pelo exercício tanto de forma direta quanto por meios sutis. Primeiro, enquanto você se esforça por superar o desconforto inicial que pode ocorrer no cumprimento de um novo plano de exercícios, você se torna sensível às limitações e dificuldades das outras pessoas. Além disso, quando adquire mais resistência e robustez, você passa a dispor de mais força psicológica ou moral para transmitir a outras pessoas. Você passa a ter maiores reservas físicas e emocionais para compartir com os outros quando eles precisarem de sua Empatia.

A natureza rítmica do exercício estimula o mecanismo da Introspecção. Movimentos repetitivos, tais como caminhar, correr e nadar fazem com que sua mente se capacite a abandonar as preocupações ligeiras para ater-se lucidamente ao tratamento das questões profundas e realmente importantes.

Quando você se instala na sua rotina de exercícios, quase sempre percebe que o exercício que você pratica acaba despertando sua capacidade de resolver problemas e faz com que com você passe a ignorar a irrelevância de explicações superficiais e comece a interessar-se pela explicação profunda dos fenômenos da vida, num claro sinal de aprimoramento de sua capacidade de Introspecção.

O exercício tem também a propriedade de fortalecer sua capacidade de Afirmação. À medida que adquire aptidão e resistência física, você se torna mais confiante no mundo como um todo e capaz de tomar atitudes de Afirmação mais sadias. Quando termina uma vigorosa sessão de exercícios, você sente um sensação de força, de domínio de si mesmo, de triunfo, que pode ser orientada para os seus relacionamentos com outras pessoas. Ademais, a conquista da resistência aeróbica e da força muscular pode produzir em você uma sensação genérica de poder, de capacidade.

BENEFÍCIOS PARA A MENTE E PARA O CORPO

Os efeitos físicos da prática de exercícios têm sido bem documentados e largamente veiculados pelos meios de comunicação. O exercício pode melhorar a circulação sangüínea, o sistema imunológico e o sistema músculo-esquelético no enfrentamento natural dos vários tipos de tensão muscular e mental. E também pode fortalecer seu sistema de auto-imunidade e ajudá-lo a remover as toxinas do corpo.

Os sistemas circulatório e cardiovascular são estimulados especialmente pelo exercício aeróbico, o que pode reduzir o número de batimentos cardíacos e, ao mesmo tempo, aumentar o volume da pulsação cardíaca. Isso significa que o coração fornece mais sangue ao corpo a cada batimento, satisfazendo a necessidade de seu corpo de dispor de um suprimento sangüíneo mais eficiente. A circulação aprimorada regula mais eficazmente a pressão sangüínea e impede o depósito de ácidos graxos no interior das artérias. Isso ajuda também a impedir o endurecimento das artérias e o conseqüente risco de doenças do coração.

Já que o calibre e a robustez dos vasos sangüíneos aumentam com a prática regular de exercícios aeróbicos, maior quantidade de sangue flui para os órgãos e tecidos, o que rejuvenesce as células. O exercício aeróbico aumenta também o suprimento de sangue ao cérebro, o que desenvolve a lucidez mental e aprimora o estado de espírito.

Outro importante benefício gerado pela prática regular de exercícios, no caso específico de esforços com halteres, é o fortalecimento do sistema músculo-esquelético. Isso pode ajudar a evitar a osteoporose, a qual é motivo de preocupação especial para as mulheres depois da menopausa.

Um programa de exercícios equilibrado deveria incluir sessões de alongamento, para o desenvolvimento da flexibilidade, bem como exercícios aeróbicos feitos com halteres. O exercício de alongamento ajuda a manter o alinhamento da coluna, o relaxamento dos músculos e a lubrificação das articulações. Ele pode servir para extinguir os efeitos de uma vida profissional sedentária e posturas inadequadas, evitando ou aliviando, às vezes, dores lombares e cervicais, e anciloses.

Uma das principais razões pelas quais o exercício contribui para o Equilíbrio Emocional é a capacidade que ele tem de fazê-lo prover-se com maiores cotas de energia. À medida que você vai conquistando mais condicionamento físico, o número e o calibre dos vasos capilares que nutrem os músculos aumentam. Isso faculta aos músculos o aumento da produção de mitocôndrias, unidades subcelulares que transformam matéria orgânica em energia. Quando você tem maiores reservas de energia física e mental, sua capacidade para desenvolver os Componentes Fundamentais e reagir com o máximo de Equilíbrio Emocional aumenta consideravelmente.

Aliás, o exercício físico pode prolongar ou dilatar o tempo de vida, bem como melhorar sua qualidade. Os Centros de Controle e Prevenção de Doenças têm afirmado constantemente que, se todo americano de vida sedentária se dedicasse a algum tipo de atividade física durante 30 minutos por dia, o índice anual de óbitos cairia em 250 mil.

O dr. Ralph Paffenbarger, da Stanford University, um dos mais renomados pesquisadores no campo do exercício físico, publicou vários estudos nos quais afirmou que a prática de exercícios moderados na idade adulta pode aumentar significativamente a expectativa de vida. Seu famoso estudo com estudantes de Harvard revelou que entre os homens que participavam de atividades tais como a caminhada, subidas e descidas de escadarias e outras, de natureza esportiva, nas quais queimavam 2 mil ou mais calorias por semana, o índice de mortes era de um quarto a um terço menor do que o do grupo de homens menos ativos.

Já que, essencialmente, a mente e o corpo são componentes de um todo, os benefícios físicos do exercício podem influenciar positivamente o seu estado de espírito. Ademais, o exercício físico gera efeitos mentais e psicológicos distintos e é sempre associado à melhoria na qualidade do humor. Há muitas razões para esse fenômeno, algumas bem compreendidas, outras nem tanto.

Um dos mecanismos pelos quais o exercício transforma a química do cérebro está na ativação da produção de neurotransmissores, tais como as endorfinas. As endorfinas podem gerar uma sensação de bem-estar, alegria e euforia, a qual, às vezes, é chamada de "euforia de atleta". Uma expressão mais exata seria "euforia do exercício", já que a prática constante de qualquer tipo de exercício aeróbico pode produzir essa sensação. O exercício pode estimular a produção de endorfinas e de outros mensageiros químicos, como a serotonina, que gera sensações de euforia.

O exercício produz efeitos relaxantes e revigorantes, uma espécie de paradoxo deleitante. Na maioria dos casos, o exercício aeróbico alivia a tensão muscular e mental. Exercícios de alongamento e a ioga podem suscitar estados de relaxamento ainda mais intensos.

Durante as sessões de exercícios aeróbicos, o suprimento de sangue ao cérebro aumenta, o que aprimora a qualidade de seus processos mentais e intelectivos. Estudos demonstraram que o exercício aeróbico pode melhorar a memória, a concentração, a fluência verbal e a capacidade de solucionar problemas criativamente. Essas aptidões geram maiores recursos para o desenvolvimento dos Componentes Fundamentais do Equilíbrio Emocional.

Num dos estudos do Longevity Research Institute, em Santa Mônica, um grupo de 31 voluntários, com média de idade de 60 anos, e cujos membros haviam sofrido de doenças cardiovasculares e outros males degenerativos, seguiram um programa alimentar e de exercícios acompanhado por caminhadas diárias. Menos de um mês depois, esses voluntários apresentaram em suas avaliações resultados consideravelmente maiores dos que tinham obtido também em testes de aferição do grau de especialização, autocontrole, tolerância, capacidade de realização e eficiência intelectual.

Em outro estudo interessante, especialistas acompanharam um grupo de adultos na faixa dos 40 anos de idade cujos integrantes participaram de um programa de caminhadas e corridas leves durante dez semanas. Comparados com o grupo de controle, cujos integrantes prosseguiram em sua vida sedentária, os que se exercitaram obtiveram resultados muito melhores em testes de memorização envolvendo números. Esse estudo parece indicar que o exercício pode melhorar a capacidade de memorização e outras funções cognitivas em qualquer idade.

A prática do exercício tem sido prescrita como recurso de tratamento de problemas psicológicos, tais como a depressão e a ansiedade. Num estudo piloto, o dr. John Greist, da University of Wisconsin Medical School, descobriu que um programa de sessões de corrida vigorosa serve como um meio eficaz de tratamento de pessoas com sintomas de depressão moderada. Vários outros terapeutas entrevistados no estudo do dr. Greist descreveram casos de pessoas cuja depressão diminuiu quando começaram a realizar sessões de corrida.

Há várias explicações possíveis das razões pelas quais alguns tipos de depressão podem ser aliviados com a prática da corrida. Certa teoria propõe que a depressão é causada pela deficiência do hormônio noradrenalina nas sinapses cerebrais. Exercícios aeróbicos vigorosos podem estimular o aumento da produção desse hormônio, bem como o de endorfinas. Outra evidência sugere que aumenta no cérebro, com a prática sistemática de atividapage des físicas, a presença do neurotransmissor serotonina, considerado elemento que desempenha papel-chave no controle das emoções.

Outra explicação, relacionada com fatores cognitivos, está no fato do abandono ou afastamento da pessoa dos padrões mentais repetitivos e negativos atinentes à depressão, forçando-a a perceber a natureza do ambiente que a cerca e outros elementos presentes em sua vida. Além disso, a atividade física parece servir como meio de combater os sentimentos de impotência tão comuns nos casos de depressão. Em algumas situações, a depressão pode, aliás, ser causada ou agravada pela inatividade física e pelo confinamento, pois que isso parece fomentar sentimentos de impotência.

A corrida tem sido usada para tratar casos de ansiedade e fobias, inclusive os de agorafobia (medo de lugares descobertos) e claustrofobia (medo de lugares fechados). Embora a corrida e a prática de exercícios não sejam meios de cura por si sós, elas podem reduzir o grau de receios infundados quando combinadas com a psicoterapia e técnicas de visualização.

No que respeita aos casos de ansiedade cotidiana, consta que o exercício libera a tensão acumulada e desagrava estados de preocupação, enquanto, ao mesmo tempo, desenvolve a confiança. Certo estudo revelou que até mesmo uma sessão experimental de exercícios de 15 minutos serviu para reduzir o grau de ansiedade dos participantes.

UM PROGRAMA SEGURO DE EXERCÍCIOS

Antes de iniciar um novo tipo de exercício para o cumprimento das prescrições do Programa CEE, é altamente recomendável que você se submeta a uma avaliação médica completa. Isso deve consistir, por exemplo, de teste de resistência e exame sangüíneo, e outros testes que seu médico julgar necessário depois que você explicar que pretende iniciar ou acelerar um plano de exercícios. Não deixe de conversar com ele a respeito das atividades físicas específicas das quais você pretende participar, para obter dele a opinião autorizada quanto à conveniência disso, considerando-se o seu condicionamento físico atual.

Assim que iniciar sua rotina de exercícios, você precisará prestar atenção no próprio corpo e usar de bom senso. Não é incomum nem necessariamente perigoso o fato de você passar por dificuldades e sentir dores moderadas quando inicia uma nova atividade. "Dores crescentes" podem indicar, aliás, que seus exercícios são suficientemente fortes para gerar bom condicionamento físico. Mas, se você tiver alguns dos sinais de advertência seguintes ou sentir outros tipos de dores intensas durante ou depois da sessão de exercícios, interrompa-os imediatamente e procure consultar-se com o seu médico antes de voltar a praticá-los. Os sinais de advertência são, mas não se limitam a:

- Dores agudas súbitas
- Dores persistentes ou dores cuja intensidade não diminui depois de um ou dois dias de descanso
- Batimento cardíaco extremamente rápido ou irregular
- Falta de ar ou dificuldade para respirar
- Tonteira ou desfalecimento

OS COMPONENTES DO EXERCÍCIO

Um programa de exercícios equilibrado tem três componentes fundamentais:

- Exercícios aeróbicos ou cardiovasculares
- Exercícios de força ou de desenvolvimento do sistema músculo-esquelético
- Exercícios de alongamento ou de desenvolvimento da flexibilidade

O **exercício aeróbico** condiciona o coração a bombear mais sangue a cada pulsação cardíaca, o que resulta no aumento da atividade cardíaca e na melhoria da saúde cardiovascular. Durante a prática do exercício aeróbico, células de todo o corpo são mais bem supridas de oxigênio, já que um grande volume de sangue é bombeado pelo coração e, este, conseqüentemente, passa a irrigar mais eficazmente os pulmões e os grupos musculares. O exercício aeróbico também pode influenciar positivamente o ritmo do metabolismo, o que faz com que seu corpo funcione mais eficazmente.

Eis alguns tipos de exercícios aeróbicos: caminhada, corrida moderada e intensa, natação, dança aeróbica e exercícios em degraus, ciclismo, remo, exercícios em bicicleta fixa e esqui *cross-country*. Outros tipos de dança, várias modalidades desportivas e exercícios com corda podem ser considerados aeróbicos também se forem realizados ininterruptamente durante 20 ou 30 minutos.

De modo geral, o exercício aeróbico é de natureza rítmica, o que faz dele um fator especial de desenvolvimento dos Componentes Fundamentais do Equilíbrio Emocional. Ele gera um conjunto de transformações fisiológicas que, por sua vez, produzem efeitos emocionais e psíquicos, tais como melhoria do estado de espírito, confiança, senso de criatividade e lucidez mental. Por conta desses benefícios fisiológicos/psicológicos, o exercício aeróbico é a atividade física mais recomendável como recurso auxiliar do Programa CEE.

Exercícios de força ou de desenvolvimento do sistema músculo-esquelético aumentam a força dos músculos e a robustez dos ossos, a resistência

Exercício do Condicionamento do Equilíbrio Emocional

física e a elasticidade da musculatura. Isso é obtido por meio da repetição de movimentos nos quais os músculos são forçados a suportar e a realizar maior carga de esforço, quer pelo levantamento do peso de seu próprio corpo, quer pela manipulação de peso estranho à massa corporal. Com o avanço dos treinamentos, a quantidade de peso e o número de repetições e sessões podem ser gradualmente aumentados para dar continuidade ao desenvolvimento da musculatura.

Exercícios de força são especialmente benéficos no desenvolvimento da capacidade de Afirmação. Eles podem ser úteis também no tratamento de questões relacionadas com a CISS, tal como no caso da capacidade de suportar desconforto, da superação da timidez e da redução da ansiedade.

Exercícios de força moderados servem para a consecução de objetivos e resultados inteiramente diferentes dos que se podem alcançar pela musculação e levantamento de pesos avulsos. A musculação conduz à consecução de uma musculatura maciça, volumosa, bem definida e simétrica, pelo uso intenso e vigoroso de pesos ou halteres. Os exercícios de força levam os que se aplicam em praticá-los à obtenção de músculos firmes, fortes e vigorosos e não de musculatura exagerada e saliente.

Esses tipos de exercícios podem ser feitos com pesos avulsos ou com equipamentos apropriados. Você também pode usar o peso do próprio corpo como fator de resistência; por exemplo, nos exercícios abdominais e de flexão. Muitas academias de ginástica que oferecem aulas de dança e ginástica aeróbica e outros tipos de atividades físicas incluem sessões de exercícios de força em suas aulas. Essas aulas podem ser um bom meio de colher os benefícios do desenvolvimento da força muscular, da capacidade ou resistência aeróbica e da flexibilidade corporal num único lugar ou numa mesma sessão de exercícios.

Se você jamais tiver se exercitado com pesos ou em equipamentos de ginástica, não deixe de obter orientação de um treinador, professor ou especialista (na academia de ginástica ou no clube) para certificar-se de que você está usando o halteres, o equipamento ou o fator de resistência adequado ao peso ou à conveniência e exeqüibilidade do esforço.

Os **exercícios de alongamento**, ou de flexibilidade, servem para manter o alinhamento da espinha, a vitalidade dos músculos e a lubrificação das articulações. O alongamento capacita o corpo a realizar a flexão completa de suas partes articuladas, preserva o corpo da suscetibilidade a lesões e dores lombares e reduz a intensidade de dores e a gravidade de anciloses. Ele também alivia a tensão muscular e pode ser fator de grande relaxamento. O alongamento também cumpre importante papel no desenvolvimento da Empatia e da capacidade de Introspecção.

O alongamento pode ser feito numa sessão de exercícios à parte ou mesmo ser incorporado a sessões de exercícios aeróbicos e/ou de desenvolvimento da força muscular. Aliás, recomendamos a realização de exercícios de flexibilidade no fim da maioria das atividades aeróbicas, como fator de redução da fadiga e tensão musculares.

Nas sessões de prática da ioga, são feitos muitos exercícios de alongamento, bem como de desenvolvimento da força muscular e de respiração. Muitas formas de alongamento usadas nas aulas de ginástica de todo tipo são baseadas nas antigas posturas iogues.

ESQUEMA DE REALIZAÇÃO DO EXERCÍCIO DO EQUILÍBRIO EMOCIONAL DO PROGRAMA CEE

Na semana de realização do Programa Preparatório ou mesmo antes disso, escolha um ou dois tipos de atividade aeróbica das quais você acha que gostará e conseguirá praticar regularmente. Faça o exame médico e consulte seu médico a respeito das atividades que você tiver escolhido.

Ainda, na semana de realização do Programa Preparatório, ou antes, compre as roupas ou os equipamentos necessários, matricule-se em alguma academia de ginástica ou faça o que for necessário para que você possa estar pronto para se exercitar.

Pelo menos nas primeiras semanas, seria uma boa idéia agendar seus "compromissos com sessões de exercício". Defina um esquema de atividades e procure manter-se fiel a ele.

O Curso Básico

Da Semana 1 à Semana 8, faça exercícios aeróbicos pelo menos três vezes por semana, durante 20 ou 30 minutos por sessão. Não deixe de fazer adequadamente, antes de iniciar a sessão, exercícios de aquecimento e, ao terminá-la, exercícios de relaxamento. Se for novato na prática de exercícios, você pode dividir cada uma das sessões em períodos de exercícios de 10 minutos, com algum tempo para descanso entre eles. À medida que for adquirindo resistência, esforce-se para tentar ampliar a duração da sessão para 20 minutos, sem interrupções. Se desejar aumentar o número ou a duração das sessões, ou acrescentar-lhes outras atividades, não há problema, desde que você não exagere.

Dependendo da atividade que escolher, pense na conveniência de concentrar-se nos movimentos do exercício ou, talvez, numa eventual "sobra" de tempo — concomitantemente à realização do exercício — para lidar com as afirmações, os objetivos e os temas do CEE. Se for possível, concentre-se no Componente Fundamental com o qual estiver lidando nas sessões de prática das outras Técnicas de Treinamento na semana.

O Curso Pessoal

Da Semana 9 à Semana 16, faça exercícios aeróbicos pelo menos três vezes por semana, durante 20 ou 30 minutos por sessão. Não deixe de fazer adequadamente, antes de iniciar a sessão, exercícios de aquecimento e, ao terminá-la, exercícios de relaxamento.

Tente aumentar a duração da sessão para 30 minutos, ou mais, se você se sentir inspirado. Aumente também, paulatinamente, a intensidade dos exercícios. Por exemplo, você pode subir aclives, correr sob passo acelerado ou tentar participar de aulas de dança aeróbica para praticantes avançados. Não sobrecarregue o corpo, mas procure continuar desafiando a si mesmo. Se desejar exercitar-se mais de três vezes por semana, isso servirá para acelerar o cumprimento do Programa CEE de um modo geral, bem como a evolução de seu condicionamento físico.

Talvez você resolva continuar com o mesmo exercício praticado nos dois primeiros meses do Programa, e/ou tentar atividades novas e que exijam mais de você. Você também pode dedicar algumas de suas sessões às atividades que sirvam para desenvolver ou solucionar questões relacionadas com determinado Componente Fundamental. Durante os exercícios, se possível, e durante o período de relaxamento, afirme a consecução de seus objetivos do CEE e volte a atenção para os seus Componentes Fundamentais Primacial e Secundário.

O CICLO DE CONSOLIDAÇÃO DO EQUILÍBRIO EMOCIONAL DO EXERCÍCIO DO CEE

Se você for alguém que não tenha estado praticando nenhum tipo de atividade física e acha que até mesmo 20 minutos de exercícios por sessão é muito, você pode realizar duas sessões por dia com duração de 10 minutos cada uma. Passadas algumas semanas, talvez você já esteja preparado para realizar sessões de 20 minutos sem interrupção e, depois de mais algumas semanas, sessões de 30 minutos. Isso indicará que você está se exercitando durante um período de tempo suficiente para ativar o Ciclo de Consolidação do Equilíbrio Emocional.

O Ciclo de Consolidação do Equilíbrio Emocional é prontamente perceptível depois de realizadas algumas sessões de Exercício do CEE, já que foi concebido com base no estudo dos efeitos obtidos pelos padrões de treinamento do desporto profissional. Por exemplo, no começo, uma sessão de corrida ou de caminhada em marcha acelerada poderá aumentar muito seu número de batimentos cardíacos e de sua pulsação respiratória, o que lhe causará fadiga e tensão fisiológica. Mas, à medida que os efeitos gerados pelo treinamento evoluem e seu corpo se condiciona à prática dos exercícios, ocorre a estabilização desses números e seu organismo desenvolve capacidade de tolerância às exigências da corrida. Assim que adquire força e resistência físicas, a atividade já não parece tão árdua. Torna-se, pois, um prazer e um meio de desafogo agradável, ao invés de continuar a se lhe impor como um esforço exeqüível por meio de pura força de vontade.

Felizmente, aliás, você poderá escolher uma forma de exercício de que goste, mesmo que, no começo, sinta alguma dificuldade para praticá-la. Mas, se você é alguém que acha todo tipo de exercício algo maçante, procure considerar a questão do Ciclo de Consolidação do Equilíbrio Emocional. Fatalmente a prática de suas sessões de exercício se tornarão mais fáceis e mais agradáveis. E você colherá uma estimulante série de benefícios físicos e psicológicos.

A ESCOLHA DO EXERCÍCIO DE CONDICIONAMENTO DO EQUILÍBRIO EMOCIONAL

Lembra-se do puro e simples prazer que era realizar atividades físicas em seus tempos de criança? Correr, andar de bicicleta, jogar futebol, nadar, dançar... Talvez houvesse algum tipo de exercício que você considerava diversão pura e simples.

Esse é o tipo de sentimento que desejamos resgatar com o Exercício do Equilíbrio Emocional. Trata-se de um tipo de exercício que será praticado unicamente em seu benefício, e não em favor de uma equipe, para conquista de pontos numa disputa qualquer ou mesmo para impressionar alguém. É tempo de relaxar, de recarregar energias, de folgar.

Se você tem se exercitado regularmente, possivelmente já encontrou uma atividade que gosta de praticar. Se estiver apenas começando ou voltando a praticar exercícios, escolha uma atividade que seja adequada ao seu grau de condicionamento físico e ao seu estilo de vida, mas que seja, sobretudo, potencialmente agradável. O segredo para evitar o enfastiamento com algum tipo de exercício é simples. Se a atividade em si ou os seus resultados o divertem ou lhe agradam, é provável que você continue a praticá-la.

Em 1994, décadas depois de os especialistas da saúde terem começado a exortar os americanos a dedicar-se à prática de exercícios para a melhoria da qualidade de vida, um estudo revelou que somente 20% da população americana estava fazendo o mínimo necessário para a obtenção da saúde física. Diante disso, pode-se deduzir facilmente que a ameaça de doenças do coração, obesidade e outros problemas de saúde não bastam para fazer as pessoas se sentirem motivadas a praticar exercícios.

Na maioria dos casos, a disciplina não é fator primacial na fidelidade das pessoas à realização de programas de exercícios. As pessoas que se mantêm fiéis à prática de atividades físicas são as que gostam dos exercícios que realizam. Certamente elas podem ser impelidas pelo desejo de se manterem em forma por motivos de saúde e vaidade, mas também é provável que gostem de praticá-los simplesmente por causa dos benefícios que eles geram.

Diante da existência de tantos tipos de exercícios, há sempre algum adequado para cada um.

Exercício do Condicionamento do Equilíbrio Emocional

Se você ainda não tiver achado uma atividade que lhe agrade, tente algo novo. Mas considere o fato de que há sempre algum período de adaptação, durante o qual você precisa desenvolver as aptidões e capacitar-se nos tipos de esforços que a prática da atividade requer. Pois, assim que conseguir fazer isso, você passará a achar suas sessões de exercícios divertidas e compensadoras. Se não consegui-lo, tente praticar outra atividade até que descubra uma que seja adequada ao seu grau de condicionamento físico e às suas reservas energéticas, ao seu temperamento e ao seu gosto. Se desejar, você pode participar de duas ou três atividades diferentes como parte do Programa CEE.

Inicialmente, escolha uma atividade que não exija muito do seu estado físico atual, para evitar que você se sinta desencorajado nas primeiras semanas do Programa CEE. Depois, quando conquistar alguma força muscular e resistência, você poderá passar a praticar atividades mais desafiadoras.

A IDENTIFICAÇÃO DO SEU NÍVEL DE CONDICIONAMENTO FÍSICO

A seguir, algumas orientações para a identificação do grau de seu condicionamento físico. Essas orientações correspondem a um ponto de partida, mas, certamente, não são a última palavra sobre o que é seguro ou não para o seu estado físico atual. Ainda aqui, é imperioso que você se submeta a exame médico completo e pergunte ao seu médico se você está pronto para a prática do exercício que escolher.

Os padrões desses graus de condicionamento físico foram concebidos para atender às necessidades das pessoas classificáveis numa faixa etária entre os 18 e 60 anos de idade. Se você tiver mais de 60 anos, a classificação de seu grau de condicionamento físico dependerá de seus antecedentes em matéria de exercícios e de saúde, dispensando-se atenção especial a fatores cardiovasculares. Quando identificar em qual grau você pode situar-se, seja realista e honesto consigo mesmo, mas não se julgue. Não importa se você é classificável no Grau 1 ou no Grau 4, mas que você se exercite segura e regularmente.

GRAUS DE CONDICIONAMENTO FÍSICO

Grau 1: Peso Ideal
Já participa de atividades físicas vigorosas com regularidade
Nenhum problema de saúde
Grau 2: Peso de ideal a moderado
Já realiza exercícios físicos ocasionalmente, e/ou tem um estilo de vida razoavelmente ativo
Nenhum problema de saúde grave

> Grau 3: Peso de moderado a excessivo, e/ou não pratica exercícios físicos regularmente, estilo de vida nem um pouco ativo
>
> Grau 4: Peso excessivo e estilo de vida muito sedentário, nenhum exercício
> Antecedentes de problemas de saúde, tais como artrite aguda, doença do coração, hipertensão, algum tipo de invalidez ou outra limitação física significativa
>
> *Nota: Quase todas as pessoas podem adaptar as atividades físicas para o desenvolvimento do Equilíbrio Emocional, mesmo as que estiverem presas a uma cadeira de rodas. Consulte seu médico a respeito de modificações em algum tipo de exercício, se necessário.*

EXERCÍCIOS AERÓBICOS PARA DIFERENTES GRAUS DE CONDICIONAMENTO FÍSICO

Se, atualmente, você se enquadra nos Graus 3 ou 4 de condicionamento físico e achar que as opções de atividades aeróbicas são limitadas, lembre-se de que você pode adotar, gradual e ponderadamente, outras atividades mais vigorosas. Isso pode ser alcançado por sessões de caminhadas, natação ou de exercícios para a perda de peso, se necessário. Um treinador especializado, um professor de educação física ou um médico poderão orientá-lo quanto ao seu progresso.

Exercícios Aeróbicos	
Corrida leve/ vigorosa:	Pessoas do grau 1. As pessoas do grau 2 podem começar com caminhadas vigorosas e, depois, passar a sessões de corrida leve (*jogging*).
Caminhada:	Pessoas de todos os graus. Adaptar a extensão do percurso e o ritmo da caminhada ao condicionamento físico pessoal. Não recomendável a pessoas com artrite grave nos joelhos ou nos quadris, ou ainda com alguma deficiência física.
Natação:	Pessoas de todos os graus.
Dança aeróbica ou exercícios aeróbicos em degraus (*step training*):	Pessoas dos graus 1 ou 2. (As do grau 2 podem começar com aulas para iniciantes.) As pessoas do grau 3 podem capacitar-se a realizar esse tipo de atividade dedicando-se, primeiro, a sessões de caminhadas e natação. Não recomendável a pessoas com lesões ou que tenham artrite.

Outro tipo de dança:	Pessoas dos graus 1 e 2. Pessoas dos graus 3 e 4 podem adotar esse tipo de atividade desde que a iniciem bem moderadamente.
Ciclismo/Bicicleta Ergométrica:	Pessoas dos graus 1 e 2.
Desportos/Artes Marciais:	Pessoas dos graus 1 e 2. As pessoas do grau 3 podem adotar esses tipos de atividades depois de realizarem um programa de caminhadas vigorosas.
Remo/Esqui *Cross-Country*/ Exercícios com corda:	Pessoas do grau 1. As do grau 2 podem iniciá-las com sessões de 5 minutos e aumentá-las aos poucos.
Exercícios Anaeróbicos Exercícios de Força:	Pessoas dos graus 1 e 2. As do grau 3 podem iniciar esse tipo de atividade de forma branda e orientadas por um especialista.
Exercícios de alongamento:	Exercícios de alongamento suaves podem ser realizados pelas pessoas de todos os graus, desde que se atente para a questão da existência de·lesões e deficiência física. Pode ser necessária a orientação de um especialista para as dos graus 3 e 4.
Ioga:	Pessoas dos graus 1 e 2. As dos graus 3 e 4 também pode participar de sessões de ioga, desde que com orientação de um instrutor de ioga.

A melhor forma de iniciar um programa de exercícios é poder contar com a orientação de um treinador ou professor competente. Um bom começo seria agendar algumas sessões com um treinador particular, o qual poderia criar e supervisionar sessões de exercícios personalizadas. Essas atividades físicas podem ser feitas num ginásio desportivo, numa academia de ginástica, numa clínica de emagrecimento, em sua casa ou ao ar livre. Treinadores particulares são muito estimulantes e, na maioria dos casos, conseguem fazer com que o aluno relutante faça o que é necessário, mas seus serviços são muito caros.

Normalmente, opções menos caras são as constituídas pela ginástica de grupo, cuja prática é amplamente possível em ginásios desportivos, academias de ginástica e até mesmo programas para a terceira idade. Geralmente, com a ginástica em grupo pode-se dispor de um bom professor, do estímulo dos colegas, de um ambiente diferente e agradável e de uma estrutura e esquema que o ajudam a manter-se na linha. Vídeos e livros sobre exercícios são outra opção.

Muitas pessoas gostam de realizar seu programa com um colega, com o qual agendam seus "compromissos" com as sessões de exercícios. Um colega pode ajudá-lo a cumprir o esquema de exercícios, já que você passa a sentir-se obrigado a dar alguma explicação no caso de tentar ou desejar eximir-se da realização de alguma sessão. Ademais, a companhia deles pode tornar as sessões mais interessantes, sociáveis e divertidas. Os cães podem constituir-se excelentes companheiros para os caminhantes e até mesmo para os corredores, dependendo da raça canina. No caso de desejar adotá-lo como companheiro de seus exercícios, você poderia consultar um veterinário para saber se o seu cão tem condições de acompanhá-lo em sua atividade.

A seguir, algumas idéias e dicas a respeito dos tipos mais comuns de exercício aeróbico para ajudá-lo a fazer a sua escolha.

CAMINHADA

Caminhar é algo que aprendemos naturalmente. É um exercício seguro, fácil e espontâneo, que quase todo mundo pode fazer. Embora a caminhada seja um tipo de exercício relativamente brando, ela é capaz de gerar benefícios consideráveis. Um estudo feito pelo Institute for Aerobics Research revelou que a realização de uma caminhada vigorosa durante 20 minutos, pelo menos três vezes por semana, pode melhorar consideravelmente o consumo e a queima de oxigênio pelo corpo e o vigor do sistema cardiovascular.

A caminhada também fortalece os músculos, principalmente dos membros inferiores. Para desenvolver a musculatura do tronco, até certo ponto, e a dos membros superiores enquanto caminha, você pode mover os braços para a frente e para trás vigorosamente, carregar pesos leves, empurrar um carrinho de mão ou levar seu cão preso à coleira.

Há muito que esse tipo de exercício é considerado uma espécie de tônico mental e também excelente fator de revigoramento físico. Ele ajuda a arejar as idéias, estimula os processos da criatividade e reduz a tensão. Embora a caminhada possa ser feita numa esteira rolante, num shopping, nas ruas ou quase em todos os lugares, um ambiente natural aprazível é especialmente refrescante para a alma.

Por ser um exercício rítmico e natural, a caminhada é ideal para o desenvolvimento do Equilíbrio Emocional. Nela, você pode deixar as idéias fluírem livremente ou meditar sobre suas afirmações, objetivos e evolução no cumprimento do Programa CEE.

Quando fizer suas caminhadas, use roupas confortáveis e adequadas ao clima e um bom par de tênis ou sapatilhas especiais. Mantenha o pescoço e os ombros relaxados, os braços soltos e oscilantes e as cadeiras flexíveis. Você pode começar com sessões de 10 minutos se o seu for um caso classificá-

Exercício do Condicionamento do Equilíbrio Emocional

vel nos graus 3 ou 4 e, paulatinamente, passar a realizar sessões com 30 ou 40 minutos de duração.

Comece a sessão com uma leve caminhada de 5 minutos para aquecer-se. Volte a diminuir o ritmo da caminhada no fim da sessão, para relaxar. À medida que se acostumar às caminhadas, você poderá aumentar gradualmente o ritmo e a duração do exercício, para que comece a ganhar condicionamento físico. A subida de colinas também aumenta os benefícios do aspecto aeróbico. Quando aprimorar um pouco a própria forma, você começará a sentir-se eventual e naturalmente impelido a embarcar numa corrida leve.

CORRIDA BRANDA/VIGOROSA

A corrida branda (*jogging*) ou a corrida vigorosa são algumas das mais compensadoras, completas e até mesmo estimulantes formas de exercícios. Elas produzem nos que as praticam uma sensação de euforia e realização, o que influencia intensamente tanto o equilíbrio emocional quanto a forma física. Certamente, porém, elas não são para todos.

Muitas precauções devem ser tomadas com relação à corrida e é, portanto, fundamental que você receba a aprovação do médico antes de iniciar esse tipo de exercício. Mesmo que você seja uma pessoa de peso saudável, livre de lesões e em boa forma física, será bom iniciar o programa com algumas semanas de caminhadas vigorosas de dois em dois dias e, depois, passar a realizar corridas leves. Então, você poderá aumentar metodicamente a freqüência, intensidade e duração de suas corridas, monitorando o próprio ritmo para permanecer dentro dos padrões objetivados.

Você precisará de um par de tênis de alta qualidade e roupas adequadas ao clima. Se realizar sessões de corrida ao ar livre, de madrugada, nos primeiros albores da manhã ou à noite, procure usar retalhos ou apetrechos luminosos nas roupas.

Se você se exercitar numa esteira, tente não se deixar absorver muito pela leitura das instruções complicadas desses aparelhos de alta tecnologia. Trate apenas de se exercitar e deixe as idéias fluírem livremente pela mente, para que os efeitos do CEE apareçam.

Correr nem sempre é uma atividade inteiramente livre de riscos, mas você pode torná-la mais segura fazendo sessões de aquecimento e relaxamento adequadas. O aquecimento consiste em exercícios de alongamento suaves e um ritmo de corrida mais brando durante os primeiros cinco minutos de sessão. O relaxamento implica diminuir o passo a ritmo de caminhada durante os últimos cinco minutos de corrida, seguido por uma sessão de alongamento brando. Em seguida, é bom tomar um banho quente e demorado para relaxar os músculos e as articulações.

NATAÇÃO

Assim como a caminhada, a natação é uma forma de exercício segura e natural, que quase todas as pessoas podem praticar. Desde que você saiba nadar e a pratique num local em que haja salva-vidas, a natação oferece poucos riscos de prejuízo para o corpo. Use óculos de natação para proteger os olhos contra o cloro, e jamais nade sozinho ou em águas turbulentas ou correntezas.

Se o seu Grau de Condicionamento Físico é o 3 ou o 4, você pode iniciar essa atividade com sessões de 10 minutos e, depois, aumentá-las gradualmente para 20 e, mais além, 30 minutos. Quando você consegue passar a realizar sessões de 20 minutos, os benefícios cardiovasculares começam a aparecer. A natação fortelece os músculos e pode ser fator de terapia para articulações lesadas e para os que sofrem de artrite.

Você pode fazer os exercícios de aquecimento e relaxamento na própria água, fazendo alongamentos nos lados da piscina. Demais, em vez de natação propriamente falando, você pode caminhar ou correr na água da piscina, ou freqüentar aulas de exercícios aeróbicos aquáticos.

A natação é um tônico para as emoções, por causa da sensação de ausência de peso e da qualidade rítmica dos movimentos, e pelo fato de que a imersão na água invoca a lembrança do estado intra-uterino. Enquanto estiver nadando, você pode repetir a palavra ou expressão usada para ajudá-lo a concentrar-se nas sessões de meditação e suas afirmações e até mesmo pensar numa visualização. Ou você também pode deixar a mente vagar e a água realizar a sua magia.

AULAS DE DANÇA AERÓBICA E DE EXERCÍCIOS AERÓBICOS EM DEGRAUS (*STEP TRAINING*)

A aeróbica de alto impacto teve grande apelo popular, mas o público se desinteressou subitamente dela por causa do alto índice de lesões. Atualmente, a maioria das aulas de aeróbica são de baixo impacto, o que significa que exercícios envolvendo pulos e saltos e outros movimentos de alto impacto foram reduzidos ao máximo para minorar quanto possível os riscos de lesão.

Se você se enquadra nos Graus de Condicionamento Físico 1 ou 2, você pode fazer parte de uma turma adequada à sua forma física, dependendo de sua experiência. Aulas de aeróbica são ministradas em toda parte, oferecidas em academias de ginástica, ginásios esportivos, clínicas de emagrecimento e até em programas de saúde para adultos. Antes de inscrever-se em algum lugar, procure conhecer a experiência e a idoneidade do instrutor, e, se possível, assista a uma aula. Veja se o instrutor tem uma atitude estimulante e solidária e deixa entrever que se preocupa com a questão de exercícios seguros e graduados de acordo com a capacidade de cada um.

Exercícios aeróbicos devem ser feitos num piso macio ou, pelo menos, forrado com madeira, e com um par de tênis apropriado à prática desse tipo de exercício. Se você tem antecedentes de lesões nas articulações ou artrite, ou se você se enquadra nos Graus de Condicionamento Físico 3 ou 4, exercícios de dança aeróbica são muito rigorosos para você.

Muitas das orientações aqui apresentadas se aplicam também às aulas de exercícios aeróbicos em que se usa uma espécie de degrau portátil e de altura variável para intensificar o ritmo dos exercícios sem aumentar-lhes o impacto sobre partes do corpo. Ao fazer esse tipo de exercício, mantenha os joelhos ligeiramente flexionados, os ombros alinhados com os quadris e as costas eretas. O degrau deve ter uma altura tal que não provoque dor ou cause lesões.

Geralmente as aulas de dança aeróbica envolvem exercícios de fortalecimento da musculatura do tronco e dos membros superiores, juntamente com sessões de alongamento, aquecimento e relaxamento. Elas podem ser um excelente meio de inclusão dos fatores essenciais da exercitação numa única, vigorosa e completa sessão de exercícios. A excitação gerada pela música e por um bom instrutor pode ser estimulante e produzir uma espécie de "êxtase" aeróbico.

A dança aeróbica e o exercício com degraus têm uma natureza rítmica poderosa e ajudam a desenvolver os Componentes Fundamentais, principalmente a CISS e a capacidade de Afirmação. Uma vez que, também em razão da grande variação de movimentos, as aulas o mantêm ocupado, elas não lhe dão muito tempo para meditação. Mas elas podem estimular o desenvolvimento do Equilíbrio Emocional, pois que ajudam no aumento do amor-próprio e geram sentimentos de confiança e domínio sobre certas situações.

Existem outros tipos de dança, mas que, a rigor, não são de natureza aeróbica, a menos que você se mantenha em movimento durante 20 ou 30 minutos sem parar. Contudo, a dança oxigena, fortalece e revigora o corpo, e serve também como um conduto para o desafogo de energia emotiva. A dança é também uma atividade especialmente relevante para os que queiram adquirir sociabilidade, aptidão cujo desenvolvimento abrange todos os Componentes Fundamentais. Não importa se você gosta de danças populares, dança de salão ou balé: persiga o seu sonho.

CICLISMO

Andar de bicicleta, principalmente ao ar livre, é uma forma de exercício aeróbico eficaz, que também ajuda a desenvolver tanto o Equilíbrio Emocional quanto o condicionamento físico. A bicicleta ergométrica é uma alternativa em situações de tempo desfavorável ou inclemente ou para as pessoas que se sentem inseguras em pedalar ao lado de carros. Esses dois tipos de ciclismo, quando praticados durante 20 ou 30 minutos ininterruptos, suscitam o bom condicionamento do sistema cardiovascular, o desenvolvimento da força física e, ao mesmo tempo, os efeitos emocionais positivos de um exercício rítmico.

De um modo geral, o ciclismo é recomendável às pessoas do Grau de Condicionamento Físico 1 e 2, mas, para praticá-lo, as classificáveis no Grau 3 devem preparar-se antes com um programa de exercícios de caminhadas vigorosas combinados com exercícios de alongamento. Porém, se você tem artrite, lesões nos joelhos ou dores lombares, o ciclismo não é uma opção segura, já que pode causar pressão nas articulações e comprimir a espinha. Ademais, se você for homem, considere o fato de que há evidências de que longos períodos de tempo na bicicleta podem afetar seu sistema urogenital. Portanto, talvez lhe seja conveniente consultar um médico a respeito de tomar precauções quanto a isso.

Andar de bicicleta com a postura de ciclistas profissionais, com a espinha posta quase paralelamente ao solo, alivia a pressão sobre ela, mas isso requer um alto grau de condicionamento físico. As chamadas *mountain bikes*, os sistemas híbridos e as bicicletas comuns são melhores para iniciantes. Bicicletas ergométricas são usadas, geralmente, em academias de ginástica.

Para se aquecer antes de iniciar a sessão de ciclismo, faça alguns exercícios de alongamento, seguidos de um período de esforço brando na bicicleta. O alongamento é também aconselhável depois da sessão em si como forma de relaxamento e de manter a flexibilidade. O ciclista precisa de um par de tênis com sola bem aderente, calções ou calças colantes, refletores na bicicleta e, sobretudo, um bom capacete. Se você tem em mente a realização de longos percursos, um bomba de encher pneus, uma câmara de ar sobressalente, uma pequena caixa de ferramentas e uma garrafa de água são itens altamente recomendáveis. Atenção com os veículos na rua ou estrada e a obediência fiel a fatores de segurança o tempo todo são elementos imprescindíveis.

A menos que se exercite na bicicleta ergométrica, você precisará manter-se atento e não terá tempo para se concentrar em seus objetivos do CEE ou se distrair com outras idéias durante a sessão. Não obstante isso, o ciclismo pode fortalecer a natureza dos Componentes Fundamentais, principalmente a CISS e a capacidade de Afirmação.

DESPORTOS

Tecnicamente falando, os desportos são um misto de exercícios aeróbicos e anaeróbicos, já que, geralmente, eles envolvem surtos impetuosos de atividade, em vez de movimentação contínua. Mas se algum jogo popular e competitivo o motivar a exercitar-se, a prática de algum desporto pode ser uma boa opção. Considere a possibilidade de incluir a prática do tênis, do basquete, do futebol, do voleibol, do *squash*, do beisebol, do hóquei ou das artes marciais em seu programa do Exercício do Condicionamento do Equilíbrio Emocional. Se o golfe é o seu esporte preferido, caminhe pelo campo, ao invés de usar o carrinho motorizado, para que ele, como forma de exercício, lhe seja mais proveitoso.

Considere também o fato de que o grau do seu condicionamento físico e sua experiência devem adequar-se a qualquer tipo de esporte que você decidir praticar. Geralmente sessões de aquecimento e relaxamento consistem em exercícios de alongamento e caminhadas ou corridas leves no mesmo lugar (em esteiras, por exemplo). Use um par de tênis apropriado e todo equipamento de segurança que lhe for recomendado. Procure praticar o esporte pelo próprio benefício que ele gera, ao invés de se deixar levar por idéias de competitividade.

Os esportes não permitem que se tenha muito tempo para pensar nos Componentes Fundamentais, e também não são de natureza rítmica. Mas eles podem ser um poderoso fator de desafogo de sentimentos de raiva, frustração e outros mais, o que nos libera as forças ou energias psíquicas e, portanto, nos permite desfrutar de mais Equilíbrio Emocional. A prática de esportes pode fortalecer a essência dos Componentes Fundamentais, principalmente a CISS e a capacidade de Afirmação.

REMO/ESQUI *CROSS-COUNTRY*/EXERCÍCIOS COM CORDA

O remo pode ser praticado ao ar livre ou em ambientes fechados, num mecanismo fixo. Para que gere resultados aeróbicos, ele deve ser praticado durante pelo menos 20 minutos, sem interrupção. A prática desse esporte pode desenvolver o sistema cardiovascular, bem como fortalecer os membros superiores e partes do tronco. É de natureza rítmica e pode desenvolver os Componentes Fundamentais, principalmente quando praticado ao ar livre. Logicamente, na prática da canoagem ou de esportes afins você deve usar colete salva-vidas e ter alguém que o acompanhe o tempo todo.

O esqui *cross-country* é também, conforme o caso, uma boa opção de esporte ou ginástica ao ar livre. É uma forma de exercício aeróbico vigoroso, que fortalece o coração e os músculos. Uma vez que a prática desse esporte ao ar livre exige habilidade e um condicionamento físico básico, não deixe de usar equipamento apropriado e ter a seu lado um acompanhante experiente. Tanto em ambientes fechados quanto ao ar livre, esse esporte é também de natureza rítmica e pode ajudar a desenvolver todos os Componentes Fundamentais.

De um modo geral, tanto o remo quanto o esqui *cross-country* são apropriados para as pessoas classificáveis nos Graus de Condicionamento 1 e 2, desde que, naturalmente, sua prática seja acompanhada por exercícios de aquecimento e relaxamento, na forma de sessões de alongamento e movimentos corporais brandos.

Os exercícios com corda são vigorosos e exigem muito do praticante, e, teoricamente, somente as pessoas do Grau de Condicionamento Físico 1 são capazes de realizá-los durante 20 minutos contínuos já nas primeiras sessões. Mas as do Grau 2 podem começar com sessões de cinco minutos e aumentá-las paulatinamente, desde que não tenham antecedentes de artrite ou lesões nas articulações. Procure usar um par de tênis apropriado e pratique esse tipo de exercício somente em pisos de ginástica flexíveis ou revestidos com madeira. Faça exercícios de aquecimento e relaxamento, com sessões de alongamento e caminhadas fixas.

Exercícios com corda podem gerar sensações de realização em quem os pratica. Além disso, o praticante colhe benefícios aeróbicos, que facilitam o desenvolvimento do Equilíbrio Emocional. Contudo, talvez lhe convenha conjugar a prática desses exercícios a outros tipos de atividade durante o cumprimento do Programa CEE.

EXERCÍCIOS DE FORÇA

A prática de atividades aeróbicas é algo prioritário durante o Programa CEE, em razão dos resultados positivos e visíveis que elas produzem no corpo e na mente. Mas você não precisa se sentir preso a exercícios aeróbicos se se sentir inclinado a aumentar suas opções de atividades físicas. Qualquer tipo de atividade corporal que você quiser realizar, além das três sessões de exercícios aeróbicos semanais, servirá apenas para acelerar o seu progresso.

Exercícios de força são muito populares, tanto como atividade independente quanto como parte de aulas de ginástica ou como forma de exercício pessoal. Exercícios de força são úteis no desenvolvimento da capacidade de Afirmação e em muitos aspectos da Capacidade de Identificar e Suportar Sentimentos. No âmbito da Introspecção, esses exercícios podem ajudá-lo a superar mitologias pessoais inibitórias. Muitas pessoas acham que o desenvolvimento dos músculos também é psicologicamente estimulante.

De um modo geral, exercícios de força são apropriados para as pessoas dos Graus de Condicionamento 1 e 2, mas as dos Graus 3 e 4 talvez possam praticá-los se forem pessoalmente orientadas por um treinador ou terapeuta competente.

EXERCÍCIOS DE ALONGAMENTO

Exercícios de alongamento são imprescindíveis na realização de exercícios aeróbicos, pois ajudam a evitar lesões e dores e a desenvolver a elasticidade e proporção dos músculos. Professores, treinadores, livros e vídeos de exercício podem orientá-lo quanto aos melhores exercícios de alongamento para a prática de sua atividade ou esporte aeróbico. Não engane a si mesmo deixando de fazer a sessão de alongamento – ela é uma das partes mais importantes do exercício.

Uma sessão de alongamento depois de uma série de exercícios aeróbicos pode ser uma ocasião muito propícia para fazer suas afirmações do CEE e avaliar seu progresso no que diz respeito aos vários Componentes Fundamentais. Depois dela, você poderia realizar uma sessão de exercícios de respiração profunda e de meditação.

Nos dias em que não fizer exercícios aeróbicos, procure fazer exercícios de alongamento durante dez minutos, de manhã, depois do expediente de trabalho ou quando lhe for possível. Você pode criar uma rotina de exercícios de alongamento com base nos que mais lhe agradam ou dar ênfase a alguns mais específicos, para o tratamento da parte do corpo que lhe parece mais tensa. A liberação da tensão física terá sua contraparte no desafogo da tensão psicológica, poupando-lhe energia para o desenvolvimento do Equilíbrio Emocional.

O aspecto mais positivo dos exercícios de alongamento está no fato de que quase todas as pessoas, de qualquer condicionamento físico ou idade, podem praticá-los. Vale a pena, pois, investir inicialmente em alguma orientação pessoal para que possa elaborar uma rotina de exercícios de alongamento, a qual você poderá continuar a realizar por conta própria durante muitos anos.

IOGA

Embora a ioga não seja precisamente uma atividade aeróbica, é um recurso ideal para o desenvolvimento do Equilíbrio Emocional. A ioga dá ênfase à prática de exercícios de respiração profundos e ritmados e à ligação entre o corpo, a mente e as forças espirituais superiores. Com uma história que remonta a milhares de anos, ela é a forma de exercício original do Equilíbrio Emocional e influencia o corpo e a mente profundamente.

Durante o Programa CEE, talvez lhe convenha praticar ioga, ao invés de realizar algumas de suas sessões de exercícios aeróbicos, ou mesmo juntamente com elas. Se substituir exercícios aeróbicos por ioga, tente incluir-se numa turma em que as aulas sejam dinâmicas, ativas. As aulas de ioga variam das mais suaves e espiritualizadas às extremamente desafiadoras e movimentadas. Procure saber se é possível assistir a uma aula ou conversar com o instrutor antes de se matricular, para verificar se o tipo e o ritmo das aulas lhe são apropriados.

A ioga é imanentemente capaz de ativar o desenvolvimento de todos os Componentes Fundamentais do Equilíbrio Emocional. A filosofia espiritual de "unicidade" e o altruísmo que a caracteriza estimula o desenvolvimento da Empatia. Suas sessões de meditação e de exercícios de respiração profunda desenvolvem a capacidade de Introspecção, ao passo que os exercícios de postura fortalecem a Capacidade de Identificar e Suportar Sentimentos.

A ioga é apropriada para os classificáveis nos Graus de Condicionamento 1 e 2, mas as pessoas dos Graus 3 e 4 podem praticá-la em turmas para iniciantes, acompanhadas de orientação de instrutores idôneos. A ioga é semelhante ao Condicionamento do Equilíbrio Emocional, pois você pode começar a praticá-la a partir de qualquer nível de iniciação e continuar a aprender e evoluir durante toda a vida.

AS OPÇÕES DE EXERCÍCIO E OS COMPONENTES FUNDAMENTAIS

Embora quase todas as formas de exercício gerem benefícios que ajudam o desenvolvimento dos Componentes Fundamentais, existem algumas atividades que, nesse sentido, têm características especiais. Quando iniciar o Curso Pessoal, talvez lhe aproveite optar por tipos de exercícios que fortaleçam e desenvolvam os aspectos dos Componentes Fundamentais Primacial e Secundário aos quais você estiver dando ênfase na prática das outras Técnicas de Treinamento. O quadro a seguir serve como orientação geral quanto a quais Componentes Fundamentais vários tipos de atividade costumam desenvolver.

CISS:	Corrida leve/vigorosa, exercícios aeróbicos em degraus e dança aeróbica, ciclismo, exercícios em bicicleta ergométrica, remo, esqui *cross-country*, artes marciais, exercícios de força.
Empatia:	Caminhadas, natação, aeróbica aquática, esqui *cross-country*, alguns tipos de esporte de equipe, ioga, exercícios de alongamento.
Introspecção:	Corrida leve/vigorosa, caminhadas, ciclismo, nata-

Exercício do Condicionamento do Equilíbrio Emocional

ção, esqui *cross-country*, ioga, exercícios de alongamento.

Afirmação: Dança aeróbica e exercícios aeróbicos em degraus, exercícios em bicicleta ergométrica, exercícios de força, esportes, artes marciais, provas de velocidade (inclusive corrida, natação, ciclismo e outros tipos).

Durante o Programa CEE, procure concentrar a força psicológica e usar a capacidade de solucionar problemas geradas pela prática de exercícios para tratar de questões específicas relacionadas com os Componentes Fundamentais. Por exemplo, quando eu empacava na elaboração de algum ponto deste livro, geralmente eu deixava as idéias fluírem livremente em torno do assunto em questão enquanto eu corria. No fim da sessão de corrida, eu me via com várias indicações na mente e acabava conseguindo prosseguir com o trabalho sem problemas. Você pode usar um expediente semelhante para progredir significativamente em seus esforços de desenvolvimento do CEE durante as suas sessões do Exercício do Equilíbrio Emocional.

ESQUEMA DA PRÁTICA DO EXERCÍCIO DO EQUILÍBRIO EMOCIONAL

1. Procure conhecer o seu Grau de Condicionamento Físico e avalie suas opções de exercícios. Escolha uma ou duas atividades que você gostaria de praticar.
2. Submeta-se a uma avaliação médica completa. Informe ao médico que tipos de exercícios você pretende praticar e comece a fazê-los se ou quando obtiver aprovação médica.
3. Compre as roupas e os equipamentos de que precisar, matricule-se em academias ou faça o que for necessário para se preparar.
4. Da Semana 1 à Semana 8, faça exercícios aeróbicos pelo menos três vezes por semana, durante 20 ou 30 minutos por sessão. Não deixe de fazer os devidos exercícios de aquecimento e relaxamento.
5. Da Semana 9 à Semana 16, continue a fazer exercícios aeróbicos pelo menos três vezes por semana, durante 20 ou 30 minutos por sessão. Não deixe de fazer os devidos exercícios de aquecimento e relaxamento. Tente aumentar gradativamente a intensidade e duração de seus exercícios. Experimente praticar outras atividades, alternadamente.
6. Sempre que possível, procure concentrar-se, durante as sessões de exercícios, em suas afirmações e objetivos do CEE e no progresso alcançado, de acordo com o que foi recomendado anteriormente.

doze

Os Benefícios do Condicionamento do Equilíbrio Emocional

É perfeitamente natural que você se pergunte quais transformações e resultados você pode esperar de quatro meses de dedicação ao Programa CEE. Porém, não há uma resposta única para todos os casos. O Condicionamento do Equilíbrio Emocional é capaz de gerar ampla variedade de benefícios. Sua atitude em relação a transformações, sua personalidade e expectativas, as circunstâncias da vida nas quais você inicia o programa, são alguns dos muitos fatores que podem influenciar os resultados.

Muitos participantes sofrem profundas transformações em sua vida de relação com o mundo exterior, bem como em sua vida íntima, durante o curso do Programa CEE. Outros colhem resultados mais sutis, principalmente no que concerne à maneira de pensar e sentir, o que acaba fazendo com que passem a viver aos poucos de forma positiva. Em muitos casos, as sementes da transformação são lançadas durante o Programa, mas é necessário mais algum tempo para que todo o potencial do CEE aflore.

Outra pergunta comum a respeito do Programa é se o Condicionamento do Equilíbrio Emocional fará de você uma pessoa feliz. A única resposta honesta a essa pergunta é sim, não e talvez. Cada pessoa tem uma idéia diferente de felicidade. E todos sabem que a felicidade é um estado ilusório, difícil de definir e que envolve percepção e realidade. É algo impossível de quantificar, medir ou definir universalmente.

Contudo, é grande a possibilidade de o Condicionamento do Equilíbrio Emocional influenciar positivamente os quatro elementos-chave da felicidade: amor-próprio, relacionamentos, satisfação e bom desempenho profissional e bem-estar físico.

O CEE E O AMOR-PRÓPRIO

O amor-próprio é um resultado ou "produto" benéfico do desenvolvimento sistemático dos Componentes Fundamentais. Ele nasce da adoção de padrões de comportamento e pensamento específicos, os quais são diretamente influenciados pelo CEE.

Aquilo que comumente se denomina "amor-próprio" consiste em três elementos básicos: a auto-imagem, a imagem corporal e o ideal do ego. A auto-imagem é o modo pelo qual você se vê, se avalia e se sente em relação a si mesmo. O objetivo aqui é fazê-lo ser capaz de ver a si mesmo como uma pessoa essencialmente digna.

Logicamente seus valores pessoais a respeito das qualidades que um ser humano digno deve ter influenciarão tanto a sua auto-imagem quanto o seu amor-próprio. Tradicionalmente, as pessoas valorizam a benevolência para com a família, a preocupação pelos outros e virtudes como industriosidade, honestidade e confiabilidade. Seu sistema de valores pode ser diferente; por exemplo, talvez você acredite que é imperioso ser criativo, alcançar certo grau de progresso material ou transformar o mundo.

Mas, independentemente de qual seja a sua idéia a respeito de um ser humano digno, sua auto-imagem será aprimorada pelo Programa CEE. O desenvolvimento dos Componentes Fundamentais da CISS e da Afirmação o estimularão em seus esforços para progredir e tornar-se a pessoa que você deseja ser. Neste ínterim, a Empatia e a Introspecção o ajudarão a reconhecer e aceitar suas próprias limitações, resgatando-o da atitude de deixar que elas enfraqueçam sua auto-imagem. Ainda aqui, você verá progresso substancial nas qualidades que a maioria de nós classifica como importantes e valiosas.

A imagem corporal, o segundo elemento do amor-próprio, é a forma pela qual você vê o próprio corpo. O objetivo aqui é fazer com que você desenvolva um sentimento de aceitação e bem-estar em relação a ele. Isso implica também a aceitação do aspecto dele em todos os sentidos.

A Técnica de Treinamento do Exercício do Equilíbrio Emocional desempenha importante papel na melhoria de sua saúde física e de sua imagem corporal. A meditação, a visualização e a escrita o ajudam a aprender a lidar positivamente com suas limitações ou os seus problemas reais e imaginários. Os Componentes Fundamentais da Introspecção e da Empatia o capacitarão a tornar-se menos crítico e mais realista e a ter mais empatia em relação à sua imagem corporal. A idéia é levá-lo a esforçar-se por desenvolver um sentimento para com a imperfeição pessoal como algo aceitável e normal.

O ideal do ego, o terceiro elemento do amor-próprio, relaciona-se com a idéia de como você gostaria de ser se pudesse escolher suas características, atitudes e tipos de comportamento. Um ideal de ego saudável e maduro é construtivo e perfeitamente alcançável. Já os ideais de ego mórbidos, irrealistas ou anti-sociais podem causar frustração crônica, pouco amor-próprio, ódio pelo próprio ser e conflitos com as tendências e costumes sociais predominantes.

Por exemplo, se o ideal do ego de alguém é ser o maior vigarista do planeta, isso pode ser perigoso, certamente. Mas o mais comum é o ideal do ego ser algo grandioso, tal como o de alguém tornar-se um cantor de rock ou uma bailarina famosa. Esses tipos de ideais de ego podem ser estimulantes se sua realização estiver um tanto distante. Mas eles também podem ser prejudiciais para alguém que não dispõe ou não pode dispor de treinamento, talento, força, amizades ou relações e sorte para alcançá-los.

Muitas pessoas têm ideais de ego na juventude, que depois se modificam e se tornam mais realistas à medida que elas envelhecem. Isso não significa que elas "traiam" ou abandonem seus ideais; ao contrário, é sinal de maturidade emocional adaptar o ideal de ego à realidade. Por exemplo, uma jovem que desejara ser estrela da Broadway aos 10 anos de idade pode contentar-se com aulas de dança aeróbica e o fato de ser uma mulher de negócios bem-sucedida aos 45 anos. Um jovem que, aos 12 anos de idade, estava convencido de que seria astronauta pode modificar seu ideal de ego e tornar-se um bom pai de família, providencial e amável.

Essas adaptações do ego permitem que conciliemos nossos sonhos com a realidade e que mantenhamos um grau de amor-próprio saudável. Além disso, elas produzem transformações positivas em nossos Padrões de Comportamento. Ao invés de trairmos a nós mesmos, em verdade nós nos damos a oportunidade de usufruir de certa satisfação, adaptando nossos ideais de ego à medida que a vida evolui.

O aumento da sua capacidade de Introspecção gera a compreensão das origens de seu ideal de ego e a forma pela qual ele influencia seu comportamento, seus relacionamentos e seu amor-próprio. A Empatia permite que você aceite e perdoe o fato de não ter alcançado seu ideal de ego original. A Capacidade de Identificar e Suportar Sentimentos fornece-lhe meios de suportar a possível dificuldade para transformar seu ideal de ego num que se assente em valores maduros e para buscar objetivos em consonância com a sua realidade pessoal. À medida que o ideal de ego se torna mais razoável, suas chances de torná-lo real aumentam, e também a possibilidade de desfrutar do amor-próprio resultante da circunstância na qual o ideal de ego está mais próximo da realidade.

O amor-próprio saudável e bem estabelecido faculta-nos preservar nosso senso de valor pessoal mesmo diante de atitudes de desaprovação, crítica ou rejeição alheias. Porém, é da natureza do homem o preocupar-se profundamente com a reação dos outros, do valor que eles nos dão e do amor

Os Benefícios do Condicionamento do Equilíbrio Emocional 243

que nos consagram. É inevitável, pois, que nossos relacionamentos influenciem nosso amor-próprio. Mas, estimulando o desenvolvimento de relacionamentos mais satisfatórios e fornecendo os meios para isso, o CEE também serve para aumentar nosso amor-próprio.

O CEE E AS RELAÇÕES HUMANAS

Conforme observara nas histórias de alguns dos participantes do programa, o Condicionamento do Equilíbrio Emocional pode influenciar profundamente os relacionamentos. As relações com companheiros íntimos, com os filhos, com outros membros da família e com os amigos podem ser transformadas positivamente pelo CEE. O desenvolvimento dos Componentes Fundamentais também influencia seu relacionamento com os colegas de trabalho, com as pessoas conhecidas e até com as estranhas.

O Programa CEE pode gerar muitos benefícios para os relacionamentos: a melhoria da capacidade de comunicação, o equilíbrio das forças da vida de relação, o fortalecimento de laços afetivos, a diminuição do medo e da insegurança, o aprofundamento dos sentimentos de amor e atração. Quanto e de que modo o Programa CEE pode influenciar os seus relacionamentos depende de muitos fatores, inclusive do ritmo, da natureza e dos elementos do relacionamento, dos problemas que precisam ser resolvidos e da receptividade a transformações.

Primeiro, você precisa considerar sua própria atitude em relação a mudanças no que tange a relacionamentos. A perspectiva de mudanças pode ser algo ameaçador, confuso ou sufocante num relacionamento que se acomodou em certo padrão, por mais frustrante que este seja. As transformações pelas quais os relacionamentos passam, assim que você consegue desenvolver algo da sua Introspecção e da sua capacidade de Afirmação, às vezes são difíceis e dolorosas. Muitas vezes, nós nos sentimos mais seguros preservando a familiaridade do *status quo*, mesmo que estejamos insatisfeitos ou infelizes.

É ali que o Componente Fundamental da CISS se torna essencial. Ele nos faculta suportar o desconforto e a dificuldade que podem surgir quando começamos a estabelecer novos canais de comunicação e a arrostar problemas de relacionamento. A CISS nos dá a coragem moral para enfrentar o trabalho necessário para o estabelecimento de um relacionamento mais saudável. Ela nos capacita a ver e aceitar a transformação como uma oportunidade, em vez de como algo perigoso.

Jamais podemos forçar outrem a transformar-se por meio do Condicionamento do Equilíbrio Emocional. Tudo o que podemos fazer é mudar nossa forma de pensar, sentir e agir. Tratando os outros com justo e sensato equilíbrio entre atitudes de Empatia e de Afirmação, podemos incentivá-las a reagir satisfatória e positivamente. Mas, em última análise, a única pessoa com a qual podemos contar para lograr transformações e alcançar a evolução por meio do Programa CEE somos nós mesmos.

Mas, independentemente do estado do Equilíbrio Emocional da outra pessoa e da receptividade dela a transformações, o relacionamento certamente evoluirá à medida que você desenvolver os Componentes Fundamentais. A maneira pela qual perceber a realidade, reagir e se comunicar transformará a sua experiência no relacionamento e lhe facultará sensações de equilíbrio e domínio próprio. Isso não significa que você controlará a outra pessoa. Em verdade isso quer dizer que conseguirá entender e controlar suas emoções e atitudes no que respeita ao relacionamento.

A forma mais eficaz de ajudar outras pessoas a passar pelo Programa CEE não é necessariamente convencendo-as a usar as Técnicas de Treinamento em si. Se elas demonstrarem interesse, certamente será uma boa idéia compartir o livro com elas e deixar que decidam por si mesmas se gostariam de participar ou não do programa. Mas, assim como não podemos forçar ninguém a adotar e seguir determinado regime alimentar ou um programa de exercícios, dificilmente vale a pena tentar convencer alguém a cumprir o Programa CEE. Geralmente a melhor coisa a fazer é mostrar aos outros como ele funciona por meio de nossos próprios exemplos.

Se você é pai ou mãe de filhos jovens, talvez tenha uma oportunidade mais direta para compartilhar com eles o seu conhecimento sobre Equilíbrio Emocional. Você pode ensiná-los que não há problema em que tenham e expressem uma gama de sentimentos a mais variada e que eles podem aprender a suportar os sentimentos desagradáveis (CISS). Você também pode mostrar a eles a importância de reconhecer os sentimentos das outras pessoas e de tratá-las com respeito e tolerância (Empatia). Procure fazê-los entender as relações que podem existir entre o passado e o presente e as noções de experiências superficiais e experiências profundas, e também tente manter-se consciente do tipo de mitologias pessoais que você estimula neles (Introspecção). Você pode ajudar seus filhos a terem perfeita consciência de suas necessidades e direitos legítimos e a aprenderem a se afirmar ou se impor saudavelmente em relação a isso (Afirmação), respeitando os direitos dos outros.

Essas lições sempre foram parte dos papéis bem desempenhados de pai e mãe. Entre as aptidões inerentes ao Equilíbrio Emocional estão as que se relacionam com os valores e atributos humanos básicos, os quais os pais tentam instintivamente incutir nos filhos. O Programa CEE o ajudará a desenvolver essas qualidades em você mesmo, para que possa compartilhá-las mais fácil e naturalmente com seus filhos e as pessoas que você ama.

O CEE E O BEM-ESTAR FÍSICO

As Técnicas de Treinamento produzem efeitos positivos e mensuráveis na sua saúde física, bem como no seu estado psíquico. Pelo enfrentamento de seus problemas emocionais e pelo esforço para obter soluções, você se liberta da maior parte da tensão que o aflige e que pode minar o seu bem-estar.

Em alguns casos, o CEE pode até mesmo ajudar a aliviar problemas físicos. Presume-se de longa data que sentimentos negativos e recalcados podem afetar a saúde física, acarretar ou agravar dores e doenças e reduzir a capacidade imunológica. Atualmente, pesquisadores da PNI estão colhendo informações a respeito das relações entre a mente e o corpo, num esforço para quantificar essas ligações complexas. Embora os resultados dos estudos dessas informações estejam longe de serem conclusivos, existem fortes indícios de que os sentimentos podem influenciar profundamente a saúde física em alguns casos.

Não se quer dizer com isso que toda pessoa cause suas próprias dores ou doenças e que ela seja condenável por isso. Fatores biológicos, genéticos, corporais e ambientais, bem como o acaso no que diz respeito à saúde jamais deveriam ser subestimados. Mas, independentemente do mecanismo preciso da relação mente-corpo, é possível afirmar que o tornar-se mais emocionalmente equilibrado ou saudável não pode prejudicar sua saúde; isso serve apenas para ajudar.

Se estiver interessado em alcançar um estado de saúde física além do comum, você pode ampliar os objetivos do CEE e usar as Técnicas de Treinamento num esforço para adquirir condicionamento físico de atleta. Muitos atletas profissionais usam a meditação, a afirmação e a visualização como recursos de treinamento. Você pode tornar-se seu próprio psicólogo esportivo usando o Condicionamento do Equilíbrio Emocional pela Meditação e a Visualização do Equilíbrio Emocional para lidar com exercícios específicos ou objetivos relacionados com esportes.

Além disso, o desenvolvimento dos Componentes Fundamentais, de um modo geral, aprimora aptidões físicas. Por exemplo, tanto a Empatia quanto a capacidade de Afirmação são importantes em esportes de equipe. A capacidade de suportar sentimentos desagradáveis (CISS) é fundamental nos cometimentos individuais, tais como a participação em provas de maratona, de ciclismo de longa distância ou sessões de exercícios de força.

Independentemente de seus objetivos pessoais no âmbito do corpo, o Condicionamento do Equilíbrio Emocional pode proporcionar-lhe mais saúde física, energia e capacidade de resistência. Se continuar a praticar as Técnicas de Treinamento, suas chances de fruir de uma vida mais saudável e satisfatória serão maiores.

O CEE, A SATISFAÇÃO E O DESEMPENHO PROFISSIONAL

O CEE é útil quer você esteja aposentado, quer tenha o seu próprio negócio, quer trabalhe em casa, quer trabalhe fora. São muitos e palpáveis os resultados que o desenvolvimento dos Componentes Fundamentais com o Programa CEE podem produzir na esfera do trabalho. Esses resultados aparecem em três aspectos principais de sua vida profissional: no relacionamento com os colegas de trabalho, na satisfação com o que você faz e no desempenho profissional.

Para a maioria das pessoas que trabalha fora, o ambiente de trabalho é um complexo "minimodelo familiar" de relacionamentos. Muitos dos problemas emocionais que costumam surgir na vida familiar são reproduzidos no ambiente de trabalho, inclusive disputas pela conquista de autoridade e competição entre colegas. É comum a dramatização das conseqüências resultantes das questões de *status* e reconhecimento, das alianças e das animosidades dos mais variados tipos no palco do trabalho.

À medida que for ficando mais equilibrado emocionalmente, você notará transformações na sua maneira de lidar com os colegas de trabalho de todos os níveis, inclusive seus subordinados, seus iguais e seus supervisores. A Afirmação é o Componente Fundamental a que se dá mais relevância nos problemas de relacionamento profissional, embora ele esteja longe de ser o único em importância na solução desses problemas. Todos os Componentes Fundamentais podem influenciar os relacionamentos profissionais de várias maneiras.

A Empatia desenvolvida fará com que você se torne sensível aos sentimentos e às nuances emocionais que se ocultam por trás do comportamento dos colegas de trabalho, o que facilitará mais a comunicação mútua. A Introspecção o fará entender como o seu Padrão Idiossincrático e o das outras pessoas influenciam as formas de relacionamento no ambiente de trabalho. A Capacidade de Identificar e Suportar Sentimentos o ajudará a entender como os sentimentos influenciam o desempenho, a concentração e as reações a situações de tensão no cumprimento de suas obrigações profissionais.

O desenvolvimento da capacidade de Afirmação o capacitará a expressar-se eficientemente, sem que precise assumir atitudes agressivas e contraproducentes ou obsequiosas. E, igualmente importante, ele servirá também para torná-lo consciente dos direitos e das necessidades legítimas das outras pessoas em situações de conflito.

Outra forma pela qual o CEE pode melhorar sua experiência com o trabalho está no fato de que ele pode ajudá-lo a cumprir suas obrigações mais eficientemente. A prática regular do Equilíbrio Emocional pela Meditação aumenta a lucidez, a criatividade e a capacidade de solucionar problemas. O Exercício do Equilíbrio Emocional gera a energia mental para a realização do trabalho e também pode aprimorar os processos mentais e intelectivos. A Visualização do Equilíbrio Emocional e a escrita podem ser usadas como técnicas para lidar com problemas relacionados com o trabalho e estimular a criatividade. Cada uma dessas Técnicas de Treinamento pode aprimorar sua capacidade de concentração e disciplina, aumentando suas chances de sucesso e de obtenção de satisfação com o trabalho.

Com o desenvolvimento de seus Componentes Fundamentais, você ganhará domínio sobre os problemas emocionais que podem estar prejudicando sua concentração no trabalho, dissipando suas energias ou impedindo-o de alcançar seus objetivos. Conforme for logrando avanços no âmbito pessoal, mais energia mental será liberada de seu mau uso por agentes prejudiciais e perdulários, e você poderá dispor de maior quantidade dela para usar no trabalho. Diminuirão as chances de você ser impedido de avançar ou esgotar-se por causa de problemas insolúveis ou de sentimentos negativos.

O desenvolvimento da CISS o capacitará a suportar mais prontamente a tensão inevitável no ambiente de trabalho. A Introspecção lhe proporcionará o conhecimento de como o seu passado influencia seus sentimentos em relação aos fatos e à realidade do seu trabalho, o que o tornará mais capaz de suportar as vicissitudes da profissão. A Empatia refinará sua capacidade de comunicação interpessoal. A Afirmação o ajudará a saber fazer exigências legítimas e a estabelecer limites razoáveis na preservação da sua integridade e dignidade, o que servirá para criar um ambiente de trabalho mais confortável e agradável.

Assim como ocorre com qualquer cometimento valioso, o caminho para a realização no trabalho nem sempre é ascendente. Dependendo do que você faça para sobreviver e de como você realmente se sente em relação a isso, é possível que você passe por um período de adaptação difícil antes de poder obter mais satisfação com o trabalho. Inicialmente, a conscientização dos sentimentos que lhe vão no íntimo e a permissão concedida a si mesmo para expressá-los pode causar-lhe certa insatisfação. É possível que você acabe reconhecendo plenamente os sentimentos negativos que você nutre em relação ao trabalho e que você recalcava nos recessos do seu ser.

Esse processo é semelhante à sucessão dos fenômenos presentes nos relacionamentos pessoais durante o Programa CEE. O conhecimento de si mesmo e o extravasamento de toda a gama dos próprios sentimentos podem fazer que aflore dolorosa conscientização da realidade pessoal. A chave para a saída dessa situação está no reconhecimento de que a conscientização é progresso, mesmo quando isso nem sempre é fácil ou agradável.

Talvez você precise enfrentar francamente os sentimentos negativos que você nutre em relação ao trabalho para conseguir obter a motivação necessária para empenhar-se na mudança da sua situação. Quer seja uma questão de fazer adaptações em seu emprego atual, quer seja a de procurar outro, quer seja até a de ponderar a possibilidade de mudar de profissão, o primeiro passo é o da conscientização de si mesmo. Assim, você pode tomar providências sensatas e bem deliberadas para transferir-se para um setor profissional em que haja mais possibilidade de você obter satisfação com o trabalho a longo prazo. Primeiramente, você tem que estar disposto a enfrentar e examinar os próprios problemas honestamente. Depois, você precisa agir para lograr as transformações desejadas.

RITMOS DE PROGRESSO

O Programa CEE foi elaborado como um plano de quatro meses porque esse período de tempo é, de um modo geral, suficientemente longo para que se perceba a ocorrência de algum progresso caso você pratique as Técnicas de Treinamento de acordo com o esquema adotado. Contudo, o ritmo de progresso e transformação é inteiramente variável e individual.

Há várias formas de avaliar o seu progresso. Uma delas é refazer as Auto-Avaliações Básicas dos Componentes Fundamentais no fim dos quatro meses. Possivelmente, você constatará que algumas de suas pontuações são diferentes a essa altura, indicando resultados em áreas-chave. Demais, você pode escrever em seu Diário do Equilíbrio Emocional a respeito do progresso que alcançou em relação aos seus Objetivos do CEE originais.

Quando avaliar o progresso alcançado depois dos quatro meses de programa, não seja exigente ou crítico demais em suas expectativas. Não é justo esperar uma reviravolta completa em sua forma de pensar e sentir. Nem é realista esperar que você possa tornar perfeitos todos os seus relacionamentos ou superar anos de idéias ou padrões de comportamento inveterados. O processo exige tempo e, em verdade, talvez jamais se complete, rigorosamente falando. Nesse sentido, todos nós somos obras inacabadas ou em eterno processo de aperfeiçoamento.

Cada pessoa tem o seu ritmo potencial de transformação, dependendo de onde ela começa, de aonde quer ir, de seu Padrão Idiossincrático, de sua personalidade, das circunstâncias de sua vida e de como ela se sente em relação às transformações em si. Procure considerar todos esses fatores e avaliar o seu progresso com Empatia quando chegar o momento de fazê-lo.

Se você praticou as Técnicas de Treinamento regularmente durante os quatro meses do Programa CEE, há grande possibilidade de positivar evolução substancial em seu Equilíbrio Emocional. Felicite-se pelos avanços que tiver logrado, mesmo que eles não sejam tão amplos quanto os que você tinha previsto ou esperado.

Caso você se sinta muito desapontado com o progresso alcançado depois de quatro meses de cumprimento do programa, e também bloqueado em problemas emocionais importantes, talvez você precise de aconselhamento

Os Benefícios do Condicionamento do Equilíbrio Emocional

profissional como reforço dos recursos do Programa CEE. Há questões do passado e do presente que são simplesmente demasiado complexas ou problemáticas para que possamos lidar com elas sozinhos, independentemente de quão decididamente tentemos resolvê-las. Geralmente a orientação de um especialista da saúde mental competente e compassivo é o único meio de tratar problemas complicados e inveterados. E isso não equivale a um fracasso de sua parte ou da parte do Programa CEE. A decisão de submeter-se à psicoterapia pode ser por si mesma importante indicação de progresso.

EQUILÍBRIO EMOCIONAL VITALÍCIO

O Programa CEE fornece um esquema básico para a iniciação da prática regular das Técnicas de Treinamento e para o desenvolvimento dos Componentes Fundamentais. Mas o Condicionamento do Equilíbrio Emocional não é apenas um programa de quatro meses – é um meio para o desenvolvimento sistemático de um padrão de bem-estar psicológico e físico durante toda a vida.

Depois do período inicial de quatro meses, é chegado o momento de personalizar ainda mais o seu treinamento. Use as Auto-Avaliações e as perguntas ao longo de todo o livro para a escolha dos Componentes Fundamentais a cujo desenvolvimento você achar que deve dedicar-se um pouco mais. Estabeleça novos Objetivos do CEE para si mesmo. Mantenha o ritmo, e sua saúde psíquica continuará a evoluir.

Caso interrompa a prática das Técnicas de Treinamento, o autoconhecimento conquistado permanecerá sempre com você. Mas sua capacidade para se comunicar e agir com Equilíbrio Emocional pode diminuir.

Por exemplo, imagine que você seja um jogador de tênis de fama internacional. Se parasse de jogar e treinar, você ainda teria o conhecimento e a experiência do jogo. Porém, ao deixar de jogar regularmente, perderia aos poucos a capacidade de triunfar nas quadras. Semelhantemente, se interromper a prática das Técnicas de Treinamento, você ainda terá em si um certo grau de consciência emocional, mas sua capacidade para usar isso em suas relações com o mundo poderia tornar-se mais limitada.

Se achar o esquema do Programa CEE muito restrito ou algo que toma muito o seu tempo, você poderá adaptá-lo ao seu estilo de vida depois de cumpridos os quatro meses. Talvez lhe convenha realizar a sessão de Visualização do Equilíbrio Emocional somente uma vez por semana, ou sempre que você tiver problemas específicos para tratar. Você pode optar por usar o seu Diário do Equilíbrio Emocional todos os dias ou apenas uma vez por semana. Caberá a você decidir se é proveitoso incluir às vezes sessões de Equilíbrio Emocional pela Meditação em seu programa de exercícios, ao invés de meditar numa atividade separada. O esquema dos exercícios é um pouco menos flexível, já que três sessões semanais é o mínimo sugerido pelos especialistas do assunto para a manutenção do bom condicionamento físico. Mas, próximo ao fim dos quatro meses de programa, possivelmente você se sentirá "fisgado" pelo desejo de exercitar-se e desejará fazê-lo mais freqüentemente.

Mesmo com as melhores intenções, poderá haver momentos na vida nos quais você deixe de praticar uma ou outra das Técnicas de Treinamento. Embora eu deseje que isso não aconteça, talvez haja períodos nos quais você não faça absolutamente nada para continuar desenvolvendo seu Equilíbrio Emocional. Mas se de fato você tiver altos e baixos, lembre-se de que você sempre pode voltar a praticar as Técnicas de Treinamento. Você pode voltar a usá-las a qualquer momento, quer paulatinamente, quer por meio do esquema do Programa CEE.

Caso você volte a passar por períodos de dificuldade emocional, a melhor resposta para isso pode ser recomeçar tudo outra vez. Comprometa-se consigo mesmo a reiniciar o Programa CEE e fixe uma data inadiável para fazer isso. Se precisar de ajuda adicional, considere a possibilidade de procurar um psicoterapeuta. Dê à sua vida emocional a atenção e o estímulo de que ela precisa. Tente fazer do Condicionamento do Equilíbrio Emocional uma característica permanente de seu estilo de vida.

Um dos aspectos mais excitantes do CEE é que ele não tem limites. Você sempre pode desenvolver sua capacidade para entender e respeitar seus sentimentos por meio da CISS. Você pode ampliar continuamente a sua consciência e seu Equilíbrio Emocional usando de mais Empatia. Nada o impede de continuar a refinar, por meio da Introspecção, seu conhecimento das relações entre passado e presente. E sempre haverá ensanchas para aumentar sua capacidade para agir com atitudes de Afirmação saudáveis.

O CEE pode ajudá-lo a aprimorar a qualidade da sua vida em qualquer idade. À medida que for envelhecendo, talvez você passe a dispor de mais tempo para praticar as Técnicas de Treinamento, a ter mais paciência e a se distrair menos das coisas importantes. Possivelmente, você verá que seu Equilíbrio Emocional amadurece naturalmente com a idade. Aliás, muitas das qualidades cujas origens referimos à "sabedoria da velhice" são manifestações de uma evolução natural dos Componentes Fundamentais.

As Técnicas de Treinamento podem ser praticadas em qualquer idade e produzem benefícios especiais quando isso é repetido em outros períodos da vida. À medida que você envelhece, sua prática pode ajudá-lo a manter a sanidade do corpo e o vigor da mente. Ao mesmo tempo, ela pode proporcionar-lhe a força psicológica ou moral para enfrentar os desafios do processo de envelhecimento. O Condicionamento do Equilíbrio Emocional pode ser uma espécie de jornada vitalícia, ao longo da qual você enriquece e amplia o próprio mundo.

apêndice

As Auto-Avaliações e os Exercícios Comportamentais do CEE e o Controle de Progresso do Condicionamento do Equilíbrio Emocional

As Auto-Avaliações e os Exercícios Comportamentais do CEE

A AUTO-AVALIAÇÃO DA CAPACIDADE DE IDENTIFICAR E SUPORTAR SENTIMENTOS (CISS)

Responda a cada item com "Verdadeiro" ou "Falso".

1. Costumo incorrer na culpa de evitar ou adiar o cumprimento de tarefas, obrigações ou deveres com freqüência.
2. Reajo, freqüente e descontroladamente, a certo tipo de situação sem saber realmente por quê.
3. Sou visto, de um modo geral, como uma pessoa impaciente e intolerante.
4. Geralmente é inútil sentir as coisas com muita veemência.
5. Sou o tipo de pessoa que gosta de estar sempre à frente de tudo.
6. Normalmente, emoções fortes me deixam pouco à vontade.
7. Na maioria das vezes, é melhor tomar decisões com a mente, não com o coração.
8. O axioma "Água mole em pedra dura tanto bate até que fura" não passa de um sofisma de indução à derrota.
9. É sempre mais seguro manter o controle e a frieza dos sentimentos.
10. Sou conhecido como pessoa que tem problemas com o temperamento.

Duas ou mais respostas "Verdadeiras" indicam a necessidade de desenvolver a Capacidade de Identificar e Suportar Sentimentos. Quanto maior o núme-

ro de respostas "Verdadeiras", maior a necessidade de progredir nesse Componente Fundamental.

A AUTO-AVALIAÇÃO DA EMPATIA

Responda cada item com "Verdadeiro" ou "Falso".

1. Se sinto algo intensamente e acredito muito nisso, significa que, provavelmente, é verdadeiro.
2. Quando lhe damos oportunidade, a maioria das pessoas se aproveita de nós, se permitimos que o faça.
3. Não me interesso muito em conhecer as causas do comportamento das pessoas.
4. A maioria das pessoas gostaria que sentíssemos pena dela.
5. Emocionalmente falando, as crianças são "pequenos adultos".
6. Os relacionamentos costumam ser melhores quando cada pessoa se esforça para satisfazer suas próprias necessidades.
7. Conversar sobre os meus problemas com outras pessoas raramente me trouxe algum benefício.
8. Ouvir os problemas das outras pessoas é muito constrangedor.
9. Acho que as minhas necessidades são um pouco diferentes das necessidades da maioria das pessoas que conheço.
10. Invejo o sucesso das outras pessoas.

Duas ou mais respostas "Verdadeiras" indicam a necessidade de desenvolver mais a Empatia. Quanto maior o número de respostas "Verdadeiras", maior a necessidade de aprimorar esse Componente Fundamental.

A AUTO-AVALIAÇÃO DA INTROSPECÇÃO

Responda a cada item com "Verdadeiro" ou "Falso", usando o máximo de sua capacidade.

1. Minha infância foi quase perfeita.
2. Meu passado não pode ser tão importante no que diz respeito à minha vida atual.
3. Tenho perfeita consciência de tudo que acontece em minha vida.
4. As crianças têm uma capacidade de recuperação tão grande que se refazem de adversidades sem muitas seqüelas de longa duração.
5. Não me pareço nada com os meus pais.
6. A hereditariedade nos influencia muito mais do que o ambiente.

Apêndice 253

7. O que nos acontece na vida é, na maioria das vezes, uma questão de boa ou má sorte.
8. Se não tenho consciência de algo a meu respeito, isso não pode estar me afetando muito.
9. Sinceramente eu não acho que tenho muitos defeitos pessoais.
10. Minha personalidade atual não se parece nem um pouco com a da minha infância.

Duas ou mais respostas "Verdadeiras" indicam a necessidade de desenvolver a Introspecção. Quanto maior o número de respostas "Verdadeiras", maior a necessidade de apurar esse Componente Fundamental.

Nota: Se você tem sido submetido a terapia, e/ou já desenvolveu grau incomum de Introspecção, é possível que não apresente nenhuma resposta "Verdadeira" nessa Auto-Avaliação. Mas, independentemente de seu ponto de partida, você sempre pode se beneficiar de uma compreensão mais profunda de seu Padrão Idiossincrático e de Introspecção mais poderosa!

A AUTO-AVALIAÇÃO DA AFIRMAÇÃO

Responda cada item com "Verdadeiro" ou "Falso".

1. Quando sinto raiva, costumo ficar calado.
2. Freqüentemente, sinto-me inseguro a respeito de minhas reais necessidades.
3. Na vida, são as pessoas agressivas as que costumam obter o que desejam.
4. Acredito que, quando dizemos o que pensamos, nos metemos em apuros.
5. Metermo-nos em apuros por causa daquilo em que acreditamos complica-nos a vida desnecessariamente.
6. Vejo aqueles que estão sempre pedindo o que desejam como pessoas agressivas e exigentes.
7. Se conseguir o que eu desejo fere o sentimento de outrem, então, provavelmente, não vale a pena.
8. Raramente eu tenho a certeza de que estou certo.
9. É difícil para mim confiar nos meus sentimentos, pois eles estão sempre mudando.
10. Nos relacionamentos, o mais forte dita as regras.

Duas ou mais respostas "Verdadeiras" indicam a necessidade de desenvolver a Afirmação. Quanto maior o número de respostas "Verdadeiras", maior a necessidade de progredir nesse Componente Fundamental.

EXERCÍCIO COMPORTAMENTAL DO CEE: O CONDICIONAMENTO DO EQUILÍBRIO EMOCIONAL LHE CONVÉM?

Para saber se o condicionamento do equilíbrio emocional é um programa viável para você, faça a si mesmo as seguintes perguntas:

1. Você já teve interesse em desenvolver a capacidade de introspecção e conquistar outros benefícios proporcionados pela psicoterapia?
2. Caso atualmente você esteja sob tratamento, sente o desejo de acelerar seu progresso tomando outras providências fora das sessões de terapia?
3. Já teve vontade de saber como suas emoções afetam a sua vida?
4. Está tentando entender como o seu passado afeta o seu presente?
5. Gostaria de ser capaz de lidar com suas emoções mais eficientemente?
6. Poderiam os seus relacionamentos beneficiarem-se de maior conhecimento de sua constituição psicológica e das pessoas que são importantes em sua vida?
7. Suas relações com os que lhe cercam melhorariam se você conseguisse comunicar-se com mais Empatia, Introspecção e Afirmação saudável?
8. Gostaria de ensinar seus filhos ou pessoas jovens a lidar com as próprias emoções mais eficientemente, e estabelecer uma base sólida para o Equilíbrio Emocional?
9. Você reconhece que o estado de seu corpo físico influencia seu estado mental?
10. Acredita que o conhecimento somado à ação resulta em transformações positivas?

O resultado desse questionário é simples. Se você respondeu "sim" até mesmo a uma única dessas perguntas, então o Programa do Equilíbrio Emocional foi feito para você!

EXERCÍCIO COMPORTAMENTAL DO CEE: A CAPACIDADE DE IDENTIFICAR E SUPORTAR SENTIMENTOS

1. Faça sua lista, no seu Diário do Equilíbrio Emocional, de palavras relacionadas com seus sentimentos (trinta, no máximo), em duas colunas, uma para os positivos e outra para os negativos.
2. Escolha dois sentimentos negativos predominantes. Escreva algo a respeito de três formas pelas quais eles afetam suas atitudes ou a sua vida.

Apêndice

3. Em seguida, escreva sobre uma situação imaginária em que você desenvolva o Equilíbrio Emocional para impedir que esses sentimentos negativos afetem sua vida. O que você poderia fazer para revertê-los em seu próprio benefício, ou superá-los para alcançar objetivos almejados?

Você descobrirá que a força de um sentimento negativo diminui assim que você o identifica precisamente e adquirirá confiança na sua capacidade de suportá-lo.

EXERCÍCIO COMPORTAMENTAL DO CEE: COMO ENTENDER A QUESTÃO DA EVITAÇÃO

1. No seu Diário do Equilíbrio Emocional, escreva três objetivos ou tarefas cuja realização você adia sempre.
2. Ao lado de atividades específicas, escreva o que sente quando pensa em realizá-las. Não se satisfaça com a exposição de motivos superficiais, tais como "que o tempo é insuficiente" ou "que não tenho os meios apropriados". Vasculhe profundamente seu universo íntimo e tente identificar com precisão os sentimentos que lhe estão obstruindo o caminho.
3. Avalie esses sentimentos. Eles têm relação com algo que lhe aconteceu no passado? Com algum sistema religioso? Com alguma realidade?
4. Se conseguisse suportar esses sentimentos, haveria outra coisa que o impediria de prosseguir no esforço de consecução de seu objetivo ou de completar sua tarefa?

À medida que desenvolver sua CISS, aprenderá a suportar sentimentos penosos e a prosseguir com determinação e segurança.

EXERCÍCIO COMPORTAMENTAL DO CEE: COMO ESTABELECER OS OBJETIVOS DE SUA CISS

1. Em seu Diário do Equilíbrio Emocional, liste os três objetivos principais de sua vida atualmente. Eles podem dizer respeito tanto à sua vida pessoal, quanto à profissional.
2. Até que ponto, atualmente, sua capacidade de identificar e suportar sentimentos ajuda ou atrapalha seu progresso atual em direção a esses objetivos?
3. Como o aumento de sua CISS o ajudaria a atingir esses objetivos?

À medida que praticar as Técnicas de Treinamento, você descobrirá que a CISS desenvolvida pode ajudá-lo a atingir seus objetivos mais importantes.

EXERCÍCIO COMPORTAMENTAL DO CEE: COMO CULTIVAR A EMPATIA

1. No seu Diário do Equilíbrio Emocional, relacione três qualidades ou atitudes que gosta que as outras pessoas lhe manifestem mais freqüentemente (por exemplo, paciência, afeição ou o reconhecimento de seus feitos).
2. Escolha três pessoas importantes na sua vida. Escreva a respeito da maneira pela qual você pode manifestar a essas pessoas mais das qualidades/atitudes que deseja que outros, por sua vez, tenham para com você.

A Empatia gera resultados positivos. Na maioria das vezes, eles voltam para você, de uma forma ou de outra.

EXERCÍCIO COMPORTAMENTAL DO CEE: A EMPATIA COMEÇA EM CASA

1. No seu Diário do Equilíbrio Emocional, escreva o nome de um membro da família com o qual você precisa ter mais Empatia.
2. Relacione os dois ou três tipos de comportamentos ou características das pessoas que mais o aborrecem.
3. Imagine a maneira pela qual você conduziria uma discussão sobre esses comportamentos com Empatia. Construa a linha introdutória com teor o mais positivo e solidário possível. Continue a escrever sobre o que você poderia dizer para fazer com que a outra pessoa consiga entender o seu ponto de vista.
4. Como acha que ele ou ela se sentiria ou reagiria em relação a esse modo de você tratar a questão?

À medida que aprender a comunicar-se com mais Empatia, descobrirá que pode obter com isso reações admiravelmente mais positivas e que isso o ajuda a superar muitas barreiras em seus relacionamentos.

EXERCÍCIO COMPORTAMENTAL DO CEE: COMO ESTABELECER SEUS OBJETIVOS DE EMPATIA

1. No seu Diário do Equilíbrio Emocional, relacione o nome de duas ou três de suas amizades mais importantes e deixe espaço entre cada um deles para poder escrever algo sobre elas.
2. Ao lado do nome de cada pessoa, escreva a respeito das formas pelas quais você poderia manifestar mais Empatia para com ele ou ela.

3. Se você conseguisse agir com mais Empatia, o que isso causaria a essas amizades?

À medida que o treinamento com o CEE o ajuda a aumentar sua capacidade de agir com Empatia, você passará a receber também mais do que precisa das pessoas de sua esfera de relações.

EXERCÍCIO COMPORTAMENTAL DO CEE: DAS EXPLICAÇÕES SUPERFICIAIS ÀS PROFUNDAS

1. Mencione o padrão de comportamento da sua vida que você gostaria de modificar.
2. Relacione, superficialmente, as razões pelas quais você se comporta dessa maneira.
3. Escreva um parágrafo explicando como esse comportamento apareceu. Qual era a sua idade? Você aprendeu a comportar-se assim pelo exemplo de alguém ou imita o comportamento de alguma pessoa? Em que situações você costuma comportar-se assim atualmente?
4. Estabeleça a livre associação de idéias do que poderia ser a explicação profunda ou as possíveis razões psicológicas do fato de você continuar a comportar-se de forma indesejada.

Na maioria das vezes, o exame do passado pode facultar-lhe a percepção dos fatos ou das realidades necessária à sua libertação dos padrões de comportamento prejudiciais do presente.

EXERCÍCIO COMPORTAMENTAL DO CEE: COMO ENTENDER SUA MITOLOGIA PESSOAL

1. No seu Diário do Equilíbrio Emocional, relacione três dos mais importantes elementos de sua mitologia pessoal – como você se vê, define e inibe – que acha que podem impedi-lo de alcançar seus objetivos.
2. Como e quando os elementos de sua mitologia pessoal começaram a manifestar-se? Alguém lhe disse que você era assim ou assado?
3. Escreva sobre situações especiais de sua vida atual em que você se sente inibido por esses mitos pessoais e o modo pelo qual você poderia modificar esses mitos para torná-los benéficos ou menos prejudiciais.

Quando aumentar sua capacidade de Introspecção, você será capaz de livrar-se dos elementos inibitórios de sua mitologia pessoal.

EXERCÍCIO COMPORTAMENTAL DO CEE: COMO ESTABELECER SEUS OBJETIVOS DE INTROSPECÇÃO

1. Em seu Diário do Equilíbrio Emocional, relacione duas ou três áreas de sua vida em que você vem tendo dificuldades há muito tempo. Elas poderiam ser a dificuldade de expressar suas necessidades em relacionamentos, de Afirmações no ambiente de trabalho ou em decidir-se a enfrentar novos tipos de desafios.
2. Qual o papel do seu Padrão Idiossincrático e da sua mitologia pessoal no que se refere à existência dessas dificuldades?
3. Uma vez desenvolvida a Introspecção e, conseqüentemente, uma vez conquistado mais conhecimento de si mesmo, visualize situações imaginárias em que você se vê superando essas dificuldades.

De fato, quando você desenvolver a Introspecção, você poderá romper barreiras e progredir no enfrentamento de alguns de seus mais íntimos problemas.

EXERCÍCIO COMPORTAMENTAL DO CEE: COMO CONHECER A SUA CAPACIDADE DE AFIRMAÇÃO

1. No seu Diário do Equilíbrio Emocional, escreva um parágrafo sobre a idéia geral que você tem do grau de sua capacidade de Afirmação.
2. Classifique suas qualidades no que se refere às áreas abaixo relacionadas, com base numa escala de 1 a 10, em que com 1 você se considera tímido ou passivo, com 5 você se acha uma pessoa decidida ou que sabe se impor e com 10 você se vê como alguém muito exigente ou agressivo.

   Como você classificaria seu grau de afirmação no trabalho?

   Nas suas relações íntimas?

   Nas suas relações ocasionais?

Talvez haja alguma diferença entre o grau de Afirmação da sua vida pessoal e da sua vida profissional. Algumas pessoas têm mais dificuldade para se impor nos relacionamentos íntimos do que na vida de relação como um todo, enquanto, para outras, acontece justamente o contrário. Essas diferenças existem principalmente por causa de nossas experiências familiares e da influência que estas exercem no nosso Padrão Idiossincrático.

EXERCÍCIO COMPORTAMENTAL DO CEE: PROBLEMAS DE RELACIONAMENTO ENVOLVENDO A AFIRMAÇÃO

1. No seu Diário do Equilíbrio Emocional, escreva sobre suas relações pessoais mais íntimas no que se refere a questões de narcisismo/co-dependência. Há indícios disso em seu relacionamento? Qual a magnitude deles? Que papel você costuma assumir?
2. Se você costuma ser egoísta ou personalista, escreva a respeito de quanto isso afeta a pessoa com a qual você está envolvido(a). Você está disposto(a) a renunciar a um pouco desse desequilíbrio e prestar mais atenção às necessidades do seu(ua) companheiro(a)?
3. Se você estiver envolvido com alguém exigente e egocêntrico, relacione três providências que você poderia tomar para transformar sua relação num relacionamento mais justo.
4. Quais riscos ou receios possíveis o estão impedindo de tomar essas providências?

Tenha sempre em mente que correr riscos sensatos e sadios nas relações pessoais servirá para criar o seu amor-próprio, mesmo que isso as ponha em certo risco.

EXERCÍCIO COMPORTAMENTAL DO CEE PARA O ESTABELECIMENTO DOS OBJETIVOS DE DESENVOLVIMENTO DE SUA CAPACIDADE DE AFIRMAÇÃO

1. Relacione três de suas mais importantes necessidades sentimentais. Descreva, resumidamente, as situações em que essas necessidades são ou as em que não são atendidas pelas pessoas mais importantes de sua vida.
2. Indique formas pelas quais o ato de ser sensata e equilibradamente mais impositivo poderia resultar mais freqüentemente na satisfação de suas necessidades.
3. Indique três objetivos importantes relacionados com sua carreira ou outros empreendimentos ou projetos pessoais.
4. Uma vez desenvolvida a sua capacidade de Afirmação, como ela poderia ajudá-lo a alcançar esses objetivos?

A capacidade de Afirmação ajuda-o a agir e a correr riscos sadios para alcançar seus objetivos. Ela é fundamental para obter satisfação na vida amorosa e profissional.

EXERCÍCIOS DE ESCRITA TERAPÊUTICA PARA O DESENVOLVIMENTO DA CAPACIDADE DE IDENTIFICAR E SUPORTAR SENTIMENTOS

1. Descreva duas situações que sempre o deixam frustrado. Preste bastante atenção nos seus sentimentos quando estiver escrevendo sobre isso. Depois disso, escreva a respeito das possíveis soluções para essas situações usando sua CISS.
2. Como você costuma lidar com sentimentos de raiva? Quando você os sente e como reage?
3. Pense nos sentimentos que você acha insuportáveis. O que você faz para tentar evitá-los? O que ocorre como resultado dessa tentativa? O que ocorreria se você resolvesse encarar de frente a realidade desses sentimentos?
4. Qual o sentimento que você mais teme ou acha mais insuportável? O que provoca esse sentimento? Como você lida com ele atualmente? Como você gostaria de poder controlar esse sentimento à medida que fosse adquirindo Equilíbrio Emocional?
5. Seus sentimentos influenciam muito sua qualidade de vida e/ou sua capacidade de comportar-se normalmente? Você tem depressão, ansiedade, fobias ou compulsões? Como você acha que o aumento da sua capacidade de identificar e suportar esses sentimentos poderia ajudá-lo a diminuir a gravidade desses problemas?
6. Se for o seu caso, por que você usa alimentos, álcool, cigarro, drogas ou outras substâncias para lidar com os seus sentimentos? Quanto seus sentimentos influenciam seus vícios? Como isso poderia mudar se você se tornasse capaz de suportar e desafogar-se de todos esses tipos de sentimentos?

EXERCÍCIOS DE ESCRITA TERAPÊUTICA PARA O DESENVOLVIMENTO DA EMPATIA

1. Relacione duas ou três qualidades ou atitudes em outras pessoas que o aborrecem. Avalie o seu comportamento diante dessas qualidades ou atitudes. Se você tivesse ou manifestasse mais Empatia, qual seria exatamente o seu tipo de reação?
2. Relacione duas ou três qualidades ou padrões de comportamento que você admira nas outras pessoas. Avalie seu comportamento diante dessas qualidades ou comportamentos. O que você poderia fazer para manifestá-los com mais freqüência?
3. Relacione três tipos de comportamento ou atitudes emocionais que gos-

taria que os outros tivessem para com você. Como lhe seria possível ter reações desse tipo para com outras pessoas mais freqüentemente?

4. Com que tipo de pessoa você acha mais difícil manifestar Empatia? Se você fosse menos dado a críticas, como isso poderia mudar?

5. Como você se sente quando age ríspida e insensatamente para com alguém intimamente ligado a você? Quais benefícios você, bem como a outra pessoa, colheriam se você desenvolvesse sua Empatia?

6. Imagine uma situação em que seja bem possível que você tenha dificuldade para sentir ou manifestar Empatia. Que aspecto essa situação assumiria se você procurasse ver a questão do ponto de vista da outra pessoa, considerando as preocupações e necessidades dela?

EXERCÍCIOS DE ESCRITA TERAPÊUTICA PARA O DESENVOLVIMENTO DA INTROSPECÇÃO

1. Relacione quatro qualidades positivas de cada um dos seus pais. Depois, liste quatro de suas próprias qualidades positivas. Compare as suas com as de seus pais.

2. Relacione quatro qualidades negativas de cada um de seus pais. Depois, liste quatro de suas próprias qualidades negativas. Compare as suas com as de seus pais.

3. Procure descobrir três traços de personalidade por meio dos quais você se esforçou conscientemente para parecer-se com a sua mãe. Em seguida, tente identificar três formas pelas quais você se esforçou conscientemente para ser diferente da sua mãe.

4. Procure descobrir três traços de personalidade por meio dos quais você se esforçou conscientemente para parecer-se com o seu pai. Em seguida, tente identificar três formas pelas quais você se esforçou conscientemente para ser diferente de seu pai.

5. Faça uma descrição da dificuldade mais simples que você teve quando criança. Tente achar um indício dessa dificuldade na sua vida atual.

6. Relacione dois ou três dos acontecimentos mais importantes e decisivos da sua infância. Tente achar um indício da influência persistente desses acontecimentos em sua vida atual.

EXERCÍCIOS DE ESCRITA TERAPÊUTICA PARA O DESENVOLVIMENTO DA AFIRMAÇÃO

1. Relacione quatro de suas necessidades emocionais que você considera fundamental. Agora, escreva a respeito do que você faz e do que deixa de fazer para conseguir a satisfação dessas necessidades.

2. Descreva as características de alguém que você considera uma pessoa que sabe impor-se com atitudes de Afirmação equilibradas. Agora, compare as suas qualidades com as dessa pessoa.
3. Examine questões de capacidade de Afirmação envolvendo três relacionamentos íntimos de sua vida. Como eles poderiam tornar-se mais significativos se você desenvolvesse uma capacidade de Afirmação saudável?
4. Identifique na sua vida uma pessoa que se comporta de uma maneira narcisista ou egoísta. Relacione três providências que você poderia tomar para tornar mais justo ou equilibrado o seu relacionamento com essa pessoa.
5. Relacione três de suas próprias qualidades ou atitudes que envolvem a satisfação de necessidades insensatas e/ou exigências que você faz aos outros. Quanto a realização de algum esforço para equilibrar essas atitudes de Afirmação ou de imposição descabida poderia ajudá-lo a transformar positivamente esse padrão de comportamento?
6. Defina a expressão "respeito por si mesmo" no que concerne a você e aos outros. Pergunte a si mesmo se você tem ou não respeito por si próprio. Procure considerar quanto o desenvolvimento da capacidade de Afirmação poderia ajudá-lo a conquistar mais respeito por si mesmo.

ESQUEMA DE DESENVOLVIMENTO DO CONDICIONAMENTO DO EQUILÍBRIO EMOCIONAL

Pode ser útil fazer cópias deste quadro e usá-lo em cada semana de atividade do Programa CEE para o acompanhamento de sua evolução.

Assinale com um "X" ou um tique a atividade realizada em cada um dos dias. Procure esforçar-se para que, ao fim de cada semana, pelo menos três marcações por atividade estejam presentes no quadro.

Semana: _____

	S	T	Q	Q	S	S	D
Equilíbrio Emocional pela Meditação							
Visualização do Equilíbrio Emocional							
Diário do Equilíbrio Emocional							
Exercício do Equilíbrio Emocional							

Referências Bibliográficas

O tema relacionado com o CEE está assinalado entre parênteses depois de cada referência.

Chave: CISS = C   Equilíbrio Emocional pela Meditação= EEM
      Empatia = E   Visualização do Equilíbrio Emocional= VEE
      Introspecção = I   Diário do Equilíbrio Emocional= DEE
      Afirmação = A   Exercício do Equilíbrio Emocional= EEE

1. *The Assertive Woman.* Nancy Austin e Stanlee Phillips, Impact Publishers, San Luis Obispo, Calif., 1997. (A)

2. *Meditation Training: Basic, Advanced, Esoteric* (série com seis fitas cassetes). Azoth Institute of Spiritual Awareness, 13994 Marc Drive, Pine Grove, Calif. 95665, 1991. (EEM e VEE)

3. *Co-Dependent No More.* Melodie Beattie, Hazeldon Foundation, Center City, Minn., 1992. (A e I)

4. *The Relaxation Response.* Herbert Benson, M.D., e co-autoria de Miriam Klipper, Avon, N.Y., 1976. (EEM e VEE)

5. *Making Peace with Your Parents.* Harold Bloomfield, M.D., e Leonard Feder, Ph.D., Ballantine, N.Y., 1996. (I)

6. *Minding the Body, Mending the Mind.* Joan Borysenko, Ph.D. Bantam, N.Y., 1988. (EEM, VEE e C)

7. *Taking Responsibility.* Nathaniel Branden, Ph.D., Simon & Schuster, N.Y., 1996. (C, I e A)

8. *The Simple Abundance Journal of Gratitude.* Sara Ban Breathnach, Warner, N.Y., 1995. (DEE, E e I)

9. *Living, Loving and Learning*. Leo Buscaglia, Ph.D., Ballantine, N.Y., 1982. (E, I e C)

10. *Random Acts of Kindness*. Conali Press Editors, Conali Press, Berkeley, Calif., 1993. (E)

11. *The Power of Meditation and Prayer*. Larry Dossey, M.D., et. al. Hay House, Carlsbad, Calif. 1997. (EEM e VEE)

12. *Anger: How to Live With It and Without It*. Albert Ellis, Ph.D., Citadel Press, N.Y., 1977. (C e A)

13. *Resilience*. Fredrich Flach, M.D., Hatherleigh Press, N.Y., 1997. (C e I)

14. *The Psychopathology of Everyday Life*. Sigmund Freud, M.D., Nixon, N.Y., 1965. (I)

15. *Focusing*. Eugene Gendlin, Ph.D., Bantam, N.Y., 1981. (VEE)

16. *Get Out of Your Own Way*. Mark Goulston, M.D., e Phillip Goldberg, Perigee, N.Y., 1996. (C, I e A)

17. *Making the Connection*. Bob Greene e Oprah Winfrey, Hyperion, N.Y., 12997. (EEE, C e A)

18. *You Can Have What You Want*. Julia Hastings, Berkley, N.Y., 1996. (VEE, C e A)

19. *Getting the Love You Want*. Harville Hendrix, Ph.D., HarperCollins, N.Y., 1990. (E, I e DEE)

20. *The Psychologist's Book of Self Tests*. Louis Janda, Ph.D., Perigee, N.Y., 1996. (I)

21. *Feel the Fear and Do It Anyway*. Susan Jeffers, Ph.D., Ballantine, N.Y., 1987. (C e A)

22. *Wherever You Go, There You Are*. Jon Kabat-Zinn, Ph.D., Hyperion, N.Y., 1995 (EEM e VEE)

23. *When Bad Things Happen to Good People*. Harold Kushner, Avon, N.Y., 1981. (C e I)

24. *The Dance of Anger*. Harriet Lerner, Ph.D., HarperCollins, N.Y., 1997. (C)

25. *The Daily Journal of Kindness*. Meladee McCarty e Hanock McCarty, Health Comm., Delray Beach, Fla. 1996. (E e DEE)

26. *Aerobic Walking*. Mort Malkin, John Wiley & Sons, N.Y., 1995. (EEE)

27. *Healing and the Mind*. Bill Moyers, Doubleday, N.Y., 1995. (EEM, VEE, C e I)

28. *The Road Less Traveled*. Scott Peck, M.D., Touchstone, N.Y., 1978. (C, I e E)

29. *At a Journal Workshop*. Ira Progoff, Ph.D., Putnam, N.Y., 1992.(DEE e I)

30. *On Becoming a Person*. Carl Rogers, Ph.D., Houghton-Mifflin, N.Y., 1995. (E e I)